SILK ROAD

丝路审美文化丛书

融通中外的丝路审美文化

张进 等／著

知识产权出版社
全国百佳图书出版单位

图书在版编目（CIP）数据

融通中外的丝路审美文化/张进等著. —北京：知识产权出版社，2019.7
ISBN 978-7-5130-6323-4

Ⅰ.①融… Ⅱ.①张… Ⅲ.①丝绸之路—审美文化—研究 Ⅳ.①K928.6

中国版本图书馆 CIP 数据核字（2019）第 120741 号

责任编辑：刘 睿 刘 江 责任校对：潘凤越
封面设计：张 冀 责任印制：刘译文

融通中外的丝路审美文化
Rongtong Zhongwai de Silu Shenmei Wenhua
张 进 等 著

出版发行：	知识产权出版社 有限责任公司	网　址：	http://www.ipph.cn
社　址：	北京市海淀区气象路 50 号院	邮　编：	100081
责编电话：	010-82000860 转 8344	责编邮箱：	liujiang@cnipr.com
发行电话：	010-82000860 转 8101/8102	发行传真：	010-82000893/82005070/82000270
印　刷：	保定市中画美凯印刷有限公司	经　销：	各大网上书店、新华书店及相关专业书店
开　本：	720mm×960mm 1/16	印　张：	19.75
版　次：	2019 年 7 月第一版	印　次：	2019 年 7 月第一次印刷
字　数：	320 千字	定　价：	80.00 元
ISBN 978-7-5130-6323-4			

出版权专有　侵权必究
如有印装质量问题，本社负责调换。

2017年国家社科基金重大项目"丝路审美文化中外互通问题研究"(项目编号：17ZDA272)阶段性成果

通向丝路审美文化（代序）*

■ 张　进

在国内外语境中，"丝路审美文化"这一概念范畴并不多见。我们以"丝路审美文化"为题，旨在推动"丝绸之路研究"（有学者称为"丝路学"）与"审美文化研究"的"汇流""融通"，擘画"丝路审美文化研究"这个形成中的学术论域，进而彰显其中所蕴含的理论价值和实践智慧。从理论层面看，一个主要由西方学界提出的拥有140年研究史的概念"丝绸之路"，与一个主要由中国学界提出的已有30年研究史的概念"审美文化"结合汇通而形成"丝路审美文化"或"丝路审美文化学"，这是人文学术交叉、整合、融通的必然趋势。首先，从学术事实层面看，尽管这个概念和以之命名的著述尚不经见，但数量可观的相关研究成果，包含并渗透于"丝绸之路研究""丝绸之路文化研究"以及"丝绸之路门类艺术研究"之中。尽管其重点在丝路审美文化资源分类开掘和梳理，尤其集中在一般所说的"艺术审美"领域，或主要聚焦于丝路审美文化的某些分支，但这些研究成果为进一步研究奠定了坚实的基础。当然，现代以来学科分割和块垒化的弊端也波及丝路审美文化研究，致使相关的研究缺乏圆观统照的整全视角，各个学科按照自己的规范和"口径"切割丝路审美文化，对其整体风貌和意义结构的"深描"工作并未完成。其次，对于丝路审美文化的"流动性"及其作为"空间生产""横向超越"和"人文化成"的"流通文化"的创造性问题亦亟待加强研究。与之相应，在丝路审美文化中外交流共享问题的研究上，已有研究成果也主要偏重于丝路各门

---

* 作者简介：张进，兰州大学文学院教授，博士生导师，国家社科基金重大项目"丝路审美文化中外互通问题研究"首席专家，从事美学、文艺学研究。

基金项目：国家社科基金重大项目"丝路审美文化中外互通问题研究"（项目编号：17ZDA272）。

类艺术在丝绸之路沿线国家和地区之间的交流和共享，如乐舞艺术、造型艺术、陶瓷器物艺术、织物服饰艺术等的中外交流。这些研究为丝路审美文化中外互通问题研究奠定了基础，但也需要从审美文化视域做出进一步的"宏观提挈"和"总体把握"。

本书试图在前人研究成果的基础上，针对相关研究中某些需要加强的方面，做进一步的研究和探索，具体如下。

一、在价值取向和根本立场方面

学术研究离不开总体价值取向的有力引导。近年来，在中国提出的"一带一路"倡议中，"人类命运共同体"的建构是一条根本的价值轴线。这个价值目标是顺应世界历史的发展潮流而提出的。这种从"人文化成"角度理解和重释丝路文化已经成为全世界有识之士的共识。英国牛津大学研究员彼得·弗兰科潘认为，"世界旋转的轴心正在转移，移回到那个让它旋转千年的初始之地——丝绸之路"。❶ 在这位历史学家看来，"从古到今，各种思想、习俗和语言都在这个连接着东西方的熔炉里相互碰撞。"他注意到，这一曾经孕育世界上最杰出学者的地区，如今再次涌现出新的学术中心和艺术中心，包括推广汉语和中国文化的孔子学院、卡塔尔国家博物馆、塔什干国家图书馆等。1936年，瑞典考古探险家斯文·赫定在《丝绸之路》一书中写道："这条交通干线是穿越整个旧世界的最长的路。从文化历史观点看，这是联结地球上存在过的各民族和各大陆的最重要的纽带。"❷ 毋庸讳言，已有的研究并未全部在这样一条"价值红线"的引导下展开。在已有的"丝路审美文化"研究中，"汉学心态""民族中心主义""宗教原教旨主义"的偏见所在不少。诚如托多罗夫所言："如果看看欧洲哲学思想的主要流派怎么定义人性，就可以得出一个有意思的结论：社会维度，即共同的生活这一事实，基本都不被看作人的必需。

---

❶ [英] 彼得·弗兰科潘. 丝绸之路：一部全新的世界史 [M]. 邵旭东, 孙芳, 译. 杭州：浙江大学出版社, 2016：XI.

❷ [瑞典] 斯文·赫定. 丝绸之路 [M]. 江红, 李佩娟, 译. 乌鲁木齐：新疆人民出版社, 2010：225-226.

'论点'并非如是表述,只是未被说明的预设,但正因为如此,论点作者没有机会论证,我们就愈发容易接受它了。而且,这个论点成为许多相互对立、相互争吵的理论的公约数:不管站在冲突的哪一方,都要拥抱人的这一定义,即人是孤独的、离群的。"❶ 他将其概括为西方思想的"离群传统"而加以批判。正因为如此,海外汉学对于丝路审美文化的研究,也常常流露出某些"离群传统"影响的痕迹,未能在"人类命运共同体"建构的价值视野下研究问题。基于这个价值目标来研究丝路审美文化中外互通问题,也成为我们进一步探讨、发展或突破的空间。

从学术史角度言,"人类命运共同体"建构的价值追求,有助于克服丝路审美研究中"偷窃历史"的倾向。历史学家古迪在《偷窃历史》一书中指出,西方"窃取"了全世界的历史:"'偷窃历史'这个标题是指历史被西方接管,也就是说,历史被概念化,并以发生在偏狭的欧洲范围,通常是西欧范围内的事件加以呈现,继而,这种模式又被强加到世界其他地区。欧洲大陆一直认为他们创造了一系列极具价值的制度,诸如民主主义、重商主义、自由和个人主义,但这些制度在更为广阔的人类社会中也都能找到。"❷ 弗兰科潘对丝绸之路的研究发现,"全球化并不是什么新鲜事物。"❸ 因此,可以说,"人类命运共同体"建构的价值视野下的丝路审美文化研究,对"西方主导的全球化"提出了反思和批判,为中国的自主全球化提出了新的价值目标。

二、在对丝路审美文化发展动力和途径的认识方面

"文明互鉴是人类进步的动力"。"文明因交流而多彩,文明因互鉴而丰富。文明交流互鉴,是推动人类文明进步和世界和平发展的重要动力。"丝绸之路是四大文明的交汇区和熔铸带。人类文明发展史告诉我们,地理、气候、历史、生产和生活方式等不同的因素,在世界范围内构成了一方水土一方人的

---

❶ [法]托多罗夫. 共同的生活[M]. 林泉喜,译. 上海:华东师范大学出版社,2016:1.
❷ [英]杰克·古迪. 偷窃历史[M]. 张正萍,译. 杭州:浙江大学出版社,2009:1.
❸ [英]彼得·弗兰科潘. 丝绸之路:一部全新的世界史[M]. 邵旭东,孙芳,译. 杭州:浙江大学出版社,2016:XI.

文化形态；几千年来，从游牧农耕到机械电子，从文字印刷到网络移动，其中都体现了不同文化形态之间交流互鉴的文明过程。文明交流互鉴体现为历史遗产的传承与保护。丝绸之路是联合国教科文组织正式认定的世界文化遗产。"互联互通是社会协同发展的基本途径"。构建"丝绸之路经济带"要创新合作模式，加强"五通"，即政策沟通、道路联通、贸易畅通、货币流通和民心相通，以点带面，从线到片，逐步形成区域大合作格局。在这种新视野下审视丝路审美文化中外互通的历史资料，我们就会不断产生新的发现和新的问题意识：一是某些向来被认为由某个族群或国家所"首创"的审美文化产品，大多数在"首创"之初就已经借鉴并融入了其他族群或国家的智慧，因而已然是"文明互鉴"的结晶。因此，单纯地寻求"原产地"的做法，只知"接力传递的前一棒"而不知更早的传递者，最终会被新出现的事实材料所驳倒，如桃子、梨子等的"外传"（曾被长期视为中亚原产并传到西方世界）。二是某些审美文化产品，在"传入"和"传出"的过程中不断得到沿线人民的改写、再造和重塑，这一过程持续地凝结着"文明互鉴"的成果，是一个"接力创造"和"往复熔铸"的复杂过程，如"印刷审美文化"。三是"审美文化"在丝绸之路的流通和互通，是一个"活"的过程，有的可能是作为特殊的"审美文化"产品而直接"传出"或"传入"的，但大部分是"搭载"经济文化、科技文化或道德文化的载体而展开的，政策沟通、道路联通、贸易畅通、货币流通的历史进程中，在其流通和交换过程中，审美文化"流入"和"流出"其他文化形式，完成其"社会生命"和"文化传记"，因此，随着社会的发展，审美文化总是处在持续地"拥有"或"丧失"其审美地位的进程中。如陶瓷，既是实用文化的组成部分，又是审美文化的组成部分，在某些阶段前者占主，在某些阶段后者占主，总是随着时间和空间的变化而不断地变换身份，"文明互鉴"充当了这一过程的推动力。因此，在文明互鉴的视野下研究丝路审美文化产品的"能动性""生产性"和"社会生命"，可望成为我们进一步探讨、发展或突破的空间。

三、在对审美文化于民心相通的基础作用的认识方面

"民心相通"是"一带一路"建设的社会根基。习近平主席指出,"自古以来,互联互通就是人类社会的追求"。"丝绸之路就是一个典范,亚洲各国人民堪称互联互通的开拓者。"互联互通中,"民心相通"是根基。丝路审美文化正是文化在"民心"这个根基上互联互通的先行者和典范。从历史上看,丝路审美文化中外互通在沿线人们"民心相通"方面发挥过十分重要的作用,积累了宝贵的经验和智慧。这些经验、智慧和实绩,深刻地塑造了沿线人民的"共通感"或"感性共同体"。比如,丝路沿线中外文化交流、学术往来、人才交流合作、媒体合作、青年和妇女交往、志愿者服务、相互间留学生教育、合作办学、互办文化年、艺术节、电影节、电视周和图书展、合作开展广播影视剧精品创作及翻译、联合申请世界文化遗产、共同开展世界遗产的联合保护工作、联合打造具有丝绸之路特色的国际精品旅游线路和旅游产品、联合申办重大国际体育赛事、合作处理突发公共卫生事件、共建联合实验室(研究中心)、合作开展重大科技攻关、共同提升科技创新能力、推进与沿线国家和地区在青年就业、创业培训、职业技能开发、社会保障管理服务、公共行政管理等共同关心领域的务实合作、积极利用网络平台塑造和谐友好的文化生态和舆论环境,等等。所有这些"文化互通"活动,其中都贯穿着一条"审美文化"互通的红线,都有一个清晰可见的"美学的"或"感性学"的维度。这条红线和维度奠定了丝路合作精神的民意基础,同时也缔造了沿线人民的"感觉共同体",从而为"人文化成"和"人类命运共同体"的建设打造了强有力的场合和平台。

"感觉共同体"概念是在康德的"审美共通感"、威廉斯"感觉结构"、布迪厄"惯习"和安德森"想象的共同体"基础上提出的审美概念和美学范畴。康德的"审美共通感"强调先天性,但也不否认人们在流通交往过程中对审美共通感的共享;威廉斯的"感觉结构"或"情感结构"是"冲动、抑制、总体品质中极具特性的元素,尤其是意识的情感因素和关系,但并不是与思想相对的感觉,而是被感觉到的思想和作为思想的感觉;一种实践意识的当下类

型，这种类型存在于活生生的且相互关联的连贯整体之中。因此，我们把这些元素定义为一种'结构'：就像一种元素集合（set）一样，有着具体的内在联系，既相互联结又充满张力。"❶ 他将那些"相互联结"又"充满张力"的"被感觉到的思想和作为思想的感觉"作为"结构"来把握，因而具有"构成性"。布迪厄的"惯习"概念强调"物品何以能被视为人们被社会化为社会存在所需依托的首要方式，比如说，孩子们的社会化过程，在进入语言阶段之前，即是借助物质世界中的物品而实现的。他所提出的'惯习'（habitus）概念不断涉及物质文化所创造的日常生活之秩序、甚至终极真理之理想"。❷ 安德森的"想象的共同体"则是跨越民族和国家的边界、一种基于虚构的、非地理学意义上的疆域重构，是重新组合而成的"共同体"，承载着伦理、哲学和美学价值。综合如上的说法，我们"感觉共同体"看作具有社会性、共享性、结构性、跨族群性和物质相关性的"感觉系统"，由味嗅觉、视听觉、触觉、身体感等感觉及其间的互动过程，以及这些感觉与感觉的物质媒介之间的互动过程所构成。在此认识基础上，我们将基于已有研究成果对论题进行"深描"，考察丝绸之路沿线那些具有一定审美内涵和审美维度的物的流通和交往活动，如何形成"丝绸之路感觉共同体"并进而促进"民心相通"，最终成为"人类命运共同体"建设的基础和根柢；进而揭示丝路审美文化在沿线民族文化"人文化成"过程中的"意义结构"和"生成机制"。这些方面的研究可望成为进一步探讨、发展或突破的空间。

四、在对审美品位生产作为经济增长动因的认识方面

在审美文化中，主体的审美行为有三种形态：审美生产、审美调节和审美消费，三者互相联结，循环往复，构成完整的审美活动过程。审美生产包括"生产主体的生产"和"审美产品的生产"。前者生产出"生产主体"，主要是艺术家，以及其他非艺术品的审美产品的生产者，如设计师、工匠等；而后者

---

❶ Raymond Williams. Marxism and Literature [M]. Oxford: Oxford University Press, 1977: 132.
❷ [英]迈克尔·罗兰. 历史、物质性与物质性遗产 [M]. 汤芸, 张原, 译. 北京: 北京联合出版公司, 2016: 2-3.

则不断生产出可供消费的"审美产品"。在审美生产和消费之间，存在一个中介环节即"审美调节"，指对审美的生产与消费的相互关系的一种控制，使二者处于一种互相平衡、互相适应的最佳状态。既然有审美调节行为，那么，自然也就有审美调节主体，通常称为"把关人"（gatekeeper）或"中间人"（middle man）。这种主体的构成情况尤其复杂，它包括批评家、编辑、出版商、审美设施（美术馆、影剧院）的管理者和拥有者，在资本主义时代，还包括赞助人、经纪人、代理人等，他们都通过不同的方式对审美生产和审美消费进行着不同程度的控制和管理。随着审美文化的进一步发展，审美调节主体的作用会越来越大，诚如美国社会学家威尔逊所说："这些辅助的角色，可以通过介入培养观众趣味和修正批评判断，对艺术家的艺术目标施以巨大的压力，这种强有力的直接或间接影响如今已变得越来越重要了。"❶ 我们认为，从审美行为方面看，"审美生产""审美调节""审美消费"等都会凝结在"审美趣味"或"品位"的生产和消费上。审美的基础是"品味"，随着工业化和现代化的发展，品味与现代生活，特别是与经济生活的关系变得十分复杂而富有张力。阿苏利指出，资本主义发展到今天，它的特征就是审美动因成为经济增长的主要动因。"作为社会生活与文明进步的特征，审美表现绝不仅仅是引导人性从原始需求发展到审美欲望的精练表达的进化过程的逻辑历史结果。审美诱惑力可能出现在任何社会的起源阶段，尤其它可能是这个社会繁荣昌盛的必要条件。""品味是一种论战的能力。品味成为社会和经济常态的战场，品味并未以一种毫无危险的附带的方式满足愉悦消遣的领域，它甚至触及了创造社会的可能性。审美资本主义说明了一种经济的变革，这种经济在本质上不是有用的商品流通的购得的问题，而是一个服从审美判断的吸引力和排斥力的审美空间。"❷ 我们的前期研究发现，"审美趣味"或"品味"长期以来即是丝路审美文化中外互通的生产力要素，而不仅仅是资本主义时代的特有现象。将丝路审美文化所生成的"审美趣味"或"品味"作为一种"生产力"要素来把握，亦是我们进一步探讨、发展或突破的空间之一。

---

❶ 叶朗. 现代美学体系 [M]. 北京：北京大学出版社，1988：265.
❷ [法] 奥利维耶·阿苏利. 审美资本主义：品味的工业化 [M]. 黄琰，译. 上海：华东师范大学出版社，2013：201.

五、在丝路审美文化的理论体系建构方面

世界范围内一个多世纪的丝绸之路研究所擘画的"丝路学"与国内30年探索而初步建构起来的"审美文化学",在新的历史语境下出现了结合化生的新契机,也使一个具有中国哲学社会科学话语体系特征的、可称为"丝路审美文化学"的学术领域展现出来。通过丝路审美文化研究而对分散细碎的学术成果进行"宏观提挈"和"整合熔铸",已经成为一项新的学术使命。目前国内外尚无一部以"丝路审美文化"命名的著作,我们力图通过《融通中外的丝路审美文化》的撰写来尝试解决这一学术和学科问题,当属于本研究进一步探讨、发展或突破的空间之一。

六、在美学相关理论问题的把握方面

本研究试图彰明的美学相关问题有四。一是阐发"审美文化"在丝路沿线民族、国家之间互联互通的历史进程中的功能作用。丝路文化交流史表明,互联互通,民心相通是根基,而审美文化作为民心相通意义上特殊的"生产力"要素,它不断产生"附加值"和"衍生品",因而在互联互通过程中发挥着基础性的枢纽作用。然而,在已有的研究中,这个"生产力要素"要么被忽视,要么被简单地视为商品贸易过程中的次要的"附属品"和"副产品",未作为学术研究的内容被提上议事日程。二是阐明"审美文化"中物质性与精神性两个方面之间的关系问题。人们惯常将"审美文化"视为"特别精神的"一类文化,往往忽视了审美文化中"物质性"与"精神性"之间的"纠缠"。我们结合当代"物质文化研究"(MCS)的思想成果和丝路审美文化中外互通的历史,强调在审美文化交往中,审美物质作为文化和审美文化作为物质,两者是"一币两面"的关系。在审美活动中,物拥有其"文化传记",而文化则必有其"物质依托",揭示二者之间动态依存的"构成性关系",是本研究的重要内容之一。三是澄清"审美文化"交往中"固态文化"与"活态文化"之间的关系问题。长期以来,由于近

代以降"固态的"文本文化和"小传统"文化处于优势地位,人们在研究中普遍低估了"活态文化"和"大传统文化"的功能作用。我们的研究发现,在丝绸之路审美文化互联互通的历史进程中,活态文化与固态文化并肩运作,共同谱写了丝路审美文化中外互通过程的丰富多彩和千姿百态。本研究将集中探讨"丝路活态审美文化中外互通问题",结合丝绸之路中外文化交流的过程和史实,深入阐发固态文化与活态文化、小传统文化与大传统文化之间的复杂关联。四是厘清丝路审美文化互通过程中中华审美文化"外推"与"内聚"之间的关系问题。相关的史实显示,丝绸之路中外审美文化资源之间,"外推"与"内聚"彼此依存、相辅相成,在某些特殊的历史阶段,往往是"外推"越是有力,"内聚"的力度也就越大;反之亦然。这些宝贵的历史经验和智慧,为我国当代的文化建设提供了难得的参照。我们将结合丝路审美文化中外互通问题的研究,深入阐述"外推"与"内聚"在中华文化影响力发挥方面的辩证关联。

七、在丝路审美文化研究的方法论方面

本研究在方法论上强调的重点有四。一是从"道"与"器"、归纳与演绎、理论与实践、科技与道德之间的"过渡带"和"交涉区"入手,研究丝路沿线那些具有直抵心灵、摇荡性情、润物无声和彰显"共通感"的审美属性特征的审美文化,填补当前丝路文化研究中的某些相对的空白之处。二是在民心相通、"人文化成"和人类命运共同体建构的大视野和新取向中研究丝路审美文化资源之间的中外互通的历史经验和深层智慧,并通过历史经验的总结来应对现实问题,探索中国当代"创意文化"发展中丝路审美文化资源的开发利用途径,突现面对现实和面向未来的时代内涵。三是将审美文化作为一种"生产力"来展开研究,揭示出审美文化中那些久被忽视的方面,以及它在人类命运共同体建设中拥有的潜能。四是在全方位、整体性和集成式的框架下研究丝路审美文化中外互通问题,史论结合、道器互补、科际整合、各审美文化分支相互参证,从而达到对丝路审美文化的全面系统的把握。

本书旨在打造一个砥砺文化思想、会通人文新知、熔铸审美话语、提振丝路精神的学术平台，为跨文化、跨学科、跨语言的丝路审美文化融通营造一个论说场合，刊发"丝路审美文化中外互通问题研究"方面的新发现、新思想和新成果。

目　录

论丝路风尚审美文化中外互通的多元系统 …………………… 张　进（1）
初唐伪墓志文《唐故卧龙寺黄叶和尚墓志铭》发微 …………… 袁书会（16）
中亚东干文学中乡村叙事的流变与俄罗斯文学资源 …………… 司俊琴（24）
兰州牛肉面：丝路审美文化的互通与味觉共同体的
　　建立 ………………………………………… 王大桥　漆　飞（36）
丝绸之路通俗审美文化交流 ………………………………… 张同胜（44）
玉门关在唐诗中的歌唱及其文学意义 ……………………… 王志鹏（51）
丝绸之路文化资源再利用与创意审美文化范式的出场 ………… 柴冬冬（66）
超越他者形象的"西域"：空间生产、文化间性与审美融通 …… 许栋梁（81）
由物性至符号：论蒲陶和天马的丝路文化旅行 ……………… 王　莹（102）
敦煌文化的再活态化与文化误读 ………………… 崔国清　蔡梦云（116）
丝路互通下的敦煌佛教艺术
　　——莫高窟十六国北朝石窟美学刍议 ……… 李康敏　刘宗玲（125）
趣味与时尚：丝路审美领域和表意性的物质性 ……………… 姚富瑞（138）
时尚的再生产性、代码性与后符号化
　　——物质文化研究视域中的时尚理论 ……………… 王眉钧（153）
印度电影"贫民窟"之"赋比兴"演绎
　　——以《嗝嗝老师》为例 …………………………… 韩　薇（162）
宗教性装饰睡莲纹样形成之探源 …………………………… 信　毅（177）
丝绸之路话语的影像政治学
　　——以中、日、美等国的丝路纪录片为例 ………… 蒲　睿（192）
《丝路花雨》：丝路审美文化的中外互通和多元叠合 ………… 刘　晨（206）

审美交流·审美变形·审美需要：飞天图像再生产的文化
　　机制 ································· 陈晓彤（220）
《又见敦煌》：文化创意时代敦煌形象的多重表征 ·········· 邵思源（240）
浅论西域作物的传入对唐朝文化生活的影响
　　——以《全唐诗》中的"葡萄"意象为例 ············ 徐　滔（252）
丝路狮文化的呈献、表征与特征 ························· 缐会胜（266）
丝绸之路民间文化传播及路径初探
　　——以灰姑娘型故事传播为例 ···················· 王辰竹（287）

论丝路风尚审美文化中外互通的多元系统*

■ 张　进

摘要："丝路风尚审美文化"广义上是指与丝路相关联、缘丝路而生发、因丝路而熔铸的，体现于物质的、图像的、文学的、行为（活态）的、创意的等领域的现象和产品之中的文化。谓之"风尚审美文化"，是特别针对那类在文化形态上介乎"道"与"器"、理论与实践、科技与道德之间的居间类型和特殊分支，凸显其直抵心灵、摇荡性情、引领风尚和彰显"感性共同体"的审美属性特征，强调其在民心相通、人文"化成"和人类命运共同体建构过程中的基础功能和枢纽作用。审美文化因而在本质上也是一种"生产力"，是一种特殊的"资本"要素，即"文化资本"或"审美资本"。在"丝绸之路"这个广袤深邃的历史地理空间，风尚审美文化的流通构成一个复杂而宏大的"多元系统"，穿梭渗透于人类文化的各个分支，正在会通集聚为知识生产和资本分配的新场域，将审美文化研究中的"歧感共通性""熔铸生成性""活态空间性""历史物质性""事件流动性"和"融通生产性"等一系列重大问题推到了理论前台。本文试图从理论上对丝路风尚审美文化的多元系统以及缘之而得以彰显的美学议题作简要论述。

关键词：风尚；审美文化；多元系统；歧感共通性；活态空间性；历史物质性

---

* 作者简介：张进，兰州大学文学院教授，博士生导师，国家社科基金重大项目"丝路审美文化中外互通问题研究"首席专家，从事美学、文艺学研究。

基金项目：本文是 2017 年国家社科基金重大项目"丝路审美文化中外互通问题研究"（项目编号：17ZDA272）阶段性成果。

"审美文化"是介乎"道"与"器"、理论与实践、科技与道德之间的特殊文化形态，因其直抵心灵、摇荡性情、润物无声和彰显"共通感"的审美属性特征而在民心相通、人文化成和人类命运共同体建构的历史进程中发挥着基础性的枢纽作用，它在本质上也是一种生产力。丝绸之路沿线审美文化资源积淀深厚、形态多样，多民族审美文化资源相互借鉴、汇聚融合，多种形式的审美文化资源并存互渗、互证共成，源远流长，得天独厚。在丝绸之路这个审美文化资源高度集中、审美交流密集频繁、审美衍生再生产品丰富多样的文化地理空间，其物质审美文化、图像审美文化、文学审美文化、活态审美文化和创意审美文化中，都凝聚着独特的资源优势、宝贵的交流经验和丰富多彩的互联互通成果。然而，已有的研究，或一头扎进"道"的层面，在观念、理论和形而上向度展开；或一心扑向"器"的层面，在经济、实用和器物向度探讨。或重"道"而轻"器"，或者反之，而对于介乎"道"与"器"之间的"审美文化"的研究，恰恰有所忽略，对于丝路沿线审美文化资源中外互通问题的研究更是远远不够，而基于当代语境和学术立场对丝路审美文化在民心相通和人文化成过程中的"先行者"价值和"典范"意义的阐发更是亟待展开。本文试图将"风尚"（fashion）置于"审美文化"的范畴内加以论述，将之视为渗透于物质的、图像的、文学的、活态的和创意的审美文化之中的宽泛的文化现象和行为。同时，尽管人们遵从汉译习惯用"时尚"来指称"fashion"，但笔者更倾向于从汉语"风尚"概念去把握其意涵，强调其在人文学意义上的"化下""刺上"的"风化"作用，凸显其像"风"一样弥漫周遭无边无际，跨越具体的时间界限和空间界限的特征。[1]"风尚"概念因而一定程度上摆脱了"fashion"概念与西方现代性观念密切相关的时间性的束缚，较好地展现了丝路审美文化的"歧感共通性""熔铸生成性""活态空间性""历史物质性""事件流动性"和"融通生产性"等一系列属性特征，更多地体现了中国特色哲学社会科学话语体系的历史内涵。

"丝绸之路"概念出现一百多年来，其基本内涵和时空跨度都发生了极大的拓展，在当前语境中，它更多的是指联通亚欧非大陆的复数的、层叠的、立

---

[1] 许明. 华夏审美风尚史（第七卷）[M]. 郑州：河南人民出版社，2000：总序.

体的、多功能的网络系统（陆上、海上、天上和网上）。它被有的学者看成"全球化"的早期形态，如彼得·弗兰科潘认为，"全球化并不是什么新鲜事物。早在20多个世纪之前，我们的祖先就曾尽力收集各国信息，并派遣出各种特使和代表，探索哪里是世界上最佳的市场，探索如何抵达沙漠、山脉另一端的国度和城镇。无论探索后写就的报告成书于哪个年代，它们……都带回了其他民族生活和劳作的相关景象，汇报了贸易交流的情况，告知人们可能遇到的风险和可能收获的利益。"❶面对与这个网络相关联、缘这个网络而生发、因这个网络而熔铸的"丝路审美文化"，我们可以从哪个维度、用什么概念通向其属性特征和范式的精要呢？或许"多元系统论"（polysystem）可以给我们以启发。

"多元系统论"是以色列学者佐哈尔在研究"翻译文学"（丝路风尚审美文化具有广义的"翻译文化"属性）等问题时提出的理论学说。在佐哈尔看来，多元系统是一个异质的、开放的结构，系统内的要素相互交叉，部分重叠，"在同一时间内各有不同的项目可供选择，却又互相依存，并作为一个有组织的整体而运作"。它们既是一个较大的多元系统即整体文化的组成部分，又可能与其他文化中的对应系统共同构成一个多元系统。❷ 与一般的共时研究不同，"多元系统论"强调，任何一个子系统，都不仅与"同一文化"的更大的系统相关联，而且与这个文化"之外"的"其他文化"之间形成互动。也就是说，多元系统内的子系统都必然"跨文化地"与其他文化因素相互关联。"丝路风尚审美文化"作为一种跨文化现象不能孤立看待，而必须与整个文化系统、与"世界文化"这个人类社会中最大的多元系统中的现象联系起来研究。❸ 也就是说，人们在特定的国家、民族文化中所遭遇的审美文化现象或产品，若在这个国家、民族文化的固有资源系统中无法得到令人信服的"深描"，而这种"文化的解释"（阐发其意义层次和结构）活动又必须"诉诸""联通"（connection）并"接合"（articulation）于特定国家、民族文化系统

---

❶ [英] 彼得·弗兰科潘. 丝绸之路：一部全新的世界史 [M]. 邵旭东, 孙芳, 译. 杭州：浙江大学出版社, 2016：中文版"序言"XI.

❷ [以色列] 伊塔玛·埃文-佐哈尔. 多元系统论 [J]. 张南峰, 译. 中国翻译, 2002（4）.

❸ 张进. 中国20世纪翻译文论史纲 [M]. 兰州：兰州大学出版社, 2007：1.

"之外"的"丝路网络"才能得到解释时，这种审美文化即可称为"丝路审美文化"。换言之，"丝路审美文化"具有"多元系统性"。比如，李泽厚先生在《美的历程》中对于"铜奔马"和"青花瓷"的审美意蕴有精彩的阐发，但如果仅仅限于中国（先秦）固有文化资源来解释，就很难达到对它们"深描"的目的。❶ 今天，我们都知道"马踏飞燕"（那种"高头大马"并未出现在秦兵马俑塑像中）必须结合丝绸之路（"天马出自月氏窟"）来阐发；"青花瓷"的艺术可能有一个与金属"钴"一样的从异国到中国的"物的传记"，在那个时代它主要是沿着丝绸之路"外来"的。这种金属可能并不是中国人最先运用于陶瓷烧制的，但青花瓷在今天被看成"国粹"的典型代表，是因为沿着丝路网络往复循环的文化熔铸，使中国人对于这种产品的制造达到了登峰造极的地步；中国台湾地区作家三毛创作的《橄榄树》与"流浪"意象的关联，可能正源于这种树（并不原产于中国）的"故乡在远方"；而橄榄树在其原产地地中海沿岸的文化中并没有"流浪"的含义，"物的流通"赋予其新的社会生命和新的文化意义，续写了这种物的"文化传记"。因此，"多元系统"既是丝路审美文化的基本特征，也是一种可供参照的特殊方法论和研究范式。

一、丝路风尚审美文化的歧感共通性

不同国家、不同民族的人们，在面对大致相同的审美文化现象和产品时，其审美感受是相同的还是相异的？这既是美学理论的一个基本问题，也是在丝路审美文化中得到"前景化"的问题，因为丝路审美文化总难免跨国族、跨文化地与丝路网络相关联。前此的美学研究（由于全球化语境意识并未得到强调）大多会走向"共通感"或"差异性"等两个极端，康德等普遍主义者大致属于前者（如其"先天共通感"等），而特殊主义者则一般选择后者（如"萝卜青菜各有所爱"等流俗说法，值得注意的是，"萝卜"和"青菜"并不是同一个审美对象）。在这种情况下，"共通感"与"歧异感"之间通常是分

---

❶ 李泽厚. 美的历程 [M]. 北京：文物出版社，1981：210. 李泽厚先生认为，明清青花瓷"与唐瓷的华贵的异国风，宋瓷的一色纯净，迥然不同"。显然他并未特别强调明清"青花"与"异国"之间的历史因缘。

裂的，并未达到一种"动态制衡"。而丝路审美文化现象和产品，彰显了这种"动态制衡"关系。就以"丝绸"为例来说，据资料记载，凯撒大帝某次穿着丝绸长袍出现在公众面前，群臣和大众都赞叹长袍之"美"，赞美的是丝袍"金光闪闪"的特征，以及使凯撒本人"恍若神明"的这类属性，这是一种视觉意义上的审美想象，与时人在欧洲文化滋润下喜好"黄金"和"光明"的传统"接合"在一起；而西方偶有诟病女性穿着丝绸衣服之"丑"的卫道者，则主要攻击其"透明""暴露""伤风化"等。但在中国人看来，丝绸几近"纯美"而无"丑"可言，它主要与美好前程（"锦绣前程"）和富足生活（"锦衣玉食"）等"统觉性"的美好事物想象"阐连"（articulation）在一起。由此可见，不同民族、国家和文化中的人们，面对同一个审美文化现象和产品，"作者用一致之思，读者各以其情而自得。"[1]（王夫之语）

"一致"与"自得"如何达到动态平衡呢？在这个问题上，当代法国思想家朗西埃等人所阐发的"歧感共同体"（Dissensual Community）概念具有启发性。朗西埃的"歧感"（dissensus），重在强调感知与感知的冲突，试图通过在可感性秩序中制造裂缝来抑制司法裁断，从而实现其美学—政治目标。[2] 但"歧感"终归是能够连通于主体的"通感"和"共感"（synaesthetics）的，只是，它具有个体的、历史的具体性。[3] 因此，"红杏枝头春意闹"，"闹"是审美主体的共感"一致性"调解（mediation）下的"自得"。这种意义上的"自得"，也能最终为建构"共通感"发挥积极作用和正能量；"一致"与"自得"之间的平衡，会因着丝路网络上往复发生的相互交往、彼此授受和分享共享活动而得到加强。

丝路审美文化所建构的"歧感共通性"，是丝路沿线人们"感性共同体"建构的基本运作机制，是民心相通和人文化成的重要场合，也是人类命运共同体建构的基础和土壤。其中"歧感"与"共通感"之间的动态制衡，也是费孝通先生提倡的"各美其美"与"美美与共"之间的动态平衡。

---

[1] 王夫之. 姜斋诗话 [M] //戴洪森. 姜斋诗话笺注. 北京：人民文学出版社，1981：8.
[2] Jacques Ranciere. The Politics and Aesthetics [M]. Continuum, 2008：85.
[3] Josephine Machon. （Syn）aesthetics：Redefining Visceral Performance [M]. Palgrave Macmillan, 2009：1.

二、丝路风尚审美文化的熔铸生成性

面对丝路审美文化，人们很容易产生一种错觉：某个民族、国家的审美文化单向度地、一次性地、直接地影响了另外的民族、国家的审美文化，从而使接受影响的民族、国家的审美文化变成前者的"影子""注脚"或"传声筒"。由之而产生的错误推论在宗教原教旨主义和极端民族主义的丝路文化研究中表现得尤为突出。丝路审美文化中外互通的大量史实和史料表明，不会出现某个民族国家的审美文化单向地、一次性地"影响"其他国家的情况，而毋宁是多向度、交互式、接力式、生成性、往复循环的"熔铸"，这种"理论旅行"情况在丝路审美文化中外互通中是一种"新常态"。

"熔铸"一词取自《文心雕龙》"辨骚篇"，用其"虽取熔经义，亦自铸伟辞"之"广义"。其基本的理论旨趣，自其始便超脱于"影响研究"和"平行研究"之外，是一种深具中国传统文化特色的、将历时性与共时性包举在内的论说。在丝路审美文化中，最普遍的现象是，一种审美文化产品，在跨文化交流过程中被不断地加工，接力式地改造，往复循环地重塑，从而不断地产生"审美的附加值"，生成新的审美意义，生产新的消费需求，从而也丰富了某个作为审美对象的"物"的社会生命和社会生活。"撒马尔罕的金桃""亚美尼亚杏子""清朝的青花瓷""明朝的椅子"等论说，可能都是将审美文化往复熔铸的浩大工程的某个"段落"或"时期"看成文化"源头"而得出的似是而非的结论。

"熔铸生成"是"丝路审美文化"的本质属性之一，它凸显了"丝路审美文化"自其始就是"文明互鉴"和"人文化成"的元场域和"元空间"；今天生活于某个特定地区而视该地区的文化遗产为己有并随意破坏者，如阿富汗塔利班政权破坏卡米扬大佛的极不负责任的行为，最终不会改变其自身作为特定历史空间的匆匆"过客"的历史身份。在特定历史阶段代表某个民族特异性的"有"，通常已然是多种文化的"合和"，是丝路共同体共有财富的组成部分，也应该在人类命运共同体建设中发挥重要作用。

三、丝路风尚审美文化的活态空间性

活态审美文化是人们日常生活体验着的审美文化，丝路沿线活态审美文化源远流长，积淀深厚，彼此授受，互联互动，流通共享，汇聚融合，在审美风尚、演艺形式、习俗节日、文化遗产和活态空间等人类生活与艺术的各个层面都凝聚、生产着文化交流和文明互鉴的宝贵经验和智慧。活态审美文化注重在"活着的"和"活过的"时间维度上、在"文本的"与"实践的"空间维度上、在"描述性"与"施事性"话语之间展开广泛"协商"，它属于感觉的、流动的、民间倾向的、物质相关的、身体在场的、环境参与的操演型审美文化。因其弥漫"生活世界"、浸润身心的"感性学"属性特征和建构"感觉共同体"的特殊功能，而成为一种"流动的规范体系"，它的大范围流通建构了丝路沿线的"感性共同体"，成为民心相通、人文化成和人类命运共同体建设中的"生产力"要素。应该以活态审美文化为核心"重返"感觉和感性的物质领域，打破美学研究中"经验主义"与"理性主义"的二分对立，在更具统合性的视野下，审视丝路各国审美文化之间广泛而持久的"协商"和"调解"，研究丝路各国在活态审美风尚、丝路活态演艺审美文化、丝路活态惯习与节日、丝路活态审美空间和文化遗产等方面的互通问题。

"活态空间"（Lived Space）这个术语，综合了列斐伏尔"空间生产"和索亚"第三空间"（Third Space）思想，针对的是丝路审美文化互通的历史过程中，以民间和底层民众为主体的文化交往和文化生产活动，也取其方法论来审视人们在生产生活实践中实际发生的活生生的交流和交往活动。其包括如下三个方面。

其一是事实层面，不难发现，无论丝绸之路总体上是"畅通"还是"阻塞"的，人们的交往活动总是以某种形式持续进行着。比如，分属于不同民族、国家但空间上相邻的人们，相互借用生活工具、生产技术和各种技艺产品，这种活动决不会因为政治和军事意义上的对立或战争而完全"中断"；在活态文化视野下，"条条大路通丝路，这条不通那条通"，"中断"只是在特定层面上的假定。在某些极端的情况下，技术的相互借鉴和挪用，甚至以战争为媒介而实现。比如说，"塔拉斯之战"（又名怛罗斯战役）期间，中国与阿拉伯世界处于战争状态，唐王朝在此次战役中失利，大批士兵被俘，俘虏被带回两河流域（其中有的士兵掌握造纸术），造纸术也因之被"输出"到那里；元王朝以同样的方式将叙利亚工匠俘虏到元帝国境内，从而将叙利亚建筑工艺体现在了元朝的建筑物上。

其二是方法论层面，"活态空间"就像一堵"墙"，它分开并累积着其自身两边的空间，但又不能约简为二者中的任何一个。与其说是第一和第二空间通过正题—反题—合题的历时过程产生了第三空间，还不如说第三空间规划了第一和第二空间，因此，第三空间更具基础性和始源性。❶ 比如说，我们一般重视罗马曾向汉王朝派遣使团一事，但并不重视这个使团所必经的那个所谓"第三空间"（从罗马通往汉王朝的那段旅程）对两个帝国之间的交往所发挥的基础性作用，以及对两个帝国身份认同的"构成性意义"。在这个意义上，"活态空间"是一个元场域和元空间，是汉帝国通往罗马帝国的"旅程"，也是罗马帝国通向汉帝国的"旅程"，它具有构成性和生产性。"四夷重译称天子"，"重译"的旅程是一个元过程。"奥斯曼之墙"是一种"阻断"，但这种"阻断"亦具有第三空间的意义，因为正是这种"阻断"激发了西方人从海上寻求输入东方香料等产品的行动，一定意义上也是"新大陆"被发现的诱因之一。

其三是立场层面上的，这是对丝绸之路研究中的"英雄史观"和"文本主义"的克服。张骞的"凿空"只是在汉帝国政治军事意义上而言的，汉帝国与大月氏在草原丝路上早已是辗转相"通"的；郑和"下西洋"和《马可·波罗游记》，如果在活态文化互通的背景上看，其意义就不宜过分夸大，这是尊重历史。因为，这些路线在政治军事意义上一时的"阻断"并未"断绝"其他方面的"沟通"。

四、丝路风尚审美文化的历史物质性

"历史物质性"（Historical Materiality），意指"一件艺术品的历史形态并

---

❶ 张进. 论"活态文化"与"第三空间"[J]. 中南民族大学学报，2014（4）.

不自动地显现在该艺术品的现存状态，而是需要通过深入的历史研究来加以重构"。也就是说，研究对象的形态、意义和上下文在历史长河中是不断转换的，一种局限于实物的研究则可能将研究置放在一个错误的出发点上。❶ 也用于说明历史的、物质的存在历时性地将自身刻写在事物之中的问题。❷ 这个概念，一方面旨在克服学术界在面对丝路审美文化时，只重视其"精神性"而轻视其"物质性"的"盲视"；另一方面也是有感于丝路审美文化作为"历史流传物"，"流传物是在历史事件的转化中生成的构成物"，❸ 是物质性在其上不断累积叠加的历史过程所形成的"历史性"的"效果史"。

就第一个方面而言，学术界的某种偏颇显而易见，大多认为在丝绸之路上，可供直接交流和交换的物品极为有限，因而无足轻重；重要的是某种开放、包容、互惠的"精神"。❹ 这种观点并不是很离谱，但错在将丝路物品交换理解为仅仅是"直接"交换的物品。我们承认，从罗马帝国直接运抵汉帝国的物品的确很有限，但我们同时也认为，某些物品从罗马帝国的中心地带流通到汉帝国境内的过程中，这些物品还在经历无数次的加工、再造和改写（"重译"）；同时，这类物品中所包含的"技术要素"不仅可以通过大宗物品而且可以通过有代表性的个别物品而得到流传。比如说，马镫、火药、指南针、造纸术，等等，都可能是改变世界文明进程的"中国物"，但大量研究表明，是这些物质性技术而不是实实在在的物品改变了欧洲的历史进程；而技术并不是所谓"精神性"的东西，而毋宁是物质性的东西。正像今天的情形一样，沿着丝路而来的汽车（生产线）改变了中国人的生活甚至时空观念，但并非每一辆汽车都是"直接"进口的"原装汽车"；当然，汽车"生产线"是物质性的存在，而并非"精神性"的"理念"。在这个问题上，当前世界范围内方兴未艾的"物质文化研究"（Material Culture Study, MCS）给出了诸多启示。

就第二个方面而言，目前的研究中亦存在诸多误区，最主要的是一种可称

---

❶ 巫鸿. 美术史十议 [M]. 北京：生活·读书·新知三联书店，2008：42.
❷ 张进. 论物质性诗学 [J]. 文艺理论研究，2013 (4).
❸ 金元浦. 论历史流传物的语言性 [J]. 文艺研究，2007 (1).
❹ Valerie Hansen. The Silk Road: A New History [M]. Oxford University Press, 2012: 5.

为"源头主义"（或原境主义）的"目的论谬误"。这种观念认为，找到丝路流传物的"源头"即是这种物的文化含义得以解释的头等大事，因此，大多数研究者都试图通过"区分—隔离"的方式，来探讨丝路物的"原初状态"，并认为在流传过程附加于其上的物质性要素是无足轻重的。这是一种错误设定。举例来说，一幅书法作品，在流传过程中，每一位收藏者都加盖了显示自己收藏身份的印章，这些物质性的印章事实上改变了原作的空间布局，当代的接受者所接受的即是带有这种历史物质性的作品，并在此过程中形成了自己对于书法作品的"期待视野"。然而，如果以现代科技去除作品上那些印章，会让当代的接受者觉得这是另外一作品而无法接受，比如《兰亭集序》和"维梅尔的帽子"❶。这充分说明，那些后来附着于原作的物质性要素，已经产生新的意义附加值。我们面对丝路审美文化现象和产品，这种"历史物质性"内容非常突出，它们通常已然是"被解释过的"，我们今天的研究，只能是"面对解释进行解释"，"面对眨眼示意进行眨眼示意"❷。我们既不能被前人千姿百态的"眨眼示意"所迷惑，也不能无视我们面对的已然是"解释的解释"这一事实。

总之，丝路风尚审美文化现象和产品的历史物质性元素（因其跨文化、跨语际、跨国界的大范围"旅行"而显得异常突出），应该得到充分的重视和透彻的阐述，只有这样，才有可能写出丝路审美文化现象和产品的"文化传记"。

五、丝路风尚审美文化的事件流通性

在丝路审美文化研究领域，亦多见"小传统"主义的误区，即主要基于文本而得出结论，而漠视学科联合所揭示出的物质性事件的全方位属性，其要害即在于对丝路审美文化缺乏一种"事件论"和"流通性"意义上的把握。"事件"是一个内涵复杂的理论术语，不同思想谱系的理论家对之做出

---

❶ [加拿大] 卜正民. 维梅尔的帽子 [M]. 李彬，译. 上海：文汇出版社，2010：26.
❷ Clifford Geertz, The Interpretation of Cultures [M]. Basic Books, Inc., 1973：15.

了不同的解释,形成不止一种"事件论"。然而,其理论要旨仍然可以在文化与历史关系的"问题域"中得到揭示。"事件论"是一种渗透在人文学科诸多分支的理论学说,过程性、生成性、连通性、历史性、物质性、"具身性"等一系列观念方法聚合在它的周边,从而为审视审美文化问题提出了新的理论参照。

事件论具有本体论上的优先性。齐泽克指出,哲学自其诞生之日起似乎就徘徊在先验论(Transcendental)与存在论(Ontological)这两个进路之间。"令人惊讶的是,哲学的这两个进路的发展与深化,又都与事件概念密切相关:在海德格尔那里,存在的揭示正是一个事件,在其中,意义的世界得以敞开,我们对世界的感知以及和它的关系也由此确定下来。而当代量子宇宙论则认为,宇宙万物都源于大爆炸(亦即'对称破缺')这个原初事件。"❶ 巴迪欧认为"事件"的发生乃是存在得以在世呈现的良机,事件在本质上并不是作为"是什么"而现成地存在,事件总是作为"正在发生"而活生生地到来,它是正在生成中的那个"到来"本身。正因为这样,事件倒成为存在的条件,事件使一切存在成为可能。❷ 事件是正在生成并随时变动的张力关系,每一个"独特的真理都根源于一次事件"。广松涉则试图确立一种新的关系主义的"事的世界观",认为所谓"事"并非指现象或事象,而是存在本身在"物象化后所现生的时空间的事情(event)",关系性的事情才是基始性的存在机制。❸ 这种关系主义存在论将"实体"放置到一个连通性(connectivity)基始之上,而所有的"物",事实上是与其他物共生共在、关联互渗的"事"或"事件"。

值得关注的是,事件论连通着认识与对象,事件论统合了美学与史学,事件论关联着主体及其行为,事件论融通着背景与前景,事件是一个生产性的元过程。❹ 因而,对丝路审美文化的切中肯綮的研究,应该将丝路审美文化现象和产品"事件化"(eventualization)。事件是处在流通之中的、未得到最终定

---

❶ [斯洛文尼亚]齐泽克. 事件[M]. 王师,译. 上海:上海文艺出版社,2016:5-6.
❷ 高宣扬. 论巴迪欧的"事件哲学"[J]. 新疆师范大学学报,2014(4).
❸ [日]广松涉. 事的世界观的前哨[M]. 赵仲明,等译. 南京:南京大学出版社,2003:15.
❹ 张进,张丹旸. 从文本到事件[J]. 中国社会科学文摘,2018(9).

性的"事实"。丝路审美文化现象和产品,并不是一经形成就固定下来一成不变的,而是通过不断流通而汲取滋养并更新延展。它通过"旅行"而"跨界"生产,通过跨语际、跨文化和跨学科的流动而实现增值。这是审美文化大范围"流通"所达到的意义生产效应,由此而产生了审美文化的附加值。丝路审美文化在流通过程中使其消费直接成为生产,这种生产及其所产生的"剩余价值",是今天的研究应该特别重视的。因此,丝路审美文化不只是文本意义上的存在,而是事件论意义上的动态生成过程。

六、丝路风尚审美文化的融通生产性

"融通"(consiliense)生产,是基于理论和话语的基本内涵。"理论不仅是解释性的,而且是规范性的。"❶ "解释性"与"规范性"之间的"融通"之域,就是一个生产性的场合。话语不仅是描述性的(constative),而且是施为性的(performative),❷ "描述"与"施为"之间就是一个生产性的空间。德国学者李希霍芬是提出了"丝绸之路"这个概念,但其意义不只在于这个概念的解释性和描述性,而更多地在于这个概念的"规范性"和"施为性";不只在于这个概念之"所说"(saying),而在于这个概念之"所做"(doing),在于它所引发的一系列行为和活动。"丝路审美文化"也是这样,其意义在于引发人们从"文化间融通生产"(intercultural consiliense)的角度去理解和对待相关的文化资源和文化行为。

其表现有三:其一是"三来"即"本来""外来"与"未来"等三个维度的文化之间的融通生产,尤其突出的是"外来"维度,它通常充当文化生产的酵母和催化剂。其二是"知识融通生产"(The Unity of Knowledge),即学科大联合而产出新知。科学史家威尔逊指出,"科学如果没有理论,就没有任何事情可以理解,生命也是如此。人类基于本性,会把所有知识综合起来产生一个故事,并且重新创造整个世界。""科学理论能够超越受它们掌握的知识,

---

❶ 孙正聿. 理论及其与实践的辩证关系 [N]. 光明日报,2009-11-24.
❷ J. L. Austin. How to Do Things with Words [M]. Oxford University Press, 1962: 5.

即使是人类以前从未料想到的事物，科学理论也能预测到它们的存在。科学理论会提出假设，训练有素地猜测未曾探讨过的课题，并定义其中的参数。最佳的理论所提出的最有效的假设，可以干净利落地转换成能加以观测和实验的问题。"❶ 理论之所以能够"预测"那些"人类以前从未料想到的事物"的存在，进而"生产"出那些事物，其秘密即在于理论的"融通"，而"融通"即是一种隐蔽的知识生产。其三是"融媒"（omnimedia）生产，这种现象长期存在于丝路审美文化的诸分支，如物质的、图像的、文学的、行为的等审美文化领域，而在近年来的创意审美文化中，表现得更加显豁。原初主要由特定媒介文化承载的审美信息，通过"翻译""转载"于其他媒介形式而产生新的意义附加值，进而通过更大范围的"翻译转载"而成为"全媒介"形式的文化产品，变成一种文化资本和审美资本，这在今天已然变成一种知识生产的重要形式。丝路审美文化资源在创意文化领域内的争夺，大多以这种形式展开。而这种融通生产的知识生产方式不仅强化了思维方式上的"横向超越"（horizontal transcendence）路径，而且向"狄尔泰鸿沟"（Diltheyan Divide）发起了挑战。❷

七、结语：多元系统作为范式和方法

事实上，对丝路风尚审美文化属性特征的归纳和论述，也是对相关研究领域存在的思维盲区的诊断，同时还是对我们所希冀的方法论和新范式的阐述。方法论的意义就在于它能与研究对象相契合。"多元系统性"主要强调丝路审美文化总是超出某一单个文化"内部"而接合"外部"的特征，针对的是相关研究中的"封闭系统论"。在此视野下，"歧感共通性"重在阐明丝路审美文化接受过程"一致"与"自得"的动态制衡关系，针对的是相关研究中差异性与共通性两极分化的问题；"熔铸生成性"旨在揭示丝路审美文化往复生

---

❶ [美]爱德华·威尔逊. 知识大融通：21世纪的科学和人文 [M]. 梁锦鋆, 译. 北京：中信出版社, 2015：76, 78.

❷ Don Ihde. Postphenomenology and Technoscience [M]. State University of New York Press, 2009：63.

发的特征,针对的是单向影响决定论;"活态空间性"主要强调丝路审美文化作为任何一个民族国家文化之"他者"的参照性和构成性功能,针对的是"正—反—合"的思维盲区;"历史物质性"重在说明丝路审美文化作为"历史流传物"的物质性累积特征,针对的是相关研究中的"非历史"倾向;"事件流通性"则旨在强调丝路审美文化的流动性和事件关联性,针对的是相关研究中的"小传统主义""文本主义"和"英雄史观";"融通生产性"意在阐发丝路审美文化"居间调解"并产生新意义的功能,针对的是相关研究对于"文化间性"和"融通性"重视不足的弊端。毋庸讳言,这些属性特征并不在同一个平面上,而是从不同维度、层面和环节上对丝路审美文化的会通和聚焦,它们共同集聚为丝路审美文化研究的某种新范式(paradigm)。按照库恩的观点,"范式"是指"特定的科学共同体从事某一类科学活动所必须遵循的公认的'模式',它包括共有的世界观、基本理论、范例、方法、手段、标准等等与科学研究有关的所有东西"。❶范式的意义并不局限于方法论层面,而是涵摄了世界观、思想理论、方法手段和价值准则。因而,"范式"也并不只是对已有研究对象的重新审视的方式,而是在新视野下对研究对象的重新构筑和系统"深描"。

丝路审美文化中外互通是一项复杂浩大的社会文化工程,从方法论上说,只有把握好几组重要的辩证关系,才能使丝路审美文化的中外互通得到切实加强:一是在认识和总结丝路审美文化中外互通的历史经验和交往智慧方面,要把握好呈现历史、参与现实与启迪未来之间的辩证关系,从中华文化之"本来""外来"与"未来"相融通的思想高度推动中外互通。二是在开展和实现"五通"的过程中,要把握好"民心相通"与"政策沟通""设施联通""贸易畅通""资金融通"之间的系统性关联,认识"民心相通"作为根基的功能价值,强化丝路审美文化互通作为"生产力"要素的地位和作用。三是在中华优秀文化"走出去"的过程中,要把握好中华文化"外推"与"内聚"之间的辩证关系,"外推"只是手段,"内聚"升华才是目的,切实加强中国特

---

❶ [美]库恩.科学革命的结构[M].金吾伦,胡新和,译.北京:北京大学出版社,2003:175.

色哲学社会科学话语体系在丝路审美文化中外互通过程中的"在场性"。四是在丝路沿线国家和地区人文交流和审美文化互通过程中，要把握好物质审美文化、图像审美文化、文学审美文化、活态审美文化和创意审美文化之间的系统关联，扩展丝路审美文化中外互通的内容、层面、维度和途径，实现中外互通的综合立体效应。五是在"一带一路"倡议下共建"共同体"的过程中，要把握好"丝路审美共同体"与"人类命运共同体"之间的辩证关系，强调丝路审美共同体的基础性作用，加强人类命运共同体的价值引领功能。

初唐伪墓志文《唐故卧龙寺黄叶和尚墓志铭》发微[*]

■ 袁书会

摘要：《唐故卧龙寺黄叶和尚墓志铭》是一篇初唐伪墓志文，通过对墓志文的制作者许敬宗和书写者欧阳询的职官考证，可认为这篇文章乃作于贞观十七年至十九年间。同时，经过对初唐道教和佛教发展的分析，认为这篇伪墓志文背后透露出的是唐代文学、书法和宗教和谐统一的文化事实。

关键词：墓志文；艺术；宗教

唐代文化繁荣的原因是后世长期追寻的一个话题，而唐文化的兼容并包是其文化发展繁荣的一个重要特征。其兼容并包，不仅仅表现在对待诸多文化，如接纳摩尼教、景教等外来宗教，京城流行羌笛、琵琶、胡旋舞等来自西域的音乐舞蹈等。同时，中国传统的宗教艺术等，也和谐地存在于当时，也是唐代文化繁荣的一个重要内容。近期，阅读周绍良先生主编的《唐代墓志汇编》，今对其中一篇《唐故卧龙寺黄叶和尚墓志铭》略作解读，并求教于方家。

《唐故卧龙寺黄叶和尚墓志铭》，守黄门侍郎许敬宗制、弘文馆学士欧阳询书，原文今迻录如下：

和尚自说姓张名真志，其生缘桑梓，莫能知之。隋故特进蜀人段经、兴善寺僧释永蒨并见和尚于太清初出入中条，往来都邑。年可五六十岁，

---

[*] 作者简介：袁书会，现为西藏民族大学文学院教授、华东师范大学中文系兼职博导，主要致力于佛教与中国文学研究及敦煌学研究。

基金项目：国家社科基金重大项目"丝路审美文化中外互通问题研究"（项目编号：17ZDA272）。

未知其异也。隋氏末年，稍显灵迹，被发徒跣，负杖挟镜，或征索酒肴，或十余日不食，预言未兆，题识他心，一时之中，分形数处。属我皇应运，率土崩裂，和尚竟著先知，驻锡黄龙寺。迫于定鼎，果获奇验矣。武德二年五月廿有九日，即化于卧龙寺之禅堂。先是移寺之金刚像出置户外，语僧众曰："菩萨当去尔。"越旬日，无疾而逝。沉舟之痛，有切皇心，殡葬资须，事丰□厚。迺以武德三年秋九月四日葬于万年县凤□原。望方坟而捴涕，瞻白幕而惊心，爰诏有司，式刊景行。其铭曰：

　　□化毘城，金粟降灵，猗欤大士，权迹帝京。绪冑莫明，邑居孰见？譬彼涌出，犹如空现。五尘凤离，三条九依，戒珠靡缺，忍铠无违。智灯含焰，慧驾驰騑，哀兹景像，悲斯风电。将导舟梁，贻我方便，行烦心寂，□□□□。观往测来，睹微知显，石□亡儒，皇开□贤。反初息假，薪绝火燃，神明何计，暗石空传。❶

周绍良先生直接将这篇墓志归为伪文，原因周先生并未明言。今谨从史传求索之。墓志撰写者许敬宗，新旧《唐书》有传。《旧唐书》卷八十二《列传》第三十二《许敬宗传》载：

　　许敬宗，杭州新城人，隋礼部侍郎善心子也。其先自高阳南渡，世仕江左。敬宗幼善属文，举秀才，授淮阳郡司法书佐，俄直谒者台，奏通事舍人事。江都之难，善心为宇文化及所害。敬宗流转，投于李密，密以为元帅府记室，与魏徵同为管记。武德初，赤牒拟涟州别驾。太宗闻其名，召补秦府学士。贞观八年，累除著作郎，兼修国史，迁中书舍人。十年，文德皇后崩，百官缞绖。率更令欧阳询状貌丑异，众或指之，敬宗见而大笑，为御史所劾，左授洪州都督府司马。累迁给事中，兼修国史。十七年，以修《武德》、《贞观实录》成，封高阳县男，赐物八百段，权检校黄门侍郎……❷

---

❶ 周绍良，赵超. 唐代墓志汇编 [M]. 上海：上海古籍出版社，1992：1-2.
❷ （后晋）刘昫. 旧唐书 [M]. 北京：中华书局，1975：2761.

今从《旧唐书》本传可知，许敬宗（592~672年）乃唐高祖、太宗、高宗时著名文士、大臣，为黄门侍郎时在贞观十七年。而此祭文中称墓主黄叶和尚于武德二年五月廿有九日去世，武德三年秋九月四日葬于万年县凤（栖）原。按照一般唐人风俗，一般人死后家人或亲朋请当时名人撰写墓志文，请人刻石为墓志铭，然后藏之于墓中。从志文可知，黄叶和尚的墓志文最晚应该是武德三年九月四日前书写并镌刻。而志文伪托为初唐以文学名世的许敬宗所撰写，无疑是为了提高墓志的地位，但是从史书记载可知，许敬宗在武德三年时地位尚低，为黄门侍郎时则要到太宗贞观十七年。因此，周绍良先生直接将这篇墓志归为伪文。确实，从许敬宗任职时间上，我们就可以看出这是后人为了抬高这位僧人的声誉而伪造的一篇当时名人所做的伪墓志文。而且这篇伪墓志文伪造的书写者为"弘文馆学士欧阳询"。

考之于《旧唐书》卷一百八十九《列传》第一百三十九上《欧阳询传》载：

> 欧阳询，潭州临湘人，陈大司空顾之孙也。父纥，陈广州刺史，以谋反诛。询当从坐，仅而获免。陈尚书令江总与纥有旧，收养之，教以书计。虽貌甚寝陋，而聪悟绝伦，读书即数行俱下，博览经史，尤精《三史》。仕隋为太常博士。高祖微时，引为宾客。及即位，累迁给事中。询初学王羲之书，后更渐变其体，笔力险劲，为一时之绝。人得其尺牍文字，咸以为楷范焉。高丽甚重其书，尝遣使求之。高祖叹曰："不意询之书名，远播夷狄，彼观其迹，固谓其形魁梧耶！"……贞观初，官至太子率更令、弘文馆学士，封渤海县男。年八十余卒。[1]

从史传所载可知，欧阳询乃有唐一代书法大家，和本文前面所论述的一样，欧阳询本人在武德年间，官职甚微，至太宗贞观初年，始任太子率更令、弘文馆学士。金涛声先生将欧阳询生卒年考证为公元557~641年，即卒于贞

---

[1] （后晋）刘昫. 旧唐书 [M]. 北京：中华书局，1975：4974.

观十五年。❶ 和前面所论述的一样，在本墓主黄叶和尚去世的时候，不论是墓志文的制作者文学大名士许敬宗还是墓志的书写者书法大名人欧阳询，二人的官职都尚未做到墓志文所"伪造"的他们后面的职官。因此，这篇墓志文是后人所伪造的一篇墓志文，周绍良先生将此篇文章归为伪文是没问题的。

《旧唐书》卷八十《列传》第三十《褚遂良传》载：

> 褚遂良，散骑常侍亮之子也。太业末，随父在陇右，薛举僭号，署为通事舍人。举败归国，授秦州都督府铠曹参军。贞观十年，自秘书郎迁起居郎。遂良博涉文史，尤工隶书，父友欧阳询甚重之。太宗尝谓侍中魏徵曰："虞世南死后，无人可以论书。"徵曰："褚遂良下笔遒劲，甚得王逸少体。"太宗即日召令侍书。太宗尝出御府金帛购求王羲之书迹，天下争赍古书诣阙以献，当时莫能辩其真伪，遂良备论所出，一无舛误。❷

从《旧唐书》欧阳询本传及褚遂良传可以看出，在初唐时期，不论是唐高祖还是唐太宗，都对六朝时期的王羲之书法非常推崇，也直接造成王羲之书法热。而欧阳询本人，虽貌丑，但是书法"初学王羲之书，后更渐变其体，笔力险劲，为一时之绝"。欧阳询与虞世南、褚遂良及薛稷因对王羲之书法的精熟而为初唐书法代表人物，也创造了我国书法史上的一段佳话，也可以说，他们是当时书法界的领袖人物。

而许敬宗，在新旧《唐书》中，特别是《新唐书》中，虽对其为人评价甚低，《新唐书》径直将其归入《奸臣传》，但对其文学才能都给予了较高的评价。的确，许敬宗作为初唐文学的代表，撰著颇丰，自贞观后，许敬宗监修国史，先后参与或主持《晋书》《高祖实录》《姓氏录》《永徽五礼》《西域国志》《文馆词林》《文思博要》《瑶山玉采》《方林要览》《东殿新书》《本草图经》等书之编撰，厥功非细……敬宗"文学宏奥"（《旧唐书》本传后论），《旧唐书》本传和《新唐书·艺文志》载有《许敬宗文集》八十卷（《旧唐

---

❶ 周祖譔. 中国文学家大辞典·唐五代卷 [M]. 北京：中华书局，1992：297.
❷ （后晋）刘昫. 旧唐书 [M]. 北京：中华书局，1975：2729.

书·经籍志》作六十卷，疑误），与其所修书皆佚。《全唐诗》卷三五录存其诗二八首，卷八八二补二首。《全唐诗补编·续补编》卷一补一首，《续拾》卷三补一八首又一首，多为奉和应制之作。《全唐文》卷一五一、卷一五二录存其文二卷。《唐文拾遗》卷一六补一篇，《唐文续拾》卷一又补二篇。❶ 许敬宗历仕唐高祖、太宗、高宗三朝，在太宗贞观十七年，以修《武德实录》《贞观实录》成，封高阳县男，赐物八百段，权检校黄门侍郎。高宗在春宫，迁太子右庶子。十九年，太宗亲伐高丽，皇太子定州监国，敬宗与高士廉等共知机要。中书令岑文本卒于行所，令敬宗以本官检校中书侍郎……二十一年，加银青光禄大夫……高宗显庆元年，加太子宾客，寻册拜侍中，监修国史。三年，进封郡公……龙朔二年，从新令改为右相，加光禄大夫。三年，册拜太子少师、同东西台三品，并依旧监修国史。乾封初，以敬宗年老，不能行步，特令与司空李勣，每朝日各乘小马入禁门至内省。❷ 许敬宗在高祖、太宗、高宗三朝，特别是至高宗朝，声望甚隆。而本墓志文署其官职为守黄门侍郎，如前文所考，许敬宗任此职乃在贞观十七年至贞观十九年。因为贞观十九年，许敬宗已经从"迁为太子右庶子"到"以本官检校中书侍郎"了。而中书侍郎"正第三品：侍中、中书令、吏部尚书（旧班在左相上，《开元令》移在下）、门下侍郎、中书侍郎、旧班正四品上，大历二年升。"❸ 因此，从前面对欧阳询的履历简介可知，他于贞观十五年即已去世，因此大致可以判断这篇伪造的墓志文的时间实在贞观十七年到贞观十九年间，许敬宗为弘文馆学士时期。结合墓志文中所说的墓志人黄叶和尚武德二年（619年）五月廿有九日去世，武德三年（620年）秋九月四日葬于万年县凤（栖）原，而结合前文所考证的墓志文的书写者欧阳询和墓志文的制作者许敬宗的任职履历，可以认为：这篇文章应该是在黄叶和尚去世后，后人于贞观十七年至贞观十九年"制作"而成的，是一篇后人精心伪造的墓志文。如果根据周绍良、赵超先生在《唐代墓志汇编》之"编辑说明（二）本书依照志主落葬日期先后为序进行排

---

❶ 周祖譔. 中国文学家大辞典·唐五代卷 [M]. 北京：中华书局，1992：228.
❷ （后晋）刘昫. 旧唐书 [M]. 北京：中华书局，1975：2761-2673.
❸ （后晋）刘昫. 旧唐书 [M]. 北京：中华书局，1975：1791.

列"，❶那么这篇伪墓志文的排列放在贞观十七年为妥。

经历了隋末的动荡，初唐之高祖、太宗皇帝励精图治，特别是太宗皇帝在魏徵、房玄龄、杜如晦等大臣的辅佐下，创造了中国历史上有名的贞观之治。在历经隋王朝短暂的整合南北文化所缔造的融合的大一统文化后，大唐文化的发展终于在初唐渐渐走上正轨。不论是王朝所推崇的儒家文化，还是唐王朝代表人李氏所标榜的道家先祖文化，在新的王朝里都获得了新的发展契机。在有唐近三百年时间里，道教始终受到王朝政权的扶植和崇奉。道教宫观遍布全国，道教信徒众多，道教理论、道教科仪、修戒等都得到了全面的发展，可以说唐代道教是我国古代道教发展的一个辉煌时期。而道教之所以在唐代得到如此大的发展，这与唐王朝对道教的利用是分不开的。

在初唐时期，唐代统治者利用道教来制造皇权神授的舆论，崇奉老子，借老子以抬高唐王室的地位，以适应当时政治斗争的需要。隋朝末年，社会上即流传着"杨氏将灭，李氏将兴""天道将改，将有老君子孙治世"等政治谶语，在当时影响很大。隋末起义领袖李密、李轨等均曾利用它而称帝，唐高祖李渊也因姓李而遭到隋炀帝的猜疑。大业十三年（617 年）李渊于晋阳起兵，也正是利用了"李氏将兴"这类政治谶语。在李渊起兵之前，一些有识的道教徒即积极地向其表示支持。在道教徒的著作《混元圣纪》卷八载：大业七年（611 年）楼观道士歧晖（后改名歧平定）就对弟子说："天道将改，吾犹及之，不过数岁矣。或问曰：'不知来者若何?'曰：'当有老君子孙治世，此后吾教大兴，但恐微躯不能久保耳。'"❷ 歧晖是否在大业七年说过这些话，是否在唐高祖起兵前即有这么大胆的预言，这些现在都不可考。但这些出自道教徒的著作至少向人们表明在隋末大动乱中，道教徒也在积极地寻求新的政治依靠。该书还记载，李渊晋阳起兵不久，歧晖即积极响应，称李渊为"真君""真主"，在人力、物力上支持唐军。"唐高祖皇帝初起兵于晋阳，帝女平阳公主，柴绍妻也，亦起兵应帝，屯于宜寿宫，晖逆知真主将出，尽以观中资粮给其军，及帝至蒲津关，晖喜曰：'此真君来也，必乎定四方矣。'乃改名为

---

❶ 周绍良，赵超. 唐代墓志汇编·编辑说明 [M]. 上海：上海古籍出版社，1992：2.

❷ （南宋）谢守灏. 混元圣纪（卷八）[A] //正统道藏. 涵芬楼，1923：23817.

'平定'以应之,仍发道士八十余人向关应接。"❶

其实,不仅歧晖一人如此积极地向唐高祖输诚,隋末著名道士王远知(528~635年)亦是如此。《旧唐书》卷一九二《王远知传》载:"高祖之龙潜也,远知尝密传符命。"❷ 对此事叙述得含含糊糊。在道教著作《混元圣纪》卷八即颇为详细地记载了与此相关的事情:"初,高祖诏玉清观道士王远知授朝散大夫,赐金缕冠,紫丝霞帔,以远知尝奉老君旨,预告受命之符也。"❸ 从这两个记载中不难看出当时事件的原貌:王远知虽身为道士,但洞察政治变化,❹ 在李渊起兵之前,自称奉老君旨意,利用当时民间谶语,称李渊将受天命,从而赢得了政治领袖的支持。

唐王朝不仅在其军事斗争初期利用道教为自己制造舆论,建国以后,统治集团更是有计划地利用道教为自己编造政治神化。武德元年(618年)正月,刘武周派遣宋金刚领兵攻打晋阳,与李世民所率唐军相持于绛州,李世民为了鼓舞军心、神化唐王朝,便编造了一个老子显圣的神话。《混元圣纪》卷八记载了这件事情:绛州人吉善行于羊角山见一须发皓白、骑白马的老者,"老人谓善行曰:'与我语大唐天子李某,今得圣治,社稷延长,宜于长安城东置安化宫而设道像,则天下太平。'言讫腾空而去。"此后吉善行又声称两次在该地见到老人,老人"谓善行曰'吾前语汝记得否?答曰:'并记得。'老人曰:'汝即入奏天子,道我所言。'老人又曰:'我是无上神仙,姓李字伯阳,号老君,即帝祖也。亳州谷阳县有枯桧再生,可以为验,今年平贼后,天下太平,享国延永。'"吉善行将此事报告给晋州总管府长史贺若孝义,贺若孝义把吉善行引见给李世民,李世民命其入奏唐高祖,高祖大喜,授吉善行朝散大夫,并赐以御袍、束帛等,于羊角山建太上老君庙。❺从歧晖、王远知、吉善行可以看出,一个在全国范围内尊"老子"、神化"老子"的运动在唐初开展得轰轰烈烈。在《中国道教史》中,这样评价这个历史现象:

---

❶❸❺ (南宋)谢守灏. 混元圣纪(卷八)[A]//正统道藏. 涵芬楼, 1923:23817.

❷ (后晋)刘昫. 旧唐书[M]. 北京:中华书局, 1975:5125.

❹ 《旧唐书·王远知传》载其曾历经"陈主""隋炀帝",颇有政治洞察力。在隋唐更迭之际,他极力投合李唐政权。见(后晋)刘昫. 旧唐书[M]. 北京:中华书局, 1975:5125-5126.

唐王朝所以尊老子为"圣祖",除了可以应"老君子孙治世"的谶言而在政治舆论上获得好处外,同时也为了抬高唐宗室的社会地位。因为当时有人认为唐宗室为少数民族,是北魏拓跋氏之后,这在当时重门第的社会中,显然是个不利的政治因素,他们需要攀附一个汉族的名门望族,以抬高唐宗室的社会地位。故利用老子降显的神话,标榜唐宗室为神仙老子后裔。……唐初尊崇老子,神化老子,完全是出于政治上的需要。[1]

从道教史可以看出,唐宗室与道教徒之间互相利用,道教徒借统治者来提高其地位也是其中一个重要原因。而在当时情景下,佛教徒不可能无动于衷。因此,从黄叶和尚墓志文也可看出:黄叶和尚其实是隋唐易代之际一个非常普通的佛教徒,"其生缘桑梓,莫能知之。隋故特进蜀人段经、兴善寺僧释永蒨并见和尚于太清初出入中条,往来都邑。年可五六十岁,未知其异也",是一位不知名的僧人。在《续高僧传》中并无记载。而这样一位僧人,"属我皇应运,率土崩裂,和尚竟著先知,驻锡黄龙寺。迨于定鼎,果获奇验矣",竟能未卜先直,预言唐王朝将取代隋王朝,不能不说是这位僧人的神异之处。道教徒能编造隋唐时期的政治神话,佛教徒又岂能不明白其中玄机?因此,这样一位普通僧人,如果依据《高僧传》对"高僧"的界定,无疑是无法归入其类的。但这位僧人能在李唐定鼎之前,预言李氏的成功,就显得这位僧人不简单了。因此,才有了他的墓志文的制作者竟然是当时显贵的大文人许敬宗,书写者也是当时书法界的高手欧阳询。僧人的门徒伪造了当时文学界和书法界的两位大师级人物为其师制作墓志,也可以看出造伪者的一片良苦用心。而这篇伪墓志文背后透露出的竟也是这样丰富的内涵:文学、书法和佛教是这样和谐地为这位普通的黄叶和尚延续了声望,三种艺术和谐地共存在这样一个碑志上,也再次彰显了唐文化和谐共存的事实。

稍微遗憾的是,如果我们能看到周绍良先生的原拓本,能亲眼看见伪欧阳询书法的碑刻原石,摩挲许敬宗的志文,该是怎样的一种幸运啊!

---

[1] 任继愈. 中国道教史 [M]. 上海:上海人民出版社,1990:269.

中亚东干文学中乡村叙事的流变与俄罗斯文学资源[*]

■ 司俊琴

摘要：作为苏联少数民族文学的一部分，中亚东干文学是在俄罗斯文学影响下逐步发展起来的。其诞生之初，就与俄罗斯文坛相呼应，感应着俄罗斯文坛的思潮波动。俄罗斯作家的乡村书写，为东干作家提供了可资借鉴的文学资源，乡村几乎成了东干作家共同书写的文学母题。20世纪初期，东干作家的乡村叙事中展示了新政权建立后，农民的劳动和建设热情；50年代"解冻"思潮下，东干乡村叙事作品主要揭露农村集体化过程中产生的官僚主义及其危害，对农业体制予以批判与反思；60年代以后，随着经济体制的改革和"科技革命"的推行，传统文化受到冲击，东干作家的乡村叙事从对本民族古老风习的描绘中，抒发了回归乡土的情怀和根源意识。

关键词：东干文学；乡村叙事；文学资源

乡村是大地、故乡、家、母亲、童年、爱等的代名词，具有巨大而深远的象征性，是文学的基本母题，是作家情感的祭坛。俄罗斯是个农业国，俄罗斯的东方血缘、村社制度等，使俄罗斯作家自古以来就成为土地之子，土地是他们的"根基"，因此，俄罗斯农村现状和农民的命运就成了俄罗斯作家极为关

---

[*] 作者简介：司俊琴，兰州大学外国语学院教授，文学博士，从事俄语国家文学与比较文学研究。
基金项目：教育部人文社会科学研究一般项目"'一带一路'背景下的中亚文学研究"（项目编号：19YJA752018）、国家社科基金重大项目"丝路审美文化中外互通问题研究"（项目编号：17ZDA272）和中央高校基本科研业务费专项资金项目"吉尔吉斯斯坦重要作家作品研究"（项目编号：17LZUJBWZY071）。

注的对象，从而使"整个俄罗斯文学，都带有一股浓浓的乡土气息"。❶ 俄罗斯文学史上常用"农村题材"来表述对乡村的文学叙述。

中亚东干文学是在俄罗斯文学影响下逐步发展起来的，其诞生之初，就与俄罗斯文坛相呼应，感应着俄罗斯文坛的思潮波动。俄罗斯作家的乡村书写，为东干作家提供了可资借鉴的文学资源。另外，对于绝大多数东干作家而言，乡村是他们出生与生活的地方，他们的血液里早已融化着土膏露气，乡土经验深深印刻在他们的生命中。因此，在东干文学中，绝大多数作品以乡村为观照对象，乡村几乎成了东干作家共同书写的文学母题。20 世纪 30~40 年代，东干作家的乡村叙事作品书写劳动者在新的社会制度下，鼓足干劲、创建新生活的巨大劳动热情；50 年代，在苏联"解冻"思潮的影响下，东干乡村叙事作品也开始涉及乡村权力批判问题，对农村的官僚主义现象及其危害给予批判，对农业体制问题进行反思；60 年代以后，随着经济和科学技术的发展，农村的乡风民俗和生活方式受到冲击，东干作家力求在乡村叙事中描绘本民族的古老风情和乡土情怀，从而实现精神返乡。

一、讴歌与赞美乡村新生活

20 世纪苏联新政权建立之后，国家实行大规模的社会主义改造，先后实现了工业化和农业集体化，使全民投入创建新生活的建设，社会主义建设取得巨大成就。这一切活动当时激发了苏联乡村劳动者的创造热情，使他们对新生活充满期待与憧憬。苏联乡村生活中发生的巨大变化引起作家的极大关注，成为他们创作的重要题材之一。如肖洛霍夫的长篇小说《被开垦的处女地》（第 1 部）、潘菲洛夫的长篇小说《磨刀石农庄》等，都是这个时期涌现出来的重要作品。诗歌是当时最活跃的文学样式。诗人怀着乐观精神，表达了对农村建设的豪情：如伊萨科夫斯基的诗集《麦秸中的电线》，用诗歌赞美乡村新生活；普罗科菲耶夫和特瓦尔多夫斯基也以写乡村诗歌而著名；女诗人英贝尔等

---

❶ 何云波. 乡土罗斯的现代转型 [A] // 刘文飞. 苏联文学反思. 北京：中国社会科学出版社，2005：197.

以浪漫主义激情抒写苏联各族人民的劳动和建设热情。

受苏联乡村叙事作品的影响，20世纪30~40年代中亚华裔东干作家的乡村叙事作品中，展现了乡村农业集体化运动中苏联人民巨大的劳动热情和干劲。诗歌方面，尤素甫·杨善新的诗歌《集体农庄》，号召苏联人民在新社会中积极从事生产劳动。伊斯玛依拉·玛古伊的诗歌《和平的劳动》和《在荒芜的土地上》，赞美了集体农庄庄员不怕苦、不怕累的实干精神。侯赛·马克的诗歌朴素、自然、清新、流畅，与民歌极为相似，所以在东干人中，尤其是农村居民中非常受欢迎。他的诗歌《农庄庄员》《劳动》《甜菜》《白色的金子》《采棉花的姑娘》等，都表达了对劳动者的赞扬之情。阿布都拉·马存诺夫的诗歌《致集体农庄庄员》《棉花》《为高产而奋斗》等，体现了在恢复和发展经济时期，苏联人民热爱劳动，热爱土地，向往美好生活的思想感情。

雅斯尔·十娃子这个时期的诗歌《王》《老杨的故事》《生活之树》《砂糖》《给种植白芍的姑娘》等，描绘了苏联社会主义建设的伟大成就，赞美了劳动的美好和崇高。如十娃子在诗歌《在我们的营盘里》中写道："康拜因也走着呢。/就像水船，/在大洋里凫的呢，/没有边沿，/声不住地响的呢：/——喤喤，喤喤——/就像说的：——我不乏，/连表一样……"❶诗歌赞扬了现代化的大机器生产和东干人改造大自然的冲天干劲，充满崇高的劳动激情。

小说方面，雅斯尔·十娃子的短篇小说《我爱春天》和《白蝴蝶之歌》，展现了苏联人民对劳动的热爱。《我爱春天》传神地刻画了一位已经退休但不辍劳作的老人的形象；《白蝴蝶之歌》叙写了一位农庄庄员通过自己辛勤的劳动，最终实现为女儿买钢琴的愿望。十娃子的《麦彦子的命运》《我的新家》《一心一意的人们》等中篇小说，则通过新旧社会的对比，集中展现了农村集体化过程中，新人的成长历程及个人和社会的相互关系。如《麦彦子的命运》讲述了革命前16岁的麦彦子被迫嫁到大地主家，但是她深爱着童年的朋友艾尔赛玛，她为自己的悲惨命运深感痛苦。不久她的丈夫突然得伤寒死去了，她

---

❶ [吉] 雅斯尔·十娃子. 五更翅儿（东干文）[M]. 比什凯克：伊里木出版社，2006：407-408.

很快就嫁给了艾尔赛玛。十月革命开始了，幸福终于来了。艾尔赛玛和麦彦子分到了土地，并开始在新的土地上不知疲倦地劳作。❶穆哈麦德·哈桑诺夫的短篇小说《在山里》《我们的幸福》《遇面》《种瓜得瓜，种豆得豆》等，描述了劳动者的快乐与幸福，这些作品都充满乐观主义精神。阿依莎·曼苏洛娃的短篇小说《大改变》，通过叙写农村妇女进集体农庄、上大学等事实，塑造了新时代劳动妇女的光辉形象。

此外，亚库甫·哈瓦佐夫的《天职》、伊斯玛尔·舍穆子的《归来》、阿尔里·阿尔布都的《高兴》等短篇小说，都赞美了劳动给人带来的幸福。阿尔里·阿尔布都的中篇小说《一条心》塑造了一系列令人难忘的劳动者形象；中篇小说《老马富》则充分展示了新时期东干人忘我劳动、积极向上的精神风貌。如《老马富》中写道："集体农庄一年比一年大硬哩，就连给渴哩水的树把水浇给哩的一样，它的一切叶叶儿，枝枝儿都发生得快哩。一二年里头可价伸哩腰，长脱哩。集体农庄买哩一百万钱帖子的机器，多方便，想往哪塔儿打发，由自己的呢。"❷小说叙述的虽然是农业集体化运动和农村的社会主义改造，但是作品具有浓郁的生活气息，体现出东干人不甘落后、积极进取的生活态度。

总体来说，这个时期的东干乡村叙事作品遵循苏联主流意识形态话语，塑造了具有超人的体力、非凡的智慧、大无畏精神、钢铁般意志及高尚品质的完美的社会主义建设者的形象，旨在充分调动农民的生产积极性和进取精神，激励农民参与集体化运动。虽然东干作家不能超越时代的局限，缺乏对生活的独立思考，使作品带有强烈的意识形态色彩和政治倾向，但是作品中充溢的昂扬乐观、积极进取的精神和对劳动的礼赞，能给人以鼓舞与启示。

---

❶ Макеева Ф. Х. Становление и развитие дунганской советской литературы［M］. Фрунзе：Кыргызстан，1984：61-62.

❷［吉］阿尔里·阿尔布都. 独木桥儿（东干文）［M］. 伏龙芝：吉尔吉斯斯坦出版社，1985：212-213.

二、批判与反思乡村的官僚主义现象

20世纪50年代初期，斯大林去世之后，苏联社会的政治生活气氛开始发生变化，随即在文学中得到反映。爱伦堡的《谈作家的工作》一文，重新阐释了文学的功能，提出文学应该以"更充分地认识人的内心世界"为旨归，要写"活生生的人"，"揭示隐藏在人的心灵深处的光明与黑暗的斗争"等。波麦兰采夫的《论文学的真诚》，尖锐地批评了"无冲突论"和"不真诚"的创作态度。[1] 发轫于文学批评的这场论争，推及文学创作，特别是爱伦堡的中篇小说《解冻》的发表，引发了一场波澜壮阔的社会思潮。在"解冻"思潮下，作家们大胆揭露社会矛盾，积极干预生活，创作了一系列揭露官僚主义问题的农村题材小说。杜金采夫、奥维奇金、田德里亚科夫等作家的乡村叙事小说以批判官僚主义，揭露乡村生活中的官民矛盾为主旨。

50年代后期，俄罗斯乡村叙事作品不再停留在一般意义上的揭露和批判，而是从社会生活的各个方面深入思考现行经济体制的弊端，为农村寻找出路。如阿勃拉莫夫的四部曲《普里亚斯林一家》，通过对普里亚斯林一家人的日常生活和劳动的描绘，展现他们的精神追求和人生际遇，同时作品对俄罗斯农民的命运做了深入思考，把农民置于饥饿、贫穷、官僚主义等自然和人为的重重灾难中，展现了村民们重建家园的艰难。阿纳尼耶夫的长篇小说《没有战争的年代》，从日常生活、生产劳动等方面结合起来思考农业问题和农村经济体制的改革问题，以探寻农村的前途。

由于受到"解冻"思潮的冲击及俄罗斯农村题材作品的影响，东干作家在这个阶段的创作涉及乡村权力批判，其力度也是力透纸背的，如穆哈麦德·哈桑诺夫的短篇小说《没吃过"辣子"的主席》、阿尔里·阿尔布都的短篇小说《苏玛尔成人呢》及中篇小说《头一个农艺师》《没名字的儿子》等。

东干乡村叙事作品中，揭露"官僚主义"现象的力作是《没吃过"辣子"

---

[1] 北京大学俄语系，俄罗斯苏联文学研究室. 关于《解冻》及其思潮 [M]. 北京：北京大学出版社, 1982：255.

的主席》。作品选取了一个极具戏剧性的场景,为官僚主义者——集体农庄主席王银贵画出了一幅漫画,通过他的言谈举止,将官僚主义者的嘴脸充分展现出来。王银贵滥用职权,想让自己朋友尤苏子的弟弟担任农艺师的职务,但是首先要找到借口撤销现任农艺师的职务,他便在办公室等待尤苏子的弟弟,准备共同商讨撤换农艺师的计谋。但不巧的是,尤苏子的弟弟没到,新主席反而先来。王银贵以为他是尤苏子的弟弟,在其面前演出了一幕丑剧:打电话与情妇调情,答应给她指派一辆农庄的汽车;在电话里指使自己的亲信把农庄的公共财产运到自己家里;而女秘书请他给等着办事的人签字时,王银贵大发雷霆。当他的戏演得正酣时,区委书记来宣布坐在他面前的正是接替他职位的新主席。王银贵这才醒悟过来,原来自己认错人了。但是大局已定,不可逆转。他顿感四周一片漆黑,犹如大山压顶,他扭过头把最近才新做的办公桌望了一眼,长叹了一口气,懊悔地暗自思量:"哎,今天怎么让我吃了这从来没有吃过的辣子……"❶ 故事以开放式的结尾收束,留下了巨大的思考空间。

《没吃过"辣子"的主席》与俄罗斯作家奥维奇金的农村特写《区里的日常生活》有很多相似之处,前者明显受到后者的影响。首先,两篇小说都写于20世纪50年代,当时苏联正处于"解冻"时期,作品能够突破教条主义限制,反映了客观现实;其次,两篇作品都书写苏联农村,暴露了农村掌权者的丑恶嘴脸;最后,两篇作品中俄罗斯现实主义优良传统得以恢复与发展。❷

《苏玛尔成人呢》讲述萨尔和朋友在路途中救起了一个冻僵的孩子,他们把孩子领回家里细心照顾,并帮他找到学校上学的故事。但是在这个故事中,又穿插着被救的孩子苏玛尔的人生经历和他的家庭故事。第二个故事中苏玛尔的父亲是一个冷酷、残忍、自私、专横跋扈、行为不检点的乡村官僚。虽然他经历了牢狱之苦,但是仍然不思悔改,集中体现了人性恶的一面。他的恶劣行径直接导致妻子死亡、儿子差点被冻死的后果,读来令人扼腕、愤怒。作家把他的劣迹斑斑的行为充分展示在读者面前,让读者对其予以审判,从而警示后人。

---

❶ 杨峰. 苏联东干族作家小说散文选——盼望 [M]. 乌鲁木齐:新疆人民出版社,1996:205.
❷ 司俊琴. 中亚东干讽刺文学与俄罗斯讽刺文学传统 [J]. 北方民族大学学报(哲学社会科学版),2010 (4).

《头一个农艺师》在卫国战争的背景下，涉及农村官僚主义问题，塑造了官僚主义者农庄主席尔斯麻的形象。小说中写道："说是说呢，以打在前人们上哩仗往这么，集体农庄的事由一天赶不上一天哩。年年给牲灵存下的草料一年家吃不上，今年冬还没出去呢，牲灵可价没吃的哩。大众的文明事情也拉了后哩。小一辈儿溜摸地喝开酒，耍开钱哩。集体农庄的头子尔斯麻睁的一个眼睛，闭的一个眼睛塞（搪塞）搞地做哩活哩。"❶ 同时，小说还暴露了尔斯麻高高在上、专横跋扈的本色："（尔斯麻）头上戴的素梢儿帽子，脚上穿的明腰子的靴子，手里拿的黄羊蹄蹄儿鞭子，骑的集体农庄的黑走马，在巷子里绕搭够，回哩家哩。"❷

　　别看尔斯麻在群众面前作威作福，在上级面前却唯命是从，体现了官僚主义者看人下菜、见风使舵、两面三刀的做派。小说写道："新近拣选上的党小组组长优布尔，岁数年轻的一面，就连掐哩头的苍蝇一样，胡碰的呢。往区上一天跑的三四趟，可是他不明白抓哪一套呢。他不知道占前，哪一样子活是要紧的，一天他瞅尔斯麻的脸的呢，可是尔斯麻装的个看不见他。就连看失笑的一样，尔斯麻巴意儿（故意）把个家肘得硬硬儿的，慷子挺得高高儿的，打看不过眼儿的短边跟前过一过儿，一句话都不说。乡庄里的人们看出来哩：尔斯麻褒式（骄傲）下了。可是打州上旦是来一个人，尔斯麻当窝儿就软得连棉花一样哩。啥他都看见呢，啥上都有他的相干呢，眼色也就出来哩。"❸

　　阿尔里·阿尔布都的中篇小说《没名字的儿子》以主人公安萨尔卫国战争时期的经历为主线，以他的高尚品质反衬集体农庄主席曼苏子等乡村当权者灵魂的丑恶、面目的可憎。他虽然也是土生土长的乡下人，却是狡诈的弄权者，是恶劣的欺压者，是乡村直接的危害者。

　　阿尔里·阿尔布都在小说中刻画的官僚主义者形象与爱伦堡在小说《解冻》中塑造的官僚主义者完全相同。《解冻》塑造了僵化、专横、保守、冷酷无情、唯利是图的官僚主义者茹拉夫廖夫形象。作为纺织厂的厂长，他不关心

---

❶❸ [吉] 阿尔里·阿尔布都. 独木桥儿（东干文）[M]. 伏龙芝：吉尔吉斯斯坦出版社，1985：161.

❷ [吉] 阿尔里·阿尔布都. 独木桥儿（东干文）[M]. 伏龙芝：吉尔吉斯斯坦出版社，1985：163-164.

工人的疾苦，只顾个人的升迁，只关注生产指标。他把修建工人宿舍的钱用于建造车间，结果暴风导致工棚倒塌，工人罹难。小说以茹拉夫廖夫被撤职收尾。阿尔布都小说中的官僚主义者农庄主席最终也被撤职查办。作品的结局都是官僚主义者被惩治，得到了应有的下场。另外，两篇小说都很简洁，注重描写人的心理变化。但是《解冻》并非仅止于对官僚主义作风的揭露，还触及了人性的发展、人的道德、良心领域。东干作家受到"解冻"文学思潮的影响，开始触及批判官僚主义工作作风的问题，但是还没有达到俄罗斯"解冻"文学的深度。

总之，"解冻"思潮影响下的东干乡村叙事作品，打破了教条主义的禁锢，揭露了农村集体化过程中官僚主义的危害，对农业体制进行了批判与反思。但是，与同一时期的俄罗斯乡村叙事作品相比，东干乡村叙事作品还没有充分展现出乡村劳动者的精神风貌和命运遭际，没有涉及对乡村的前景及农民命运的思考。

三、追寻与探究民族文化传统

20世纪60年代中期以后，随着科技的发展和经济体制改革的实施，俄罗斯的传统文化和生活方式遭到巨大冲击，"苏联人的价值观和人生观发生了变化，原有的理想和信念产生了动摇。人们为追求金钱利益和物质享受而违背良心和道德……整个苏联社会的道德面貌全面走向滑坡。"❶ 这种语境强烈地感染着农村题材作家，他们对农村现状、农民心理、民族性格、农村文化传统进行深入思考，并通过文学作品表达了自己的观点。如别洛夫的《凡人琐事》，在日常生活的背景中，描绘了主人公丰富的内心世界和高贵的品质。拉斯普京的《最后的期限》《为玛丽娅借钱》《告别马焦拉》《活着，可要记住》及《火灾》等小说，体现了主人公对民族传统的思考和对故土的深厚情感，充溢着浓郁的故土情结。拉斯普京把"故土"和"良心""道德"相融合，在对历

---

❶ 司俊琴. 中亚华裔东干文学中的道德主题与俄罗斯道德文学[J]. 中央民族大学学报（哲学社会科学版），2013（5）.

史的回顾中，充满对乡土、乡情、乡俗的眷恋；在对现实的关注中，痛心于弃根忘本的现象，从而在正反对比中使传承人类优秀文化的理念深入人心。

相应地，在工业化和城市化的进程中，东干作家也把目光投注于集中保留着民族传统文化的乡村，乡村叙事作品从揭露农村的经济问题转入探究本民族的历史和文化、揭示民族性格的本源上，作家"开始追求和展示作品的文化蕴意、乡土特色和寻根意识"，❶ 创作出了一批具有历史文化意识的乡土寻根文学作品。如阿尔里·阿尔布都的《老马富》《补丁老婆》《老英雄的一点记想》等小说，是对民族传统文化的挖掘和守护。阿依莎·曼苏洛娃的《打烂的盖碗儿》和《我的嫂子》等作品，以短小的篇幅、简单的情节、素雅的格调和抒情的笔法，从不同侧面展现出东干人的传统美德，凸显出东干民族精神。

《老马富》中的老人拉赫曼曾经为了搭救村里饥饿的孩子，偷偷杀了村民的牛犊，多年来一直承受着良心的折磨，最终，他下决心承认了自己的错误，赔偿了别人的牛，也偿还了良心债。拉赫曼老人身上闪烁着美好人性的光辉，能滋润人的心田，使作品具有了精神故乡般祥和与温暖的情致。

《补丁老婆》叙述东干乡庄里一位老奶奶一生都在为乡邻缝补衣服，因此人们叫她"补丁老婆"。虽然她生活拮据，但是当她发现别人的衣服口袋里装着金币时，从未动过邪念，总是如数交还，体现出东干人坦荡的胸怀和高尚的人格。作品写道："脸面上，老婆儿一点儿都不像回族女人，她的长吊吊儿模样子，尖下巴，深壳搂眼睛，象些儿土耳其人连阿塞拜疆女人，头发白得连石灰刷过的一样，可是说话、喧黄的事上，她就连年轻人一样，还欢乐的呢。"❷作品用充满泥土气息的朴素语言，营造了一个原初、天真，充满生命活力的乡村世界，其中纯善的人性、和谐的人际关系构筑起一个民风淳朴、淡远、恬静的精神家园。作家在故土乡情的追忆中获取民族"精神自救"的能力。❸

---

❶ 杨峰. 东干文化与东干作家文学漫议——苏联东干族小说散文选译后记 [J]. 西北民族研究，1997（2）.

❷ [吉] 阿尔里·阿尔布都. 独木桥儿（东干文）[M]. 伏龙芝：吉尔吉斯斯坦出版社，1985：136-138.

❸ 李庆西. 寻根：回到事物本身 [J]. 文学评论，1988（4）.

《老英雄的一点记想》在带有浓郁的乡土气息和厚重的地方色彩的叙述中,体现了老一辈东干人对民族传统的竭力守护。小说写道:"那一阵儿,我的脸得道红哩吗白哩,自己也不知道,光是觉谋的就像是烧呼呼的。'老辈子,赶实说,我不会算象生(属相)',头低下,我给老英雄回答哩。'嗯,潘舍儿,你是实心人,不扯谎,说实话呢。如今的年轻人,光把抓筷子吃稻面的学下哩,把个家(自己)的好少好规程礼仪都撂生掉哩。'"❶

阿尔布都的小说,多篇幅短小,瞩目于小人物的生活片段,极富生活气息,是作者坚守人类美好精神家园的独特艺术呈现。作家通过对比和理想召唤的方式,表达了一种"济世情怀",使年轻人更好地进行自我认识,以重构价值关怀,实现灵魂救赎。

60~70年代,许多俄罗斯诗人和作家以回忆的方式,把农村生活写得恬静、和谐,充满诗情画意,表达了一种文化寻根意向。如卢勃佐夫的"怀乡诗歌"《我宁静的故乡》赞美了人与自然的亲和关系;索洛乌欣在小说《弗拉基米尔的乡间小道》中展示了童年记忆与种族记忆;阿斯塔菲耶夫的小说《最后的问候》也是对童年的记忆与生命源头的追寻。这些作品体现了人类对返璞归真、自然和谐生活境界的向往,是人类追求的最高境界,也是对人的终极关怀的体现。

东干诗人雅斯尔·十娃子的诗歌《我的乡庄》《北河沿上》《天山》《秋里河》《我的共和国》《天山歌儿》《就像亲娘》《民人中国》《园护家的曲子》等同样表达了浓厚的乡土情结与根源意识。乡村、土地不仅是人的生命之源,而且成了人类巨大的精神屏障,是人类的精神家园。从诗人对故土的深深眷恋中,流露出对人类永恒精神家园的苦苦守护之情。正如丹珍措所说:"一个作家的情感必定与他的族裔、他的故土血肉相连。其艺术创作一旦达到一定的高度和深度之后,就会自觉不自觉地总是对其艺术创作根性、文化归属及精神归宿问题投以极大的关注。由此,进一步确认自己心灵深处、精神世界与生俱来的文化依恋情结和精神深层渴求,回归本民族历史文化发展根脉,回归本民族

---

❶ [吉]阿尔里·阿尔布都. 独木桥儿(东干文)[M]. 伏龙芝:吉尔吉斯斯坦出版社,1985:44-45.

的精神史、心灵史，从而探寻并建构自己更深厚、更本真的文化底蕴。"❶

十娃子的精神家园在天山、在故乡骚葫芦。如《我的乡庄》描述了诗人对出生地骚葫芦乡庄的深厚感情："天天早上五更翅儿／连我一同，／唱曲儿呢给太阳：／——好吗，早晨！／柳树巷子我跑哩，／连风一样，／我没见过巷子脏，／淬泥的裹。"❷诗人从故乡骚葫芦走出，那里有他生命最初的痕迹，有童年的记忆。那里的"月亮""太阳""五更翅儿""大泉沿上""柳树巷子"充满呼吸和生命，特别是母亲的喊声和父亲的歌声已经深深融于诗人的血液之中，日夜流淌。在细腻、清新，充满静谧与无邪的田园诗情中，透露出诗人对故土家园的特殊情感，在诗人心目中，故土不仅是栖身之地，而且代表着一种文化积淀和历史记忆，是诗人的精神家园。

诗人在《北河沿上》中写道："我爷、太爷都住哩／北河沿上，／我也在这住的呢，／孝顺老娘。就是，北河——我的家，／我的母亲。／她赶'克尔白'都贵重，／比黄河亲。／我爷、太爷都说过：／——连客一样，／咱们在这儿浪的呢，／北河沿上。／咱们家在东方呢，／天山背后／牛毛汉人住的呢，／长的金手。"❸诗人几代都住在"北河沿上"，但是在这里就像客人一样，而真正的故土在天山背后，汉人住的地方。诗歌承载着一种博大的情怀和深沉的情感——对故国中国的向往和寻根意识。

这些诗作具有独立的品格，提倡以乡土为本位，主张用乡村文化、用大自然的美来治疗现代城市文明、工业文明所造成的种种弊病，在价值观上由城市向农村回归，表现了一种浓厚的"归乡"情绪。如南帆所言："乡村是一个思念或者思索的美学对象、一种故事、一种抒情，甚至一种神话。"❹东干作家继承俄罗斯乡土文学的传统与资源，通过对劳动的礼赞，对农业体制的批判及对民族文化传统的追寻，在自己充溢着"土气息，泥滋味"❺ 的

---

❶ 丹珍措. 阿来作品文化心理透视 [J]. 民族文学研究, 2003 (4).

❷ [吉] 雅斯尔·十娃子. 五更翅儿（东干文）[M]. 比什凯克：伊里木出版社, 2006: 112-114.

❸ [吉] 雅斯尔·十娃子. 春天的音（东干文）[M]. 伏龙芝：吉尔吉斯斯坦出版社, 1981: 28-29.

❹ 南帆. 启蒙与大地崇拜：文学的乡村 [J]. 文学评论, 2005 (1).

❺ 周作人. 谈龙集 [M]. 石家庄：河北教育出版社, 2002: 12.

乡村叙事中，着力塑造了一批勤劳、乐观、质朴、善良、满怀仁爱之心的乡村美好道德承载者的形象。从东干作家的乡村书写中，我们可以清楚地看到东干乡村生活变迁的轨迹，感受到东干人对传统道德的坚守和对历史、对故国的深切眷恋之情。

兰州牛肉面：丝路审美文化的互通与味觉共同体的建立[*]

■ 王大桥　漆　飞

摘要: 本文以丝绸之路上的大众饮食"兰州牛肉面"为例，通过文化深描法考察牛肉面的物质构成基础，发现小麦、辣椒等域外作物在传入中国的过程中与地方本土的食材和制作工艺相互融合，改写并重塑了丝路沿线人民的味觉感知系统。丝路饮食在制作、食用与交换的过程中将多重感官勾连起来，交织形成跨越时空界限的文化表征符码，并进而成为塑造文化记忆与展现审美经验的物质媒介。尤其在当代社会文化空间中，以兰州牛肉面为典型的大众饮食介入日常生活，实现人们感知系统的重新分配，成为构建"民心相通"与感觉共同体的根基。

关键词: 丝路审美文化；兰州牛肉面；味觉共同体

食物是展示文化传播与融合的物质媒介。丝路饮食兰州牛肉面，作为一种典型的融合型食物，将不同民族、不同信仰与不同文化融合在关于味觉的共同体中。通过文化深描法考察兰州牛肉面的物质构成基础，发现域外农作物小麦、辣椒以及各种香料在传入中国的过程中，不断地与本土农作物和地方烹饪方法融合，改写并重塑了丝路沿线人民的饮食习惯与味觉感知方式，实现"自我"文化与"他者"文化的有机融合。兰州牛肉面的物质形态本身、饮食行为与文学作品、图像、影像、音乐中的艺术符码共同建构起食物的味觉表征

---

[*] 作者简介：王大桥，兰州大学文学院教授，博士生导师，主要研究方向为当代文论与美学、审美人类学与文学人类学；漆飞，兰州大学文学院博士研究生，主要研究方向为当代文论与美学。
基金项目：国家社科基金重大项目"丝路审美文化中外互通问题研究"（项目编号：17ZDA272）。

系统，塑造城市文化记忆并呈现日常审美经验。在全球移民化浪潮和"一带一路"背景下，牛肉面通过对人的味觉感知系统的重塑，实现"舌尖上的文化共享"，因此味觉的共同体亦是情感的共同体。多元杂糅的味觉感知体系与情感的、文化的共同体有机融合，构成当代文化语境中的"歧感的共同体"。

一、丝路上的牛肉面：流动的食材与融合的文化

在丝绸之路的重镇兰州市，存在一个"盛在碗里的"文化符号——兰州牛肉面，其不仅是构建食物叙事与日常记忆的重要载体，更是城市集体记忆的味觉表征。从食材构成来看，兰州牛肉面融合本土食材与域外作物，通过具有地方特色的制作方法加以呈现，经过近百年的历史沿袭成为一种典型的地方特色饮食。

兰州牛肉面是一种融合性极高的地方饮食，在食材的构成与搭配方面选取具有地方特色的食材与域外优质的农作物，通过食物的社会生命实现"自我"文化与"他者"文化的有机融合。小麦作为牛肉面最深厚的物质基础，具有历时性与空间性双重意蕴，其在传播的过程中传递出丝绸之路物质文明的流动性与审美文化的融通性。关于小麦传入中国的时间，历史文献中已有一些记载，《夏小正》中记录九月"树麦"与次年三月"祈麦实"，表明夏时代（约4000 年前）已有原始社会种植麦的经验总结。另有甲骨文字与青铜器中所记载的"麦"与"来"字，前者专指"大麦"，后者专指"小麦"。《左传·成公十八年》中写道："周子有兄而无慧，不能辨菽麦，故不可立。"除此之外，《礼记》《卜辞》《诗经》等古典文献中亦存在许多关于小麦生长性状的描写，如"苦麦""登麦"等。

历史文献与文学素材记录了我国小麦产生与发展的大致年代和地域。据农业考古发现，小麦原产于中西亚地区的新月沃地，大致在公元前 2500～前 2000 年传播至哈萨克斯坦境内伊犁河流域，而后出现在天山以南的小河遗址以及河西走廊一带。分布在丝绸之路沿线的山麓绿洲，因其优越的自然环境与地理位置形成以农业—畜牧业为主的混合经济，人群聚集发展，为文化的传播与文明的共享提供了新的可能。研究者表明，在丝绸之路以前，以小麦和大麦

为代表的西方作物和以粟黍为代表的中国北方作物的相向交流就已经存在。❶

历时性地看,域外农作物的传入改变了中国本土的饮食习惯与饮食结构。自小麦传入中国北方以后,其逐步取代本土农作物产品,遂而形成现今中国"南稻北麦"的农业生产格局。据考古发现,面条拥有近4000年的历史,在青海省海东市民和县喇家遗址现存一碗面条遗存。在技术改良的催动下,小麦历经了从"粒食"到"粉食"的过程,而后产生"面条"这种新的食物。古代先民从"粒食"向"粉食"(或"面食")的转型在我国饮食历史上具有跨越性的意义,其象征着我国北方人民饮食方式与饮食结构的一次重大飞跃与改革。

小麦的传播源于丝绸之路,但文化层面的接纳与认同才是小麦得以立足的根本所在。自西汉以后,小麦传入黄河中下游地区并得到了广泛的种植。史籍记载"麦秋种冬长春秀夏实,是四时中和之气,故为五谷之贵"。小麦成为中国北方必不可少的粮食作物,智慧的当地人民结合地方的饮食烹饪方法,将其重新融合为富有地方饮食特色的食物。中国幅员广阔,民族众多,以面食制品为例,制作工艺如蒸、煮、煎、烤、焖等花样众多,形成品类繁多的面食文化,如朝鲜族冷面、北京炸酱面、陕西油泼面、山西刀削面、岐山臊子面、河南烩面、重庆小面、武汉热干面、上海阳春面、广州云吞面……从北至南,不胜枚举,风格迥异各不相同。

面食的形成与制作离不开地理环境与历史人文的双重影响。兰州地处青藏高原与黄土高原的交会地带,南接肥沃的甘南草原,西邻狭长的河西走廊,冬暖夏凉,常年以寒冷天气为主。历史上的兰州接受着农业文明与游牧业文明的双重滋养,元朝以后相继形成汉族、回族、藏族、蒙古族等众多民族融合的生活格局。❷稳定的生活环境为饮食的发展与制作技艺的提高提供了优质的土壤。得益于兰州独特的自然环境、气候以及人文环境,兰州牛肉面应运而生,在现代城市化进程中不断地改良,成为当地人民与外来游客所喜爱的大众饮食。

---

❶ 安成邦. 亚洲中部干旱丝绸之路沿线环境演化与东西方文化交流[J]. 地理学报, 2017 (5): 886.

❷ 兰州是一座多民族杂糅融合的城市, 据调查, 目前兰州有36个少数民族。

除了小麦这种基础性的物质元素，兰州牛肉面在制作中还采用辣椒、蒜苗等各种域外作物与调料。在与外来农作物相互碰撞、融合的过程中，兰州牛肉面采纳本土最具地方特色的食材与制作方法，如蓬灰（碱）与牛肉等。"蓬灰"是甘肃当地一种碱性较高的草本植物，经过烧制以后形成的蓬灰（碱）则是优质的拉面剂。从历时性发展来看，"蓬灰"不仅在物质层面发挥着基础性的作用，在文化层面也是一种具有审美特征的交换"礼物"。汉族的小麦、藏族的牛肉与回族的面食制作工艺，诞生了牛肉面这种独特的丝路饮食。从域外作物到地方食材，从民族风味到地方特色，在融合与变通的过程中，兰州牛肉面才得以成为当代社会别具一格的大众饮食符号。

二、味觉审美：饮食行为的日常化呈现

从食材的流动性来看，兰州牛肉面是本土食物与外来作物相互融合而产生的饮食。但从更深的层面来看，域外作物的到来改变了地方本土的饮食习惯与饮食结构，其重新改写和塑造了本土居民的味觉细胞与味觉感知力。牛肉面实现了对丝路沿线人民多重味觉感知与复杂饮食习惯的调和。因而人们如何重新在当代社会文化空间中对待兰州牛肉面、如何呈现饮食行为，成为需要进一步思考的问题。在人类学的视角下，我们吃什么、怎么吃、何时吃、在哪吃、和谁一起吃，绝非简单的生理过程与供需关系，更是社会关系、文化偏好和物质资源、价值判断的集中反映。因而可以说，食物与饮食行为是在特定空间内部结合特定口味、惯习（habitus）、感知等多重要素融合而成的集中呈现。

食物作为触发人体味觉机制的首要环节，传递出细腻的味觉感受与丰富的味觉感知。食物塑造并改写味觉，而味觉呈现审美意识。笠原仲二在《古代中国人的美意识》中开明宗义地指出："中国人的原始审美意识一般直接起源于官能的味觉体验。"[1] 言下之意审美意识直接地与对象的感官愉悦紧密相连，尤其在多重感官中味觉是催生人们审美意识的首要机制。兰州牛肉面具有

---

[1] [日] 笠原仲二. 古代中国人的美意识 [M]. 杨若薇, 译. 北京：生活·读书·新知三联书店, 1988：10.

"一清、二白、三红、四绿、五黄"❶的特征，口味浓郁，色彩艳丽，将颜色、气味、温度、味道等多重感官特征融合进人们称为"食物"的这一范畴中。味觉感官联动其他感官知觉，融合形成食物的外在美感与内在意涵。除了味觉与嗅觉的在场，视觉性的观赏也是牛肉面的一大特色。开放式的拉面过程，拉面师傅拉面、撒香菜、泼辣椒等一系列动作一气呵成，牛肉面在这个意义上不再是单纯的"吃"的强调，更是"观"与"赏"的在场。

兰州牛肉面的饮食方式与饮食行为不仅是直接发生于当代日常生活空间中的审美活动，同时也是味觉经验的日常化呈现。从吃的方式来看，多数兰州本地人仍沿袭着过去老一代吃面的传统，或坐着，或蹲着；从饮食场所来看，牛肉面馆沿街而设，或居深巷，或居闹市，每隔500米就有一家；而吃牛肉面的群体则突破了男女老少、阶层划分甚至民族区隔的界限。无论是当地土著，抑或移民和外地游客，牛肉面成为他们进入兰州和了解兰州的第一道味觉符号。感官的直观鉴赏促成了人们对于不同口味的甄别。据调查，兰州目前拥有上千家牛肉面馆，风格口味各不相同，当地人在选择"哪一家好吃"的同时也意味着一次审美选择与审美鉴赏。

食物通过反复制作、交换与食用的过程将各种感觉勾连起来，交织形成跨越时空界限的文化意象再现和记忆延伸的关键性媒介，这种互动关系进而能够成为塑造社会理想和文化记忆的基础。饮食行为背后表征的是集体记忆与文化认同。兰州牛肉面之于各个时代的食客所表征的记忆与认同呈现为不同的内涵。兰州曾是丝绸之路上的重镇，商客行人往来不绝。牛肉面十足的分量与浓郁的口味酝酿出西北人豪爽、大气的精神气质。对于老一辈兰州居民来说，20世纪五六十年代，牛肉面对大众而言仍是一种奢侈的食物。随着现代化进程与生活水平的提高，牛肉面也相应地根据食客的口味做出不同程度的改良，便宜的价格与可口的味道使得牛肉面逐步成为大众皆可享用的快餐饮食。

物质符码与感官经验之间存在复杂的关联，尤其在一个特定的社会空间内部，饮食习惯的养成离不开几代人味蕾的记忆传承。食物作为文化记忆的意象

---

❶ "一清、二白、三红、四绿、五黄"是指牛肉面的五种视觉特征，即汤清、萝卜白、辣椒红、蒜苗和香菜绿、面条黄。

再现，蕴含着多重感官特质的切入，其不仅是味觉的，也是视觉的、听觉的、嗅觉的共通感觉体。《物与物质文化》中指出："借由共同分享的食物经验，一些难以言喻的细微记忆符码均得以在不同世代的人身上体现，并持续传递其中所伴随的文化价值和理想。"[1] 兰州牛肉面融合多民族、众阶层人群的味觉感知与味觉经验，在这个意义上，它成为一种见证城市变迁并承载集体记忆的物质符码。丝路审美文化的交流与碰撞通过兰州牛肉面这个食物符号得以展现。

除了牛肉面自身及其饮食行为所建构的表达机制，文学作品、影像艺术等多媒介形态下的牛肉面也相继成为表征兰州城市文化与集体记忆的艺术符号。《舌尖上的中国》与《兰州牛肉面》等纪录片选取牛肉面作为表现对象，展现作为兰州特色小吃的牛肉面如何成为城市活的文本并呈现历史的记忆。唐鲁孙在《什锦拼盘》一书中记录兰州马保子牛肉面"清醨肥菏，自成馨逸，汤沈若金，一清到底"[2] 的特点，呈现与台湾地区牛肉面不同的地方风味与味蕾差异。兰州本土歌手创作歌曲《最炫牛肉面》歌颂基于味蕾之上的情感认同与文化认同。不同形态的媒介与多元化的创作方式重新赋予牛肉面以二次生命，食物的物质生命借由这些媒介得以延长，在文化的融通中呈现出社会生命与物质生命的双重样态。

三、味觉共同体：舌尖上的文化共享

兰州牛肉面通过对各种域外食材和本土作物的融合，重新塑造了沿线各地人民的味觉感知系统。在这种多向度的传播过程中，食物所营造的味觉不再是单纯感官维度的味觉经验表达，从丝路文化互通的层面而言，味觉指向的是与社会、文化与情感等多维度交织的复杂系统。尤其在当代社会空间，兰州牛肉面以更加标识地方性特征的方式介入人们的日常审美与生活空间，实现人的感知系统的重新分配。

---

[1] 黄应贵. 物与物质文化 [M]. 台北："中央研究院"民族学研究所，2004：201.
[2] 康鲁孙. 什锦拼盘 [M]. 桂林：广西师范大学出版社，2005：184.

"吃"与"品尝"是一种切身体验的感官经验，重点突出身体感的表达。杜威指出"感觉"是一个很宽泛的概念，具有"感受、感动、敏感、明智、感伤以及感官"等多维度的含义，"几乎包括了从仅仅是身体与情感的冲击到感觉本身的一切——即呈现在直接经验前的事物的意义"。❶ 味觉经验向内指向个体最切身的感受所指，向外则达成个人感受与他人、与世界的联通。不消说，吃已经成为人们"感知世界、把握世界的一种基本方式"。❷ 味觉直接关联着人的感性/感知系统，当在外的游子吃到地道的家乡风味时，关于故乡的情感便会被无限激活。食物作为文化结构与情感结构的物质载体，其美学意义是不可忽视的。食物塑造味觉，味觉不仅是某个群体生理层面的共同偏爱，在更深的层面它也是一种情感的共通体。

地方特色饮食的形成除了自然环境与地理位置等因素的影响，社会因素是不可忽视的维度，而"习性"就是值得考察的一个方面。布尔迪厄曾在《区隔》这部著作的社会学调查中强调"品味"的区隔功能，他认为习性是阶级塑造的产物，用以区分社会阶层。在多元的社会空间中，食物通常被用作夸耀、展示与品评的物质符码，或突破阶级区分或维系社会区隔。如王明柯在《青稞、荞麦与玉米》中指出荞麦曾是划分汉与非汉社会的表征符码。后工业时代人们从喝咖啡的习惯到辨别咖啡品质的优劣也逐渐成为个人品位与地位身份得以展演的标识。

然而与之不同的是，新时期以后，兰州牛肉面与其他兰州本土的特色饮食，如"灰豆子""甜醅子""酿皮子""牛奶鸡蛋醪糟"等，正在以一种平民化、大众化的方式介入日常生活领域，其共同建构起关于兰州饮食的食物表征系统。通过对牛肉面的饮食方式、场所与饮食人群的社会学考察，可以发现这一类大众饮食通过对人的"感知系统"的塑造深度介入当代人的感觉结构/情感结构。兰州本地人以及外来游客关于这座城市的文化想象与情感认同无一不建立在味蕾的共通感之上。因此，味觉的共同体亦是情感的共同体。情感认同机制扎根于特定文化结构中的特定感觉结构，其一旦形成便具有一定的稳固性。

---

❶ [美] 杜威. 艺术即经验 [M]. 高建平, 译. 北京: 商务印书馆, 2010: 25.
❷ 郭于华. 关于吃的文化人类学思考: 评尤金·安德森的《中国食物》[J]. 民间文化论坛, 2006 (5): 102.

在全球化浪潮与"一带一路"的背景下，兰州牛肉面正如一条纽带联通海内外人民。据报道，兰州牛肉面已传入日、韩、美、俄、英、法、土耳其、埃及等30多个国家和地区。来自不同世界、不同区域、不同民族的人在牛肉面的味觉塑造下正在形成一种共通的感觉，舌尖上的文化共享正在生成。与表征民族特色的饮食有所不同，"兰州牛肉面"正如其名想要重点标识的则是地方感和地域性。20世纪90年代之后，兰州牛肉面从发源地兰州迅速走向全国的饮食市场，"兰州拉面"的名号由此远扬。"拉面"与"牛肉面"两种名称的博弈折射出大众饮食在文化转换与融通过程中所坚守的地方差异性，正是这种异质性体现出兰州牛肉面不同于其他面食的特殊品格。

新世纪以降，新的移民与少数族裔群体不断地涌入兰州这座城市，异质多元构成了兰州城市文化的主题，通过牛肉面的味觉塑造与情感认同，城市新移民的身份认同得以建构。在牛肉面的味觉共享中，杂糅的味觉感知系统与情感的共通体有机融合，交织形成一种"歧感的共同体"。所谓"歧感"，指向了兰州牛肉面整个味觉表征机制中充满异质与差异的元素，从牛肉面物质生命的域外食材构成到整个饮食行为的社会生成，异质的味觉感知系统在不断地建构着丝路沿线人民的感觉共同体与情感共同体。食物在介入日常生活与社会空间的过程中，调和不同文化与不同文明之间的差异，改写并重新塑造人们的感知系统。从这个意义而言，以兰州牛肉面为典型的大众饮食正在构成"舌尖上的共同体"与"民心相通"的物质根基。

丝绸之路通俗审美文化交流*

■ 张同胜

摘要：丝绸之路上物的旅行、消费和交流，使得西域与中土彼此的方物成为俗文学审美的新客体，从而丰富和发展了文学世界共和国里的物性诗学。大西域文化里的说唱艺术激活了东西方俗文学审美文化的潜在生机，音景文学百花齐放、争奇斗艳，尤其促生了汉语言白话文的语体繁荣。丝绸之路文化上的接触、碰撞和交融，沟通了中西审美意识间的文本间性，杂合了异域思想里的感受力、想象力和知识力，创造了人类审美文化共同体。

关键词：丝绸之路；俗文学；审美文化

一、审美客体丰富发展

虽然据考古而知，远在殷代，西域的和田玉就为中原祭祀仪式上所使用。然而，玉石相关的吟咏诗篇由于口述文化的生态而没有流传至后世。周王朝确立了人文传统，君子比德于玉，"古之君子必佩玉"。玉石不仅是社会身份的表征，而且是言说交流的媒介。《礼记》中孔子曰："夫昔者，君子比德与玉焉：温润而泽，仁也；缜密以栗，知也；廉而不刿，义也；垂之如坠，礼也；叩之其声清越以长，其终诎然，乐也；瑕不掩瑜、瑜不掩瑕，忠也；孚尹旁达，信也；气如白虹，天也；精神见于山川，地也；圭璋特达，德也；天下莫

---

* 作者简介：张同胜，兰州大学文学院教授，比较文学与世界文学研究所所长，主要研究方向为比较文学与中国古代文学。
  基金项目：国家社科基金重大项目"丝路审美文化中外互通问题研究"（项目编号：17ZDA272）；教育部人文社会科学研究规划基金项目"伦理诗学中的民族性问题研究"（项目编号：17XJA751004）。

不贵者，道也。"❶ 故丝绸之路，又有学者将其称为玉石之路。

张骞凿空之前，民间物品在丝绸之路上的交流已颇为频繁，邛竹杖、蜀布等出现在大夏便是明证。至张骞出使西域，天马西来，异域之物作为审美客体影响乃至于改变了人们的感知结构。天马、苜蓿、葡萄、石榴、琵琶、胡旋舞、蚕桑、瓷器、樟脑、螺髻、宿麦、胡葱、胡萝卜、青黛、水仙、安息香等成为丝路沿途文人吟诵或绘事的对象，异域之美为文人的想象所建构。

汉灵帝"好胡服、胡帐、胡床、胡坐、胡饭、胡箜篌、胡笛、胡舞，京都贵戚皆竞为之"，❷ 从而可知西域的音乐舞蹈、衣食住行、日常文化都通过丝绸之路进入东土。西域善幻人"能变化吐火，自支解，易牛马头，又善跳丸，数乃至千"，❸ 异域风情已进入张衡都市赋的笔下。在民间，表演艺术成为一时风尚晚至魏晋尚不普及。见之于文献者，有贵族文人之诵俳优小说、胡舞、跳丸等如曹植者，从中似乎可以发覆西域民族风习的交通影响。

隋炀帝被佛教界称为中国的阿育王，他致力于开拓西疆，打败了吐谷浑，巡视张掖，西域二十七国国君朝见，极为景慕中华文化。大唐朝征服东突厥后，开始经营西域，以恢复两汉以来对西域的统治。贞观十四年，唐太宗派大将侯君集灭亡高昌，建立中原王朝首次在该地区的永久性军事和政治机构西州和安西都护府。唐高宗时期，苏定方率军征伐西域，灭西突厥，中亚地区为大唐之羁縻之地，从而保障了丝绸之路的畅通无阻。西域之风物，成为唐人的时尚。"天宝初，贵族及士民好为胡服、胡帽。"❹ 西域的窄身小袖袍成为朝服和常服。墓室壁画中时见波斯裤、打马毬等西域风物。贵族崇尚胡食、胡乐，"太常乐尚胡曲，贵人御馔，尽供胡食，士女皆竟（竞）衣胡服"。❺ 琐罗亚斯德教、摩尼教、景教、伊斯兰教等也随着丝绸之路来到大唐。宗教文化为士大夫所关注，它借助通俗文化、民间艺术潜入草莽民间。中唐之后，俗文学更是风生水起。

---

❶ 杨天宇．礼记译注［M］．上海：上海古籍出版社，2004：852.
❷ （南朝·宋）范晔．后汉书［M］．北京：中华书局，2011：3272.
❸ （南朝·宋）范晔．后汉书［M］．北京：中华书局，2011：2851.
❹ （宋）欧阳修，宋祁．新唐书［M］．北京：中华书局，1975：582.
❺ （后晋）刘昫．旧唐书［M］．北京：中华书局，1975：1958.

河西走廊的舞狮子者被称为胡郎，而狮子面为蓝色，这与北狮、南狮皆不同。差异源自宝蓝色为中亚人所酷爱，蓝狮子的审美在民俗上印有中亚的特征。瓷器是古代中国物质文化的骄傲，青花瓷更是其中的翘楚。然而，中国人自西周以来就形成对红色的喜好，西方则对蓝色情有独钟。青花瓷必需的原料之一青金石主要来自中亚今阿富汗一带，青金石又是中亚、西亚、西域壁画的材料之一，如撒马尔罕大使厅、敦煌壁画的底色多有蓝色。青花瓷成为国粹，得益于蒙古兀鲁思的世界帝国之征服。从色彩审美之地域流动亦可见丝路交流对审美客体的影响乃至于嬗代。

动物寓言故事，据薛克翘的考察，中土的与西域的迥异，不像后者可以人言人语。❶ 如战国时期"狐假虎威"等动物拟人化的叙述，据说就与中亚、南亚的民间故事相关。印度《五卷书》里出现了各种各样的鸟兽虫鱼，它们表征着某一类人。印度人富有想象力，创造了不少神话、寓言和童话。西方学者言，印度的《五卷书》影响深远，世界上许多地方皆被泽及。像《罗马事迹》《十日谈》《坎特伯雷故事》《滑稽之夜》和法国寓言等都有故事来自《五卷书》。

如以《一千零一夜》来看，阿拉伯的这个故事集里的很多故事来源于古代波斯、埃及和伊拉克的民间传说。民间故事是如此，英雄史诗更具有民族文化融合的印痕。中国的薛仁贵征西，其中的父子沙场上相见不相识、相杀，受波斯史诗《列王纪》中鲁斯塔姆父子沙场由于彼此不认识而相互仇杀的影响。中亚游牧民族尚武，其君主的相关叙事在艺术世界中有三大主题：出征、打猎和听政。其英雄的远征故事，既有希腊赫拉克勒斯的影子，又渗透影响至中土的说唱文学如《西游记》的叙事结构。

丝绸之路的开通，也丰富了中国的节日。例如，上元灯节固然与先秦时期的薪燎祭祀不无关系，但根本上还是西域大神变日之遗。"汉明帝令烧灯，表佛法大明也。"❷ 中元节是鬼节，但是也掺入了佛教盂兰盆节的成分。龟兹在

---

❶ 薛克翘. 中印文学比较研究 [M]. 北京：昆仑出版社，2007：24.

❷ （宋）高承撰，（明）李果订. 事物纪原 [M]. 金圆，许沛藻，点校. 北京：中华书局，1989：430.

其隆重的节日有"斗驼"戏。❶

外交使者、粟特商人、非洲奴隶伴随着驼铃声往返于丝绸之路,他们不仅进行着物的流通,而且沟通着中土与西域的文化、文明。大西域的说唱艺术、杂戏表演等传至中原,而中土的梨桃、丝绢、茶叶、瓷器等被运至大西域。丝绸之路物质文明的交流,使得异域之物成为审美客体。人们面对异域远方之物,从观物、用物到体物、审物,重构生活美学中的审美趣味和风尚。

二、说唱文体之峥嵘共生

大西域,是中国、印度、西亚、希腊和北非五大古代文明交织荟萃之地,从而其地域文化富有互渗性、杂合性和互通性。固然,早在先秦,中国的宫廷内就有盲人说唱、歌姬舞蹈。然而,中原汉人说唱表演艺术尤其是戏曲的发达却是得益于游牧民族与大西域说唱文化的渗透和影响。

小乘佛教很早就传入今新疆一带。大乘佛教在弘法上与小乘佛教的不同之处,在于它以相说法和充分利用了说唱艺术。南北朝时期佛教的兴盛,为随后隋唐帝国文化的发展奠定了一定的基础。而唐人传奇虽然为文人创作,但不乏"光阴听话移"——话者,口头故事也——之刺激,遑论其间的牛鬼蛇神、因果叙事、因缘和合等皆取自佛教。俗讲、僧讲、梵呗都是印度佛教、贵霜佛教以及西域佛教东传的有效媒介。

变文、讲经文等虽然经过唐末、五代的战乱板荡几乎无遗,然而从敦煌文献依然可以略见一斑。话本小说,是辽、金、宋、元"说话"艺术的结晶。而勾栏瓦舍中诸如说参请、诨经、诨话、说药、讲史、野呵小说、合生、平话等说唱艺术,无不深受唐代俗讲、变文的熏染。而元明清时期的长篇通俗章回小说,实乃话本小说之苗裔。诚然,抒情诗是古代中国诗歌的主流和传统,而汉语言口述叙事艺术之不发达也是无可否认的事实;说唱表演艺术的崛起,实得力于丝绸之路文化的互通、互渗和互生与游牧民族有意识无意识的参与。话本文本的韵散结合、图文编排、"楔子—正文"结构等都源自佛家的俗讲和变

---

❶ (唐)段成式.酉阳杂俎·卷四[M].天津:南开大学出版社,1993:37.

相。其实，佛教之于俗文学，其惠泽远不止于此，如郑振铎认为"宝卷是变文的'嫡系'子孙"；❶ 佛曲、唱辩、平话、词话、曲子词、俗曲、俗赋、弹词、鼓词等皆厚蒙其泽。

古代中国，被美誉为"诗之国度"。唐诗诗句如"女为胡妇学胡妆，伎进胡音务胡乐……胡音胡骑与胡妆，五十年来竞纷泊""城头山鸡鸣角角，洛阳人人学胡乐"言说着胡音胡乐在赤县神州的流行，记录了回鹘文化对大唐的影响，也表明了丝绸之路音景世界的丰富多彩。

《罗摩衍那》是古印度的两大史诗之一，是"最初的诗"。中国傣族史诗《兰嘎西贺》即取材于它。降边嘉措认为，在敦煌文献中，还发现了两种《罗摩衍那》的藏文译本。它们分别为公元251年康僧会的译本和公元472年吉迦夜（Kekaya）的译本。❷ 藏族英雄史诗《格萨尔王》、柯尔克孜族史诗《玛纳斯》和蒙古族英雄史诗《江格尔》在精神思想、结撰结构和人物形象上不仅彼此内通，而且与中亚游牧民族的传奇故事、民间文学等说唱艺术也存在互相影响、彼此借鉴和相互吸收的质素。波斯史诗的英雄故事，既有希腊赫拉克勒斯的影子，又渗透影响至中土说唱文学的叙事。从而可见，我国汉族、傣族、藏族、蒙古族、裕固族、回族等审美文化与大西域审美文化的互渗与互通。

在古代中亚，戏剧表演曾经繁盛一时。而在汉语言文学世界中，戏曲艺术较为晚熟。大辽散乐富有宗教气息，因为契丹辽国是著名的佛国，举国上下佞佛；而拜火教也在大辽广为传播。金诸宫调相对成熟，便是取其多民族说唱艺术精华的结果。元代杂剧承继金院本而来，而在其兴盛期间，实则亦深受梵剧、佛教宗教剧和中亚戏剧的影响。剖析元代杂剧的结构，可以发现古代中国戏曲与西域戏剧之间的暗通款曲、秘响旁通。诸宫调、金院本中有诸多剧本成于汉化的女真人、契丹人之手。蒙元杂剧为中国戏曲的巅峰，一则承续了金院本，二则与其当时大的文化生态环境有关。蒙古兵西征，其残暴屠城当然应予以谴责，而其实际上也促进了不同民族文化的接触、交流和融合。这是一个历史事实，元帝国的文化交流具有鲜明的世界性。

---

❶ 郑振铎. 中国俗文学史 [M]. 北京：商务印书馆，2010：235.
❷ 降边嘉措.《罗摩衍那》在我国藏族地区的流传及其对藏族文化的影响 [J]. 中央民族学院学报，1985（3）：70-73.

三、审美意识之互渗相通

　　世界上不同族群文化之间的接触、冲突、融合丰富和发展了人类的精神文明。他者的审美意识在不同文化的接触和交流中相互影响、互渗相通。撒马尔罕大使厅的壁画中，唐高宗骑马猎豹图是游牧民族自我尚武精神的投射、移位和重构；而武则天江南泛舟图便是中亚对杏花江南旖旎风光的想象、憧憬和认同。

　　以中国俗文学中的身体审美观来看，它就是丝路审美文化交流的结晶。话本小说、章回小说中人物体征的描述，如"面如满月""耳大垂肩""双手过膝"等皆来自佛教的三十二大人相和八十种好。佛教的法相审美观并非独家自有，而是古印度文化的产物。古代中国的相人术也受到南亚、西域、中亚等地的影响，如对"隆准""长人""美须髯""环眼豹头"等异相的迷信等。丝绸之路的身体美学，重塑了比较文学形象学的异域想象。

　　"燕瘦环肥"之审美，既有地域性又有族群性。"楚王好细腰"，上有所好，下必甚焉。不唯女子追求骨感，即使是男子尤其是官吏据文献可知亦以瘦为美。汉皇本为楚人，故楚风劲吹。而李唐皇室，至少后族为鲜卑，他们身上流淌着鲜卑人的血液，从而《本草纲目》所载鲜卑人以"健硕"为美便内蕴于大唐宫廷审美文化之中。而丝绸之路的交通，又为中华多民族文化的审美增添了异域的色彩。考古文物的出土力证了大西域审美意识渗透进了东土的绘事、雕像、帛画、礼仪、时尚之中。

　　国人或将三寸金莲之审美视作国粹，其实，它与大西域文化盘根错节，如对莲花的审美意识源自印度、埃及。佛教称佛国为"莲界"、寺庙为"莲舍"、袈裟为"莲服"、灯为"莲灯"等，表明佛教亦是丝绸之路审美理念的传播者。在佛教文学中，西域宗教的审美意识与中土宗法伦理的审美意识相互激荡，创造了新形态的艺术形式。而汉家女子缠足的规训又与佛教的苦行意识有着内在的关联。

　　至于汉民族年节时的跨火习俗，与草原民族对火的景仰和赞美有关，与琐罗亚斯德教的信奉也内通；而清明节、七月十五鬼节在路边烧饭的习俗也是马上民族的遗留。汉文化中的十二属相,来自草原游牧民族;❶ 而后者的属相审美意识又来自南亚。❷ 虽然在具体的动物属相上略有不同,如越南的十二属相中没有兔子,但汉文化、草原文化、印度的森林文明等对动物禀性的审美意识毋庸置疑是具有共通性的。

  海上丝绸之路,不仅互通有无瓷器、丝绸、茶叶、香料、药材等商品,而且改变着贸易地区之间的生活方式和审美观念。汉语言在辽、金、元时期就是国际化语言,从而其文学世界中伦理文化所倡导的"以善为美"也渗透影响到汉语言的使用民族。汉语言文化圈不唯共享如大乘佛教、儒家道德等思想,而且形成审美共同体。海外俗文学主体是派生汉字口语文学,如越南的喃文文学、日本的假名文学、朝鲜半岛的乡札文学和谚文文学等都是伦理审美的载体和传播者。其中的愿文、讲谈、劝善文等尤其体现了审美意识的共通性。

  审美意识具有民族性、阶级性、历史性和地域性。然而,由于丝绸之路促进了民族文化的会通和交流,民族文化中的审美也带有他者感性学的意识。而丝绸之路杂合而成的审美意识更是在客体、文体、结构上改变了不同民族传统文学的体系构成。

  丝绸之路上的俗文学,是不同民族审美文化接触和会通的书记员,记载了审美客体、表演艺术、民俗时尚、审美意识、宗教思想等的流传、交流和变异,为人类精神文化、文明的交通史树立了一座不可磨灭的丰碑。

---

❶ (清)赵翼. 陔余丛考卷三四 [M]. 北京:商务印书馆,1957:727-728.
❷ 张弛. 黄文弼在新疆考察所见古代西域十二生肖文物 [J]. 吐鲁番学研究,2014(2):91-98.

玉门关在唐诗中的歌唱及其文学意义*

■ 王志鹏

摘要：玉门关是我国古代西北的一座著名军事关塞，地处丝路之交通要道。需要注意的是，玉门关在汉代和隋唐时期所指并不相同。笔者通过集中对唐诗中有关玉门关的诗歌及其作者进行较为全面的考察，指出这批有关玉门关的诗歌，内容广泛，色彩鲜明，不仅是唐代边塞诗的重要组成部分，而且对后代诗歌产生了深远的影响。唐代诗歌对玉门关的歌唱，赋予玉门关更丰富的象征意蕴。

关键词：玉门关；唐诗；歌唱；象征；文学意义

在我国辽阔广袤的西北大地，保存有不少古代的长城、烽燧、关隘、边城、塞垣、台墩等遗迹，这是古代人们用于防守、警情、战争、屯垦、劳作、生活等的真实记录，凝聚着古代人们的聪明智慧，虽非完整，也很残破，但它几千年来一直顽强耸立在戈壁大漠深处，长期承受着历史风雨的无情冲刷及严酷自然的侵凌摧残，以饱经沧桑、满布创痕却坚毅挺立的身姿，仿佛在向人们诉说着漫长岁月中所经历过的无数次血与火的洗礼，人间惨烈的阵前厮杀，惊心动魄的生死较量，以及种种悲壮惨烈的古老故事……数千年过去了，多少次日月升沉，多少年风霜雨雪，多少回似水流年，它像一位老人在黄昏时分身后拖着的孤独寂寞的身影，在晚风夕阳中逐渐模糊、消逝。它又像一首失却歌词的古老曲调，缓慢、悠长、深沉、悲凉，飘溢着一种不屈不挠、努力向命运抗

---

* 作者简介：王志鹏，文学博士，现为敦煌研究院文献所研究馆员，主要从事敦煌学、宗教文化思想和中国古典文学研究。

基金项目：国家社科基金重大项目"丝路审美文化中外互通问题研究"（项目编号：17ZDA272）。

争的愤激情感，最后又无可奈何地淹没于岁月的长河，在依稀仿佛而又屈曲缭绕的音声中，透出浑厚深沉的悲叹，暗中涌动着一股穿越古今、超迈绝尘的强大力量，苍劲激越，雄浑慷慨，在苍茫的历史深处回荡飘响，令人难以释怀，久久回味，引发后人的无限遐思，在今天我们依然从中可以聆听历史的足音与远古的绝响。

玉门关是我国古代西北的一座著名军事关塞，地当丝路交通要道。汉代"玉门关"又称小方盘城，位于敦煌市西北约90公里处。"玉门"一名或与古代玉石有关。❶ 我国古代著名的昆山之玉，即昆仑山玉石，包括西域的和田玉，往往均由此而进入中原内地。据考古出土和先秦文献记载，我国制作和使用玉器的历史相当悠久。古代先民很早就开始使用玉石，到商代玉石已经十分流行。商代晚期的玉器以妇好墓出土玉器为代表。在河南安阳殷墟妇好墓出土玉器达755件，按用途可分为礼器、仪仗、工具、生活用具、装饰和杂器六大类，造型多样，品种齐全，而且其中有不少玉雕动物，反映出当时琢玉工艺已经达到很高的水平。❷ 而妇好墓出土物中就有和田玉，由此可知至少在商代，人们就开始使用和田玉。到春秋战国时代，和田玉大量输入中原内地，王室诸侯竞相使用。玉石作为一种宝器、财富的象征，往往也与权贵、身份联系在一起。有人认为丝绸之路的前身就是"玉石之路"。❸ 司马迁的《史记》、班固的《汉书》等我国早期史书，都记载有昆仑山多玉石之说。秦代李斯《谏逐客书》有云："今陛下致昆山之玉，有随和之宝，垂明月之珠。"其中将"昆山之玉"与"随和之宝""明月之珠"并称，说明古代西北很早就有玉石的流通，并且昆仑山之玉石在我国享有盛名。南朝梁代周兴嗣编《千字文》，其中有句云"金生丽水，玉出昆冈"，玉即指和田玉，昆冈指昆仑山，把玉与昆仑

---

❶ 孟凡人在《玉石之路刍议》中认为玉门关当与于阗玉有着密切关系，这是玉石之路出现的先声。参见杨伯达.玉文化玉学论丛（三编下）[M].北京：紫禁城出版社，2005：617.
但李正宇先生认为"玉门"一名与西域贡玉无关，又说："玉门"一词最早的古义为"玉饰之门"，"玉门关"乃是取古之成词"玉门"作关名，与张掖肩水都尉之"金关"相匹配，分寓武拒、仁怀之义，浸透着"天命""王道"的深刻思想。参见李正宇，李树若.玉门关名义新探[J].敦煌学辑刊，2005（1）：122-127.

❷ 中国社科院考古研究所.殷墟妇好墓[M].北京：文物出版社，1980：115-116.

❸ 叶舒宪."丝绸之路"的前身为"玉石之路"[N].中国社会科学报，2013-03-08（B03）.

山联系在一起。同时，玉石也是甘肃古代特产之一。❶

需要指出的是，汉代的"玉门关"和隋唐时期所指的"玉门关"并不相同。陈梦家在《玉门关与玉门县》一文对此作了详细考释，指出河西地区称玉门与玉门关的约有四处：（1）汉玉门都尉和玉门关。（2）汉玉门县。《汉书·地理志》属酒泉郡。（3）隋唐玉门关。据《元和郡县志》卷十瓜州晋昌县下曰"玉门关在县东二十步"，而唐晋昌县在今安西县西双塔堡附近。（4）今玉门县，系清初改称，在隋唐玉门县之东，汉玉门县之西。❷ 在此基础上，李正宇、李并成等先生对此也有不少更为具体深入的考证，❸ 限于篇幅，此不赘述。下文拟集中对唐诗中所描写的玉门关进行考察，进而揭示其文学意义。

一、唐代诗人对玉门关的歌咏

玉门关在唐代诗人笔下，表现出深厚的历史文化内涵，具有鲜明的时代特征。唐代诗人们发挥丰富的想象，以饱满的热情创作了大量的诗歌，从各个方面热烈讴歌"玉门关"这一人文景观，对玉门关进行多方面的描绘和吟咏，赋予它动人的情感和永恒的魅力。《汉书·地理志》玉门关属酒泉郡，注引阚

---

❶ 甘肃在古代属雍州，而雍州自古以产玉擅名。《尚书·禹贡》载：雍州"厥贡惟球、琳、琅玕"。司马迁《史记》卷二《夏本纪》载雍州"贡璆、琳、琅玕"。《汉书》卷二八《地理志》也谓雍州"贡球、琳、琅玕"。许慎《说文·玉部》云："球，玉也。从玉，求声。璆，球或从翏。"是球、璆为一字，均指玉石或美玉。《尔雅·释地》也云："西北之美者，有昆仑虚之璆琳、琅玕焉。"

❷ 陈梦家. 玉门关和玉门县 [J]. 考古, 1965 (9)：469-477.
关于汉唐玉门关的遗址及历史变迁，历来众说纷纭，很不一致，先后有法国汉学家沙畹对斯坦因所获汉文文书的考释（英国伦敦牛津大学出版社1913年版）、向达《玉门关阳关杂考》（载《真理杂志》1944年1月）、劳干《两关遗址考》（载《中央研究院历史语言研究所集刊》1943年第1期）、吴礽骧《玉门关与玉门关候》（载《文物》1981年第10期）、赵评春《西汉玉门关、县及其长城建置时序考》（载《中国地理历史论丛》1994年第2期）、李正宇《新玉门关考》（载《敦煌研究》1997年第3期）等多种。

❸ 参见李正宇《新玉门关考》（载《敦煌研究》1997年第3期）、《玉门名义新探》（载《敦煌学辑刊》2005年第1期），李并成《新玉门关位置再考》（载《敦煌研究》2008年第4期）、《东汉中期到宋初新旧玉门关并用考》（载《西北师范大学学报》2003年第4期）、《五代宋初的玉门关及其相关问题考》（载《敦煌研究》1992年第2期）、《玉门关历史变迁考》（载《石河子大学学报》2015年第3期）等。

驷《十三州志》云："汉罢玉门关屯，徙其人于此。"❶ 据此，玉门县的设置是由迁徙玉门关屯垦的兵民而命名的，其名称与玉门关有关。据笔者粗略统计，仅《全唐诗》中包含"玉门"或"玉关"的诗歌有一百多首，不仅有李白、王之涣、王昌龄、李颀、岑参、高适、白居易、李贺等唐代杰出的大诗人，还有陈子昂、虞世南、卢照邻、骆宾王、刘希夷、崔湜、李昂、徐彦伯、胡皓、戎昱、戴叔伦、武元衡、令狐楚、宋济、皮日休、胡曾、唐彦谦、胡宿、贯休、上官仪、袁朗、刘元济、王建、赵嘏、来济、李峤、刘允济、苏颋、李华、崔液、张谓、王涯、柳中庸、可止、杨凭、陈羽、鲍溶、朱庆馀、马戴、翁绶、林宽、罗隐、吴融、王贞白、徐铉、吴商浩、虞羽客、李士元、卿云、温庭筠、韦庄等一大批诗人，他们运用生花之妙笔，充分发挥各自的创作才能和艺术想象，结合边关玉门，或描绘荒远景象，或抒发报国情怀，或叙写生活感受，情景交融，虚实互应，壮烈与愤懑相糅，快乐与辛苦并陈，豪情与悲思俱发，形成唐诗中一道亮丽的文学画卷，展现出玉门关独特的历史风貌。

从诗歌作品的具体内容来看，唐代诗人所创作的涉及玉门关的诗歌，大致可以分为以下四类。

1. 表现从军征战及其相关的诗歌作品

玉门关作为边塞关城，与军事战争有着密切的关系。因此，唐代歌咏玉门关的诗歌，有不少都涉及从军征战，宣扬大唐国威，抒写从军报国、保疆卫国的壮志豪情。《旧唐书》卷八四《刘仁轨传》载刘仁轨上表有云："见百姓人人应募，争欲征行，乃有不用官物，请自办衣粮，谓之义征。"❷ 这种对功名的热切向往，无疑是大唐国力强盛的表现，也是盛唐时代人们精神风貌的集中反映。这在歌咏玉门关的诗歌中，表现也很突出。既有表现渴望从军边塞，"勤王度玉关"（张谓《送青龙一公》），表达奋勇杀敌、立功报国的豪迈情怀，抒发尚武轻生、慷慨赴死的壮烈情怀，也有描写从军、观兵、出征等宏壮场面。如：

---

❶ （汉）班固撰，（唐）颜师古注. 汉书［M］. 北京：中华书局，1962：1614.
❷ （后晋）刘昫. 旧唐书［M］. 北京：中华书局，1975：2793.

从军玉门道，逐虏金微山。（李白《从军行》）
观兵洪波台，倚剑望玉关。（李白《登邯郸洪波台，置酒观发兵》）
誓将绝沙漠，悠然去玉门。（虞世南《出塞》）
扬鞭玉关道，回首望旌旗。（李华《奉使朔方赠郭都护》）
金㪷乍调光照地，玉关初别远嘶风。（翁绶《白马》）
谁见鲁儒持汉节，玉关降尽可汗军。（赵嘏《送从翁中丞奉使黠戛斯六首》之四）
天兵照雪下玉关，虏箭如沙射金甲。（李白《胡无人行》）
相逢唯死斗，岂易得生还。……男儿今始是，敢出玉门关。（贯休《横吹曲辞·出塞曲》）
百战沙场汗流血，梦魂犹在玉门关。（唐彦谦《咏马二首》之二）
愿得此身长报国，何须生入玉门关。（戴叔伦《塞上曲二首》之二）

还有表现凯旋时的诗作，如"汉将归来虏塞空，旌旗初下玉关东"（戎昱《塞下曲》），"歌吹金微返，振旅玉门旋"（虞羽客《结客少年场行》）等。这类作品对从军边塞、立功报国的热情讴歌，表达积极追求建功立业的理想壮志，洋溢着一种昂扬向上、奋发有为、战胜一切困难的乐观精神。

同时，也有反映长期征战、边地辛苦，以及功名不遂，渴望早日结束战争，回归故乡的诗作。如：

何惭班定远，辛苦玉门关。（武元衡《元和癸巳余领蜀之七年奉诏征还……途经百牢关因题石门洞》）
西戎不敢过天山，定远功成白马闲。半夜帐中停烛坐，唯思生入玉门关。（胡曾《咏史诗·玉门关》）
夜救龙城急，朝焚虏帐空。骨销金镞在，鬓改玉关中。（马戴《塞下曲二首》之一）

此外，有的诗歌还表达了对功名失望、进而反思战争，乃至反对战争，希望过上和平安定生活的愿望。如：

函谷如玉关,几时可生还。(李白《奔亡道中》)

可怜班定远,生入玉门关。(令狐楚《从军词五首》之五)

归去朝端如有问,玉门关外老班超。(武元衡《送张六谏议归朝》)

敛辔遵龙汉,衔凄渡玉关。今日流沙外,垂涕念生还。(来济《出玉关》)

汉家神箭定天山,烟火相望万里间。契利请盟金匕酒,将军归卧玉门关。(胡宿《塞上》)

胡马悠悠未尽归,玉关犹隔吐蕃旗。老臣一表求高卧,边事从今欲问谁。(王建《朝天词十首寄上魏博田侍中》之八)

封侯十万始无心,玉关凯入君看取。(贯休《塞上曲二首》之二)

以上诗歌代表了当时社会的另一种呼声,这类诗歌的代表作有李颀的《古从军行》,其云:

白日登山望烽火,黄昏饮马傍交河。行人刁斗风沙暗,公主琵琶幽怨多。野云万里无城郭,雨雪纷纷连大漠。胡雁哀鸣夜夜飞,胡儿眼泪双双落。闻道玉门犹被遮,应将性命逐轻车。年年战骨埋荒外,空见蒲桃入汉家。

此诗在形式上为七言歌行体,用乐府古题写当代之事,慷慨激昂,奔放流畅,总体上却是悲多于壮。对当代帝王的好大喜功,穷兵黩武,视人民生命为草芥的行径,进行了深刻的揭露和讽刺。诗歌从紧张的从军生活写起,着意渲染严酷的边地环境。长期置身于边地的广大将士,已经深深厌倦了无尽的征战生活,内心都怀有对故乡亲人的深刻思念之情,渴望早日返乡,过上安定和平的生活。但因烽烟不断,战事吃紧,他们的归期一拖再拖,遥遥无期。全篇一句紧似一句,句句蓄意。结尾四句,画龙点睛,直抒戍卒的怨愤,对好战的帝王、不义战争进行了讽刺和愤怒的斥责,具有深刻的艺术感染力。

2. 念远思亲之作

这类作品数量较多,有思乡,也有怀人,还有闺怨之作。玉门关作为边关,僻处西陲塞外,关山万里,音尘阻绝。"一上玉关道,天涯去不归。"(李白《王昭君二首·其一》)无论是客子还是征人,抛家别子,远赴边关,久不能归,就会产生两地相思及哀怨之声。因此,唐人对玉门关的歌咏,有不少思亲怀乡之作。这类诗歌率多文字清浅,情思悠长,哀怨缠绵。如:

玉关征戍久,空闺人独愁。(白居易《山鹧鸪》)
金屋梦初觉,玉关人未归。(罗隐《莺声》)
玉关遥遥戍未回,金闺日夕生绿苔。(崔液《代春闺》)
良人征绝域,一去不言还。百战攻胡虏,三冬阻玉关。(赵嘏《昔昔盐·一去无还意》)
玉关遥隔万里道,金刀不剪双泪泉。(王建《秋夜曲》)
魂迷金阙路,望断玉门关。(骆宾王《在军中赠先还知己》)
相思在万里,明月正孤悬。影移金岫北,光断玉门前。(卢照邻《关山月》)
看花无语泪如倾,多少春风怨别情。不识玉门关外路,梦中昨夜到边城。(戴叔伦《闺怨》)
玉关去此三千里,欲寄音书那可闻。(李白《思边》)
玉关芳信断,兰闺锦字新。愁来好自抑,念切已含颦。虚牖风惊梦,空床月厌人。归期倘可促,勿度柳园春。(刘元济《怨诗》)
玉关春色晚,金河路几千。琴悲桂条上,笛怨柳花前。雾掩临妆月,风惊入鬓蝉。缄书待还使,泪尽白云天。(上官仪《王昭君》)
频想玉关人,愁卧金闺里。(刘希夷《春女行》)
玉关征戍久,空闺人独愁。(苏颋《山鹧鸪词》)
魂飞沙帐北,肠断玉关中。(赵嘏《昔昔盐·风月守空闺》)
玉关殊未入,少妇莫长嗟。(李白《塞下曲六首》之五)
玉关音信断,又见发庭梅。(王涯《春闺思》)
寒山秋浦月,肠断玉关声。(李白《清溪半夜闻笛》)

特别是李白《子夜吴歌四首·秋歌》,描写征人思妇之情,风格哀怨,意

境悠远，颇具特色。其云：

> 长安一片月，万户捣衣声。秋风吹不尽，总是玉关情。何日平胡虏，良人罢远征。

诗人继承我国古典诗歌传统中见月怀人的表现手法，运用六朝乐府抒写女子对边关征夫的思念，同时又富有时代新意。诗歌将玉门关的征人与都城长安的思妇通过天空的月亮巧妙地联系在一起，长安的明月和塞外的关城组成一幅对比鲜明的画面：一轮明月当空高悬，遍地的捣衣声此起彼伏，微风吹送，勾起少妇内心深处思念玉关征人的悠悠深情，这剪不断、理还乱的思绪与一阵紧似一阵的捣衣声交汇在一起，内心越来越乱，思念之情越来越强烈，以致无法排遣。诗歌想象丰富，情景交融，动静结合，诗句虽短，韵味深长。

3. 表现边地荒寒、久戍边关之辛苦的作品

戍守边关的将士担负着防守的重任，不仅要密切注意边情，提防敌人来犯，紧急时还要出征作战，四周危机密布，险象环生，要时刻保持着高度警惕，以防随时可能发生的意外。由于玉门关地处塞外，周边遍布戈壁沙漠，植被稀少，千里茫茫，满眼都是戈壁黄沙，枯黄的白草飞蓬点缀其间，自然条件十分恶劣。生活在这里的人们，不仅要面对征战厮杀时的生命危险，还要在日常生活中经受严寒与酷热的考验、大漠风沙的侵袭。因此，在唐代诗人笔下，就有不少表现边地荒寒、草木凋枯，以及戍边士卒万里从军，多年不归，充满厌倦之情的作品。如：

> 玉门关城迥且孤，黄沙万里白草枯。（岑参《玉门关盖将军歌》）
> 心知玉关道，稀见一花开。（朱庆馀《送李侍御入蕃》）
> 玉关寒气早，金塘秋色归。（骆宾王《秋晨同淄川毛司马秋九咏·秋露》）
> 千里玉关春雪，雁来人不来。（温庭筠《定西番》）
> 去去玉关路，省君曾未行。塞深多伏寇，时静亦屯兵。（卿云《送人游塞》）

> 胡兵沙塞合，汉使玉关回。征客无归日，空悲蕙草摧。（李白《秋思》）
>
> 良人征绝域，一去不言还。百战攻胡虏，三冬阻玉关。（赵嘏《昔昔盐二十首·一去无还意》）
>
> 戍卒泪应尽，胡儿哭未终。争教班定远，不念玉关中。（王贞白《胡笳曲》）
>
> 玉关西望堪肠断，况复明朝是岁除。（岑参《玉关寄长安李主簿》）
>
> 酒泉西望玉关道，千山万碛皆白草。（岑参《赠酒泉韩太守》）
>
> 玉关一自有氛埃，年少从军竟未回。……万里寂寥音信绝，寸心争忍不成灰。（胡曾《独不见》）
>
> 岁岁金河复玉关，朝朝马策与刀环。（柳中庸《征怨》）
>
> 君不见玉关尘色暗边亭，铜鞮杂虏寇长城。（骆宾王《从军中行路难》）

唐代著名诗人王昌龄的《从军行七首》之四，道出了当时戍边士卒的心声。其云：

> 青海长云暗雪山，孤城遥望玉门关。黄沙百战穿金甲，不破楼兰终不还。

诗歌次第展现出广阔的地域空间画面：青海湖上空，长云密布；湖的北面，横亘着绵延千里的雪山；越过雪山，是矗立在荒漠中的一座孤城；再往西，就是和孤城遥遥相对的军事关塞——玉门关。阴云笼罩下的塞外孤零零的一座关城，危机四伏，戍守在城楼上的士卒，长久地凝望着玉门关，凸显出戍边将士内心的孤独和忧虑。这首诗歌像一幅生动的图卷，形象表现了当时西北边塞戍边将士的生活情景，可谓特定时空环境与人物情感高度统一。明唐汝询《唐诗解》卷二六有云："哥舒翰尝筑城青海，其地与雪山相接，戍者思归，故登城而望玉关，求生入也。因言冒风沙而苦战久矣，然不破楼兰，终无还期，悲何如耶。"清人吴昌祺谓此诗"似壮而实悲"。最后一句此诗有两种解读：前人理解是终不能回还，无限怨愤；今人理解为绝不回还，无比豪壮。从整体来看，似应以前人解释较为公允，此诗抒写戍边士卒塞外多年苦战，历尽艰辛，心中盼望结束战争，早日与家人团聚，但铁甲已经磨穿，归乡仍遥遥无期。怨愤之情，溢于言表。

4. 描写边地奇异景色及塞上民族风情的诗歌

在唐代诗歌中，有些诗歌描写边地荒远壮阔的景色以及塞上多民族生活风情习惯，极富奇情异彩，创造出的色彩鲜明、形象生动的艺术画廊，在我国古代诗歌中闪烁着夺目的光辉。如高适的《和王七玉门关听吹笛》颇有边地情味云：

> 胡人吹笛戍楼间，楼上萧条海月闲。借问落梅凡几曲，从风一夜满关山。

诗中把月夜关城吹奏的《梅花落》如泣如诉的悠扬笛声，在想象化为遍满关山的落梅，借以表现守边士卒心中无处不在的浓郁乡思。明净辽阔的背景，深婉悠长的情思，创造出阔大高远的意境。

又如王之涣《凉州词二首》之一，云：

> 黄河远上白云间，一片孤城万仞山。羌笛何须怨杨柳，春风不度玉门关。

诗歌描写辽远壮阔的边塞山河。由近及远抒写远眺黄河的特殊感受，展示出边地雄伟壮阔的风光。而在此辽阔的背景中，出现了塞上孤城，在远山长河的反衬下，益见此城地势险要、处境孤危，寄托着诗人的复杂情感。最后一句"春风不度玉门关"有两种解释：一说边地荒寒，尽管春风遍地，但塞上的杨柳未能发芽变绿；一说以春风喻指皇恩，暗含尽管皇恩浩荡，但不施于远在玉门关外的征人戍卒。明杨慎《升庵诗话》卷九云："此诗言恩泽不及于边塞，所谓君门远于万里也。"❶ 此诗气象开阔，神思飞跃，悲壮苍凉，含不尽之意于言外。

绘写边地民族风情，岑参的诗歌最具奇异色彩，如《玉门关盖将军歌》云：

> 盖将军，真丈夫，行年三十执金吾，身长七尺颇有须。玉门关城迥且孤，黄沙万里白草枯。南邻犬戎北接胡，将军到来备不虞。五千甲兵胆力粗，军中无事但欢娱。暖屋绣帘红地炉，织成壁衣花氍毹。灯前侍婢泻玉壶，金铛乱点野酡酥。紫绂金章左右趋，问著只是苍头奴。美人一双闲且都，朱唇翠眉映明矑。清歌一曲世所无，今日喜闻凤将雏。可怜绝胜秦罗敷，使君五马谩踟蹰。野草绣窠紫罗襦，红牙缕马对樗蒲。玉盘纤手撒作卢，众中夸道不曾输。枥上昂昂皆骏驹，桃花叱拨价最殊。骑将猎向城南隅，腊日射杀千年狐。我来塞外按边储，为君取醉酒剩沽。醉争酒盏相喧呼，忽忆咸阳旧酒徒。

此诗大概为岑参在天宝十四年行役经玉门关时所作。❷ 诗歌赞扬镇守玉门关的盖将军，并生动描绘了军中无事时欢歌娱乐的情景。开头称扬盖将军正当有为之年，安边保国，镇守玉门雄关，兵强马壮，声威慑人，充满勇武豪放之气。然后笔锋一转，极写盖将军豪奢放逸的生活："暖屋绣帘红地炉，织成壁衣花氍毹。灯前侍婢泻玉壶，金铛乱点野酡酥。"装饰精美、豪华舒适的温暖屋子，香气四溢的边地盛宴，多彩多姿的美妙歌舞，纵情豪饮的自在洒脱，以及樗蒲得胜时的喧闹情景，驰骋射猎的欢腾场面，无不尽收笔底，淋漓尽致地描绘出边地生活的特有风情。在形式上，此诗句句押韵，或三句一顿，或两句一顿，既富有音乐感，又穷极抑扬顿挫变化，特具一种声情效果。明代邢昉《唐风定》有云："豪情壮采，横绝毫端，快意顷写，皆人所未道，而音节之妙，细入微芒。"诚为的评。

---

❶ （明）杨慎. 升庵诗话笺证 [M]. 王仲镛，笺证. 上海：上海古籍出版社，1987：267.
❷ （唐）岑参. 岑参集校注 [M]. 陈铁民，侯忠义，校注. 上海：上海古籍出版社，1981：166.

此外，唐代其他诗人也有不少描写玉门关及边地新奇景色的诗歌，如：

花明玉关雪，叶暖金窗烟。（李白《折杨柳》）
玉关晴有雪，砂碛雨无泥。（陈羽《冬晚送友人使西蕃》）
玉关尘似雪，金穴马如龙。（李峤《道》）
风吹云路火，雪污玉关泥。（李贺《送秦光禄北征》）
路沿葱岭去，河背玉关流。（李士元《登单于台》）
出户望北荒，迢迢玉门关。（戎昱《苦哉行五首》之五）
明月出天山，苍茫云海间。长风几万里，吹度玉门关。（李白《关山月》）
暗碛埋砂树，冲飙卷塞蓬。方随膜拜入，歌舞玉门中。（徐彦伯《胡无人行》）身似星流迹似蓬，玉关孤望杳溟濛。（吴商浩《塞上即事》）
接影横空背雪飞，声声寒出玉关迟。（林宽《闻雁》）
玉门山嶂几千重，山北山南总是烽。人依远戍须看火，马踏深山不见踪。（王昌龄《从军行七首》之七）

需要指出的是，唐诗中还有结合玉门关来写"和亲"政策等其他方面的诗歌，如鲍溶《寄李都护》有云："去年河上送行人，万里弓旌一武臣。闻道玉关烽火灭，犬戎知有外家亲。"由此也看出唐诗中玉门关诗歌内容的丰富广泛。

从以上可以看出，在唐代创作有关玉门关诗歌的诗人中，李白、岑参、王之涣、王昌龄、高适、李颀等一批唐代著名诗人，不仅作品数量较多，而且表现出较高的艺术水平。而唐代歌唱玉门关的这批诗歌，或是描写玉门关及其周边环境，或是结合玉门关，对其他相关的山川风物从不同方面进行歌咏，内容广泛，色彩鲜明，形式多样，体现出唐诗丰富多彩的特征。

二、玉门、玉门关在唐诗中的文学意义

玉门关，唐诗中经常省称为"玉关"或"玉门"，有时也称"玉塞"。唐

诗中的"玉门"很少指玉门县，而一般都是用来代指玉门关。玉门作为在唐代诗人笔下经常描写或涉及的对象，含有丰富的文化意蕴。

前面已经说过，汉代和隋唐时期的"玉门关"所指并不相同，汉代玉门关又称小方盘城，大致位于敦煌西北90公里处，而隋唐时期的玉门关是在今安西县（又称瓜州）双塔堡附近。❶ 尽管同在西北，但二者之间相距尚远，难以混同。在唐代诗人笔下，这种区别似乎并不重要，唐诗对此不大关注，尽管我们有时可以通过诗歌的内容或背景来判断其中所写的"玉门关"究竟应该是哪一个，但仍有不少诗歌，我们从中很难看出其间的区别。可以说，在唐人诗歌中更为关注的是玉门关在塞外的特殊地理位置，从汉代以来一直都是通往西域的重要门户，这座耸峙于大漠戈壁深处的雄关，同时防守着祖国的西北大门，与许多将士的从军、征战、驻屯、防守，以及国家安全都有着一定的关系，这对当时社会和人们生活带来种种影响。在此基础上，诗人展开丰富的想象，绘写边关景物或抒发生活感受。总的来说，唐代涉及玉门关的诗歌，有写景，有抒情，以抒情为主，多情景交融之作；少实写，多想象，而且有时仅仅是将"玉门关"作为起兴、对比的对象引入诗歌。而"玉门关"已经逐渐成为唐诗中一种具有固定内涵的特定意象，唐人结合其他情景或事物对之所进行的一系列歌咏，赋予玉门关更丰富的象征意义。

玉门关地处塞外，荒远苦寒，春风不到，极目四望，连天接云的戈壁大漠，只有塞草飞蓬点缀其间，缺少生机，凄凉无比。生活在这片不毛之地的人们，无疑十分辛苦。但它作为祖国西北的一处著名关城，不仅是丝绸之路通往西域北道的咽喉要隘，也是初盛唐时代人们投身边塞，报效祖国、杀敌立功之所在，是无数士子赴边从军乃至英雄成就梦想的地方。因此，玉门关同当时人们心中向往的功名理想紧密联系在一起，这也是唐人边塞诗歌往往表现出一种以苦为乐，充满雄豪的丈夫气概的主要原因之一。

从诗歌本身来看，有关玉门关的这批唐人诗歌，基本没有超出唐代边塞诗的范畴，应该说是唐代边塞诗的组成部分。唐代边塞诗的兴盛，受唐代政治、

---

❶ 李正宇先生认为唐代玉门关当在唐瓜州城（锁阳城）西北之马圈小城，设置于东汉永平十七年（公元74年）。参见李正宇. 新玉门关考［J］. 敦煌研究，1997（3）：5-17, 189.

军事、经济、文化诸因素的影响。唐代国力强大,中外交往密切,边塞战争频繁,特别是在初盛唐时期,大批士子纷纷从军入幕,走向边疆,立功边塞成为一时之风尚。他们结合自己的从军经历,以及急于建功立业、报效祖国的热烈情怀,或叙写征战生活,或描绘异域景色,或抒发理想壮志,或记述奇异见闻,或表达思乡之情,或总结历史经验,或议论时下边策之得失,等等。同时,由于长期置身塞外,难免会对多年紧张辛苦、风尘仆仆的军旅生活产生厌倦之情,久戍不归的怨思,功名不遂的愤懑,将帅腐败、赏罚不公、苦乐悬殊等军中矛盾现实问题,这些都成为盛极一时的唐代边塞诗歌的创作源泉,形成唐代边塞诗歌的丰富多彩的思想内容。其中既有慷慨激昂、从军报国的时代强音,又有低沉抑郁、倾诉战争灾难的曲折心声,既有壮阔瑰丽的边地风光图画,也有深沉细腻、哀怨缠绵的深致情思,多侧面地反映了唐代文人从军、将士赴边的广阔生活内容和复杂情感体验。这在唐人所写的涉及玉门关的诗歌中也多有反映。

需要注意的是,唐人所写的玉门关诗歌,对汉代玉门关的历史典故运用十分广泛,尤其是有关李广利、班固和玉门关的典故,经常歌咏。据《汉书》卷六一《张骞李广利列传》载,李广利太初元年(公元前104年)出兵不利,退回敦煌。天子闻之,大怒,使使遮玉门关,曰:"君有敢入,斩之。"贰师恐,因留屯敦煌。❶ 可见,玉门关是国家的西大门,贰师兵败,不得入玉门关。《后汉书》卷四七《班梁列传》又云:汉和帝永元十二年(公元100年),时任西域都护的班超久在绝域,年老思土,上疏乞归,有云:"臣不敢望到酒泉郡,但愿生入玉门关!"❷ 班超希望能够在有生之年进入玉门关,对于久居塞外的人来说,竟然成为一种奢望。此"玉门关"无疑成为家国故乡的象征,进入玉门关,才是真正回到祖国的怀抱。由此可见,唐代诗人笔下的"玉门关"所包含的深情意蕴,已经远远超出仅仅作为汉唐关城的玉门关,它可以代指祖国的边关、荒远的塞外,思念的处所,同时也是祖国的大门,是祖国和家乡的象征,其所包含的历史文化意蕴十分丰厚。

---

❶ (汉)班固,(唐)颜师古. 汉书 [M]. 北京:中华书局,1964:2699.
❷ (南朝·宋)范晔,(唐)李贤. 后汉书 [M]. 北京:中华书局,1965:1583.

"唐代边塞诗是大西北的歌,也是大西北的骄傲。"❶ 唐代边塞诗是唐代诗歌苑囿里的一朵奇葩,闪耀着夺目的光辉。玉门关作为唐代边塞诗中一种较为普遍的创作题材或诗歌意象,具有鲜明的西北地域特色。唐诗中这批有关玉门关的诗歌,不仅是唐代边塞诗的重要组成部分,在我国边塞诗歌中有着突出地位,而且对后代诗歌产生了深远影响。历代诗人对玉门关歌咏不绝,经两千多年而一直传唱不衰,由此也可以看出玉门关在我国古代诗歌中的永恒魅力。可以说,在诗人笔下,玉门关就像一块精工雕琢的美玉,被打磨得越来越晶莹剔透,越来越明彻光亮。

---

　　❶ 胡大浚. 唐代边塞诗歌选注 [M]. 兰州:甘肃教育出版社,1990:前言.

丝绸之路文化资源再利用与创意审美文化范式的出场[*]

■ 柴冬冬

摘要：丝路文化资源再利用离不开文化创意产业的驱动和引领作用，但丝路文化的创意产业开发不仅具有经济层面的价值，还为重审丝路文化的生产机制提供了新思路。这一思路就是创意审美文化作为审视丝路文化资源现代转换的重要维度。作为一种依托当代话语背景生成的文化范式，创意审美文化对丝路依然具有阐释效力。它既可以为考察丝路文化的历史生成提供一种整体性视角，还可以助力其当代衍生和再生，从而兼顾历史性和当代性。因此，加快推动丝路创意审美文化的发展，对丝路文化的话语阐释和实践发展均具有重要意义。

关键词：丝绸之路；文化创意产业；审美文化

丝绸之路不仅是一条商贸之路，更是一条文化之路、思想之路。它是联结沿线各国各地区的文化符号，包含众多宝贵历史文化遗产。随着"一带一路"倡议的实施，丝路的文化资源再利用进入一个新的阶段。在这一阶段，首先应当思考的是如何借助最新的文化生产形态活化这些资源，提升其现实价值。当代创意审美文化及其产业化的发展既为丝路文化资源的开发与价值的增值提供了新路径，又为重新阐释丝路提供了新的视角。

---

[*] 作者简介：柴冬冬，广东外语外贸大学外国语言文学博士后流动站博士后研究人员，助理研究员，主要从事文艺理论与文化创意产业研究。

基金项目：国家社科基金重大项目"丝路审美文化中外互通问题研究"（项目编号：17ZDA272）。

一、丝路文化遗产开发与文化创意产业的价值

2016年6月22日,中国与哈萨克斯坦、吉尔吉斯斯坦首次跨境联合申报的丝绸之路项目正式被联合国教科文组织列入《世界遗产名录》,这标志着丝绸之路的文化遗产保护工作进入一个新的阶段。申遗成功之后,中外30多家博物馆又启动成立"'一带一路'沿线国家博物馆友好联盟"。据相关资料显示,在丝绸之路所经过的长达5000多公里的地理空间中,包括各类遗迹33处,三个国家共同申报的遗产区总面积达42 680公顷,遗产和缓冲区总面积达234 464公顷。其中,中国境内有22处考古、古建筑等遗迹(河南4处、陕西7处、甘肃5处、新疆6处),哈萨克斯坦境内有8处遗迹,吉尔吉斯斯坦境内有3处遗迹。❶从统计材料来看,我国境内的丝路文化资源(遗产)是相当丰富的,这就为后续开发提供了基础。文化遗产的保护并不意味着要将其束之高阁,简单地塞进博物馆,而是说,文化遗产的保护和开发往往是同时进行的,必须要予以活化,让其走进人们的生活,如此才能走上一条良性的发展轨道。

纵观世界文化资源保护经验,借助创意经济手段将遗产与人们的日常消费、审美联系起来是一条基本的思路。比如,英国就将很多博物馆转卖给个人或者家族、团体、企业等经营、保管、运营,并对文化资源的赞助商给予税务方面的优惠和减免政策,鼓励民间资本进入文化遗产的保护和管理活动中。德国则利用互联网手段对国内众多的名人故居进行产业化开发,民众可以通过互联网检索故居的历史和现状、观看故居的藏品以及参与故居举办的各类活动。而作为拥有众多历史文化遗产的法国,在保护遗产方面,不仅早早推行了产业化,而且在博物馆、名人故居、建筑遗产、节庆与习俗等部门中专门推出了针对性的服务。❷

从国内来看,随着近年来文化创意产业的大力发展,传统文化资源再利用也进入一个新的阶段,文化遗产的再生性、衍生性产品也逐渐增多,在有些领

---

❶❷ 赵磊. "一带一路"年度报告:行者智见(2017)[M]. 北京:商务印书馆,2017:216.

域已经构筑了成熟的产业链,比如近年大火的故宫文创就是典型的例证。然而,尽管目前国内文化遗产的开发方面运用了大量的文化创意手段,且已经初步形成产业化开发的规模,但在丝路文化遗产的开发方面,文化创意产业并没有深刻介入并发挥引领作用。文化遗产产品的创新力不强、文化产业的运营(融资、管理)水平低、产业开发结构单一等是丝路文化资源再利用过程中所遇到的主要问题。产业开发水平的低下使得丝路文化遗产消费并没有成为常态,文化产品供给也不能与新时代的人民审美需求精准匹配。因此,发挥文化创意产业在丝路文化资源开发中的引领作用就至关重要。

实际上,文化创意产业作为文化产业发展到新阶段的产物,是相对传统的文化产业发展创新的更高形态,也是文化产业内部调整升级和产业管理突破原有边界的必然结果。"文化创意产业是一个相当新的学术、政策和产业论述范畴。它可以捕捉到大量新经济企业的动态,这是诸如'艺术'、'媒体'和'文化产业'等概念所无法做到的。"[1] 首先,就当前世界经济的总体发展情势而言,以文化创意产业为主导的文化经济形态已经成为一股新的潮流和驱动经济、文化发展的重要引擎,丝路丰富的文化资源在这种背景下就是一种先天优势。从需求一侧看,创意经济时代强化了对产品的体验效应的追求。这种体验是在马斯洛需求层次意义上来说的,强调的是精神层面的审美需求成为人的日常生活中不可或缺的部分,并且这种体验反过来会作用于经济。从供给侧层面来看,创意经济时代的产品和服务供给高度依赖于创意、技术、内容。从价值层面来看,创意经济时代审美价值成为使用价值和交换价值之外的第三种价值。按照文化经济学家格尔诺特·伯梅(Gernot Bhme)的理解,这种审美价值就是资本生产的目标从满足人的需求转向开发人的欲望的结果。创意经济直接作用于人的精神和欲望需求,这一过程就不可避免地要从神话、文学、艺术、宗教等中寻求资源,拥有丰富文化资源的丝路在这个层面具有天然优势。如果能够对丝路进行一种直抵人心的创意经济改造,那么将极大地发挥丝路在沿线各国的"公共符号"价值。

其次,就文化创意产业本身的产业特性来看,文化创意产业具有其产业形

---

[1] 金元浦. 文化创意产业概论 [M]. 北京:高等教育出版社,2012:31.

态的融合性、产品形态的多样性与差异性、渠道开拓的多元性、运营模式的动态性等特点，对丝路审美文化资源的开发有着天然的优势。就横向层面而言，文化创意产业既可以整合传统制造业、农业、林业、建筑业等第一、第二产业，又可以融合传媒业、体育、旅游、设计等服务产业，同时还能全力推动新业态如网络游戏、动漫、网络视频、手机增值业务等。总之，跨界融合是文化创意产业运作的重要特征。就纵向层面而言，在文化创意产业中，创意其实还可以渗透到产品生产、传播、经营、服务等全产业链，从而形成融合效应。文化创意产业代表着社会生产范式的一个重要变革，其社会效应是空前的。对丝绸之路这个既有物质文化遗产，又存在大量精神文化遗产的特殊审美文化资源库来说，文化创意产业能够结合新的生产技术与营销模式，对广阔繁杂的资源进行有机整合，不断地设计市场、策划市场、涵养市场、激发市场，从而盘活丝路文化遗产，实现历史和当下的结合。

再次，就当前的世界政治态势而言，以文化创意产业为入口争夺文化话语权、文化软实力，已经成为各个国家的一项重要战略，而作为文化资源丰富的丝绸之路自然成为其中争夺的焦点。从地理上看，丝绸之路联结欧亚大陆，且蔓延至非洲，全球人口、土地、资源最为集中的地带。从历史上看，丝绸之路不仅是一条商贸之路，更是一条思想之路、战争之路、资源之路、宗教之路，直至15世纪末地理大发现以前，丝绸之路一直占据着世界史的中心，围绕丝绸之路上的矿产、人口、土地、思想，历史上各大国之间进行了持续的斗争。英国历史学家彼得·弗兰科潘甚至直接断定，丝绸之路就是一部世界史。而在今天，任何对丝绸之路的审视再也不能局限于局部性，而更应该站在一种全球史的视野。在经济全球化、文化多样性、民族国家兴起的背景下，当今对丝路文化资源的争夺将不再通过军事，而是要借助文化与经济的形式进行，回到思想与文明的层面。就这个意义而言，以创意产业为入口对丝路文化资源再利用无疑能直抵问题的根本。

最后，就当前丝路文化遗产的利用现状来看，产业化开发的程度仍然处于较低级阶段，亟待引入文化创意产业对传统的模式进行改造。从总体上看，博物馆、演艺、旅游、节庆、出版、艺术品等业态是目前丝路文化资源向现代转化的主要途径，而网络视频、动漫、游戏、VR/AR、影视节目等新兴的数字文化业态则尚未成为主要途径。以敦煌石窟这一丝路文化品牌为例，尽管近年来众多企业围绕敦煌文化相继推出了动漫（如《夹子救鹿》《九色鹿》等）、演出剧目（如《丝路花雨》《大梦敦煌》《又见敦煌》等）、游戏（如《寻仙》的敦煌资料片、《王者荣耀》的敦煌定制皮肤、《问经》《艾兰岛》等），但如果参照整个敦煌文化的体量（552个石窟、5万多平方米的历代壁画），这些工作也仅仅只是开始。而从当代文化市场现状来看，传统形态的文化产品虽然是文化消费的重要内容，但不是引领文化消费时尚和前进的主要动力。2014年以来，"互联网+文创"增速连续多年位居文化产业十大行业之首。这恰恰表明，以新理念和新模式为主要特征的文化创意新业态才是文化产业持续发展的动力。目前看来，加快推进文化创意新业态对传统丝路旅游业、博物馆展示业、工艺品制造业的改造，助力传统节庆的恢复，进而再造丝路文化空间才是丝路文化资源现代转换的主要内容。

可以说，在文化生产、消费越来越以产业化为途径的当下，推动文化遗产的产业化开发能够为文化遗产的保护提供资金、场所、人力等基本的动力支撑，而以文创理念作为主线则有利于释放丝路文化遗产呈现的多重向度，助力"一带一路"文化产业带的高质量发展。

二、创意审美文化作为审视丝路文化生产的重要范式

文化创意产业的发展不仅为我们从经济层面推进丝路文化资源的现代转化提供了具体范式，同时也提供了一个重新审视丝路文化生产范式的思路。从根本上，文化创意产业在当今世界盛行的主要原因就在于创意在文化、审美与经济之间的巧妙结合。而如果从文化角度出发审视这个问题的话，这种现象的实质就是创意审美文化对文化生产、传播与消费的修辞性作用。在这里，创意和审美既是一种文化修辞手段，也是文化的一种基本生存状态。返回到丝路问题。既然丝路不仅是一条商贸之路，更是一条跨文化互通之路，并且在这一文化地理空间之中，不但蕴含着丰富的历史文化资源，还在文化创意产业的运作下演化为可供社会消费的文化符号（这一符号甚至在某些情况下在丝路沿线各国具有共通性），那么就有理由认为创意审美文化可以对梳理丝路文化资源

以及推进其现代转化具有重要作用。

那么，该如何理解创意审美文化的重要作用呢？以创意审美文化梳理丝路文化资源又会在理论层面带来哪些新问题呢？要回答这些问题，首先必须明白审美文化维度对审视丝路文化生产的特殊性。

尽管作为一种现代概念，审美文化的界定尚存在一定争议，❶ 但审美文化的"宏观提挈"和"整体把握"意蕴是为学界所共同认可的。也就是说，审美文化指的就是人类审美活动的物化产品、观念体系和行为方式的总和。❷ 这就表明，审美文化是一个综合性的维度，是介于并融于"道"与"器"、归纳与演绎之间的一种特殊文化形态。以这个层面进入丝路文化生产的研究我们将能够看到一个融文物、艺术、文学、活态、宗教、图像、品位等于一体的文化资源图谱，进而避免那种重"道"而轻"器"和重"器"而轻"道"的传统。

不仅如此，审美文化维度的引入将开放丝路遗产的社会现实效益。韦尔施曾指出，当今的社会生活正在经历一场审美化过程，"我们生活在一个前所未

---

❶ 审美文化概念自问世以来，在国内学术界引起了广泛的探讨和论争。目前看来有五种观点较为典型。(1) "高级形式说"，即视审美文化为文化中的艺术和美学部分，是文化发展到高级阶段的文化。在这一阶段，整个文化领域中的艺术和审美部分的自治程度和完美程度得到增加，其内在原则就开始越出其自治区，向文化的认识领域和道德领域渗透。（聂振斌，滕守尧，张建刚．艺术化生存——中西审美文化比较 [M]．成都：四川人民出版社，1997：527-530.）(2) "大众文化说"，认为审美文化是审美的文化和文化的审美，审美文化是历史运动的产物，它包含或整合了传统的严肃文化和俗文化，但展现为流行性的大众文化，不是在价值判断意义上，而是文化形态意义上，可以把审美文化指称为大众文化。[马宏柏．审美文化与美学史学术讨论会综述 [J]．哲学动态，1997 (6).] (3) "分化/去分化说"，认为审美文化是一个体现了现代性的重要范畴，从现代主义到后现代主义，审美文化经历了分化与去分化的过程。分化意味着审美自律性的确立，而去分化意味着自律性的拆除，审美日益成为宽泛无边的文化现象，这集中体现为艺术与非艺术界限的模糊，文化与商业区别的弥散，高雅艺术和大众艺术的界限消失，认识、道德、审美的边界也不存在。[周宪．文化的分化和去分化——审美文化的一种解释 [J]．浙江学刊，1997 (6).] (4) "狭义/广义说"，认为审美文化存在广义和狭义两种理解方式，广义的理解是将审美文化意指古今中外以文学艺术为核心的一切具有审美特性与价值的文化产品或形态；狭义的理解则将审美文化用来专指当代文化特别是大众文化。无论把文化理解为精神产品，还是扩大为从物质到制度到精神的全盘包容的大文化，只要其具体形态具备审美特性，就能归属为审美文化。[朱立元．"审美文化"概念小议 [J]．浙江学刊，1997 (5).] (5) "总体性概念说"，认为审美文化既是一个现代概念，也是一个广义概念，并不只是指称某一时代或时期审美和艺术的特指概念，而是指所有时代或时期审美和艺术的泛指概念。（姚文放．"审美文化"概念的分析 [J]．中国文化研究，2009：春之卷．)

❷ 叶朗．现代美学体系 [M]．北京：北京大学出版社，1988：32.

闻的被审美化的世界里，装饰与时尚随处可见。它们从个人的外表延伸到城市和公共场所，从经济延伸到生态学"。❶ 而费瑟斯通、波德里亚等人则从视觉影像对社会生产的形塑阐释了这种审美的日常生活化。总之，审美化已成为当代社会的一种核心的社会组织原则，这一点是不可否认的。因此，重新以审美话语对丝路文化资源及其当代生产予以审视与梳理，可以为解决保护与利用之间的矛盾提供契机。

而在更为根本的民心相通层面，审美文化可凭借其审美共通感属性成为丝路民心相通的津渡与场合。丝路作为中外经济、文化、政治互通的结果，其本身并不是固定不变，而是动态存在的，对其文化遗产的考察就必须要放在跨文化对话、融合与演绎的层面，而如何在跨文化层面实现民心相通进而演变出丝路文化就成为其中的核心问题。从学理层面来看，审美文化是考察文化运作的元场域，它既可以透视一种文化系统运作的内在机制，也可描绘文化主体的真实心态。甚至可以说，审美需求能够驱动文化的生产和异质文化的交流。特别是在跨文化活动中，审美文化往往能够以"人文化成"的视野规避文化霸权、文化优劣等价值偏倚行为。因此，以审美主义话语重审丝路文化的演变机制，无疑就为民心相通的历史性考察及命运共同体建设的当代需求提供了一种元空间。

从上述结论来看，审美文化作为梳理丝路文化资源的作用是基础性的。如果要讨论创意审美文化的作用，势必也要基于这一前提。那么，什么是创意审美文化？创意审美文化又何以成为丝路文化生产的重要范式呢？从时间层面来看，创意审美文化作为一种文化阐释话语应当是20世纪90年代后期的事。也就是说，人类对创意审美文化的关注、阐释活动是伴随着当代文化创意现象的兴盛与创意产业（阶层）的崛起而展开的。这里所谓的文化创意现象其实指的是以文化为核心的元素，综合运用多元文化、多学科、多载体手段而构建的，以再造和创新为特征的文化现象。而文化创意产业则是文化产业发展到新阶段的产物，是文化产业的更高形态。早在1986年，著名经济学家罗默

---

❶ [德] 沃尔夫冈·韦尔施. 重构美学 [M]. 陆扬，张岩川，译. 上海：上海译文出版社，2002：109.

（P. Romer）就曾指出，新创意会衍生出无穷的新产品、新市场和财富创造的新机会，所以新创意才是推动一国经济成长的原动力。而创意产业作为一种国家性战略理念的提出则源自英国布莱尔政府1997年的创意产业特别工作小组。目前在国际范围内较为通行的关于创意产业的定义是由联合国贸易和发展会议埃德娜·多斯桑托斯（Edna dos Santos）主编的《2008创意经济报告——创意经济评估的挑战 面向科学合理的决策》所提出的。在此书中创意产业被定义为："将创意与知识资本作为初期投入，包含产品与服务的创作、生产和销售的循环过程。创意产业由一套以知识为基础的经济活动构成，生产有形产品，还生产包括创意内容、经济价值与市场目标的智力或艺术服务。"❶ 从其定义可见，创意产业以创造性为核心，以创意与知识资本为驱动力，包含服务、内容、实体产品等多个层面，是文化创意现象的产业化形态与重要组成及推动性元素。约翰·哈特利（John Hartley）指出，如果按照雷蒙德·威廉斯（Raymond Henry Williams）的文化定义图式来界定创意产业，那么就可以从三个层面进行理解：作为艺术的创意产业、作为媒体产业的创意产业与作为知识的创意产业，这三类又分别对应剩余文化、主导文化与新兴文化等三种文化形态，以此表明创意产业的阶段性特征。❷ 换言之，创意产业这一概念是在实践中慢慢进化的，不同的进化阶段在每个领域都产生了特征性的经济模式与政策应对。❸ 这不仅意味着创意产业是文化的一种独特形态，还显示出创意产业作为一种文化形态的高度综合性、广延性与创新性。

但必须注意到，文化创意现象并不等于文化创意产业。首先从时间层面来看，文化创意现象并不是当代独有的，而是只要符合以文化为核心，运用多种手段进行再造和创新性生产，就可以成为一种文化创意现象。相比之下，文化创意产业的形成则是由当代产业变革、技术进步、消费转向、创意阶层的出现等多重因素共同驱动的结果。其次从属性来看，文化创意现象是对经济、审美乃至政治等领域中与创意相关活动的描述，而文化创意产业则是一种产业形

---

❶ 埃德娜·多斯桑托斯.2008创意经济报告——创意经济评估的挑战 面向科学合理的决策[M].张晓明，周建钢，等译.北京：三辰影库音像出版社，2008：4.

❷❸ [澳] 约翰·哈特利.数字时代的文化[M].李世林，黄晓波，译.杭州：浙江大学出版社，2014：43.

态,应当被包含在文化创意现象之内。因此,二者之间是一种相互推动的关系,共同构成创意审美文化的出场。那么,作为一种文化话语范式的创意审美文化是否就意味着它只能用来描述当代现象呢?或者说,仅仅只能用来描述文化创意产业崛起以来的文化发展态势?

显然不能轻易做出论断。原因在于,一方面,文化从内涵上讲并非只有某种固定的能指,因此创意审美文化就不一定仅仅是单层次的;另一方面,文化创意现象也并非当代独有。而如果要参照创意审美文化的核心属性即创新和创意,那么也存在值得反思之处。创新意味着推翻旧的东西,或者在其基础之上进行再创造,进而形成新的价值,更新、创造、改变是其精髓。而创意则是一种人类行为特征,是想象力和具体化能力的综合体,是由非逻辑的智力所决定的,与无意识和意识之间的对抗、协作活动存在重要关联。❶ 它的本质体现为新颖性和实用性:"对现有规则的颠覆(新颖性),并具有经济、美学和伦理价值(实用性)。"❷因此,创意作为一种人类行为以及文化生产现象是不受时间限制的。比如,早在 18 世纪亚当·斯密(Adam Smith)就将其比作天赋并称其为天赐之福,意指它能够使人掌握更好的技巧,进而在相同情况下在艺术创作中达到更高的水平。

简要梳理后可以发现,由于文化创意现象是由创意活动这种人类典型的智力行为所产生,因此,创意审美文化作为一种当代性话语在某种程度上也可以打破时间禁锢,进而具备历史阐释效力。当然,创意审美文化的形成与当代创意阶层的崛起、创意活动开始主导文化生产具有直接关联,但也不能否认在历史上的某些特定时空范围同样会存在创意性生产活动,而我们亦可以对这些行为给予创意审美文化的话语阐释。

事实上,这一裂隙正是重新以创意审美文化审视丝路文化资源再利用与再生产的契机。那么,在丝绸之路这样一个审美文化资源相互交流、借鉴频繁的文化地理空间中,是否在历史上存在过文化创意活动?文化创意活动是否对丝路文化的形成起到了作用?从时间节点来看,丝绸之路引导东西方贸

---

❶❷ [意] 阿莱西娅·左罗妮. 当代艺术经济学:市场、策略与参与 [M]. 管理,译. 大连:东北财经大学出版社,2016:10—11.

易的时段（3~17世纪）世界主要生产方式仍是农业经济主导，工业化和商品化尚未起步，因此创意经济形式并不存在。但这并不意味着文化创意活动不存在。比如唐代画家吴道子就富有创意性地将印度绘画中的"凹凸画法"用于自己的创作。"凹凸画法"即叠晕法，指由浅入深或由深渐浅地层层赋色，从而形成层次分明的色阶，而色阶的浓淡疏密反映的是画作的明暗、光影等效果。这种技法最初见于印度的犍陀罗艺术，后经西域传入中国。苏东坡曾在《东坡题跋》中云："道子画人物如以灯取影，逆来顺往，旁见侧出，横斜平直，各相乘除，得自然之数，不差毫末。"❶ 而根据向达在《唐长安与西域文明》一书中的记载："吴道玄画怪石崩滩若可扪酌，颇疑其用凸凹法，不然不能至此也。"❷ 又表明，"凹凸画法"不仅对人物画产生了影响，对山水画的改变亦有影响。我们甚至可以很轻易地从唐代墓室壁画中看出"凹凸画法"的影响。比如，永泰公主墓中的壁画创作就多次使用了晕染法，不但青龙图、白虎图使用叠晕法，而且《宫女图》中人物的服饰，如裙、衫、袍，女侍的披帛等，也多用晕染技法，衣纹的转折处用晕染法来表现色彩变化，为了显示出人物衣着的厚重质感，则层层积染同一色彩。❸ 从效果来看，唐代绘画对印度"凹凸画法"的运用绝不是简单的模仿和挪用，而是与既有绘画风格相得益彰，有机融合，从某种程度上增强了作品的韵味。这种以创新性思维从事艺术绘画创作的活动显然是一种文化创意活动。

文化创意活动并不仅仅存在于瓷器等器物性产品的贸易活动中，在音乐、舞蹈、戏剧等艺术产品的交流活动中依然存在。甚至可以说，在丝绸之路所构建的跨文化互动空间中，当一种文化体系内的产品进入另一种文化体系，在审美体制、审美惯习等均存在差异的情况下，"交融—变异—创新"应当是其中一条重要的文化传播模式，而在这一过程中以创新为主要目的文化创意活动显然就不可避免。不仅如此，它还将在丝绸之路文化的形成中扮演重要作用。必须注意到，丝绸之路文化的形成恰恰是多民族文化之间相互借鉴、创新与发展

---

❶ （宋）苏轼. 书吴道子画后. 东坡题跋（卷五）[M]. 北京：商务印书馆，1992：95.
❷ 向达. 唐长安与西域文明 [M]. 上海：上海三联书店，1957：409.
❸ 邹满星. 唐代墓室壁画人物画"胡化"风格研究 [D]. 西安：陕西师范大学，2008：25.

的结果,其本身就包含对现有规则的颠覆,并具有经济、美学和伦理价值。因此,创意审美文化应当是丝路审美文化的重要组成部分。这种丝路创意审美文化与当代创意产业背景下发展起来的创意审美文化虽不能完全等同(它们在生产途径、内容偏好、传播方式、受众组成等层面上存在众多差别),但同样具有创意的基本特征(如强调创新与创意的重要性、强调产品的多样性与差异性、强调内容的文化特质与审美性、市场需求的确定性等),同样对丝路文化的形成和沿线国家的社会发展起到了重要作用。

可见,当我们要表述丝路创意审美文化的同时,应当注意到它的两个层面:其一,古代丝路历史上存在的以审美创意活动为基础的文化生产与互通。我们可以称其为发生在丝绸之路上的创意审美文化生产,它是发生在"丝绸之路"这一概念被发明之前的状态。其二,对丝路审美文化遗产进行创意产业开发,或者直接以"丝绸之路"为创作对象和创意来源,所形成的审美文化形态。而这个层面就既可以是发生在丝路上的创意审美文化生产,也可以是由丝路所激发的创意审美文化生产。但无论从哪个层面来说,丝路无疑在当下已经成为一种叙述的平台和激发创意的源泉,成为一种"元话语",一个可以被反复开发的文化"IP"。

但问题在于,如果丝绸之路可以起到一种"元话语"的作用,那么,围绕丝绸之路的知识表述与思想生产就极有可能形成不同的范式,并且这些范式还会影响到实际的文化生产与认知观念塑造。自李希霍芬发明"丝绸之路"这一概念,丝绸之路的表述史与阐释史,大致可以分为四种主要的范式:(1)作为一种经济贸易话语的"丝绸之路"。这种话语主要关注的是丝路的文化经济价值,认为丝路其实就是一条经济贸易之路,经济动因才是丝路形成的根本原因。(2)作为一种西方知识话语的"丝绸之路"。即丝路是在西方(欧洲)视角下提出的,由西方学者所命名、阐释的一套知识体系,而且在这一体系之下蕴含着一个更为深刻的东西方概念的形成及其相互关系问题。(3)作为一种历史知识话语的"丝绸之路"。在这种话语体系之中,丝路被作为一种历史进行陈述,丝路就是一部世界史,一部人类文明史。(4)作为一种空间认知话语的"丝绸之路"。在这类话语之中,丝路被建构为一种地方性知识与区域秩序,而且在不同的时期有着不同的呈现,从某种程度上反映着世界格局及其权力运作的变化。这四类话语的每一类都有自己独特的阐释视角，围绕它们亦形成了相应的认知体系、思想体系。从某种意义上讲，当代任何想重新复兴丝绸之路的行为所要面对的都首先是重建一种丝绸之路话语范式的问题。

但是话语范式的多元性造成的一个直接问题就是单一主义视角，而单一主义视角恰恰是丝路价值没有得到完全释放的原因所在。从上文分析可知，借助文化创意产业的当代丝绸之路文化资源开发，显然首先要借助的就是丝绸之路的话语价值。因为只有在这个意义上，关于丝绸之路的文化产品才能被重新塑造为一种审美性产品，在这个层面上创意审美文化无疑可以直接参与进丝路话语运作之中，成为一种阐释丝路的新范式。以创意审美文化为入口对丝绸之路进行再表述，将规避既有表述范式的单一主义思路与偏激立场，以一种人文精神的表述范式重构一种文明史范式、多元主义范式、区域性范式。从理论上看，创意审美文化具有综合性特征，创意保障着文化实践的运行，而审美则充实文化的内涵。无疑，创意审美文化对丝路的重要性就在于如何在历史与现实语境中找出一条重新审视丝路文化生成机制的路径，以进一步明晰丝路文化的发展动力与价值。创意审美文化作为丝路审美文化的重要组成部分，与文学、宗教、物质、活态、图像、艺术等传统审美文化存在重要区别，它是一种再生性、衍生性和综合性的审美文化形态，最能反映审美文化的当代创新性，是丝路文化资源现代转化的重要依托。一方面它可以作为一种生成机制提供一种整体视角，从而统摄丝路审美文化的总体风貌；另一方面可将历史经验引入现实，盘活丝路审美文化，为梳理丝路审美文化再生、衍生形态及其当代运作提供有价值的视角。

三、推动丝路创意审美文化发展的五重路径

近年来，随着中外学术界对丝路价值的重新定位，以及世界地缘政治和经济发展格局的变化，软实力成为各国竞争的新着力点。20世纪90年代，美国著名政治学者约瑟夫·奈（Joseph Nye）在《对外政策》（*Foreign Policy*）杂志上发表《软实力》一文，提出文化吸引力、政治价值观吸引力、塑造国际规则是重要"软实力"的观点，随后又在《硬权力与软权力》一书中指出：

"软性的同化权力与硬性的指挥权力同样重要。如果一个国家可以使其权力被他国视为合法,则它将遭受更少对其所期望的目标的抵制。如果其文化与意识形态有吸引力,其他国家将更愿意追随其。"❶ 丝路作为一种文化资源丰厚,且代表文化间互融互通的"公共话语"顺其自然地成为各国相互争夺的焦点。除了积极在国家层面推进与丝路相关的政策、战略外,积极推进学术话语层面的塑造也是其中的重要手段。目前,随着"一带一路"倡议以"一揽子"式的方式全力推动丝路的文化遗产保护与文化资源开发,近年来国内学术界的丝路研究也进入新的阶段,涌现出诸多具有历史和现实价值的著作,推出诸多有建设性的观点。创意审美文化作为审视丝路文化资源的独特角度,理应进行系统化推进。具体来看,以下五种路径值得关注。

第一,以创意产业(文化)的发展为契机,推动"审美共同体"建设。"审美共同体"建设是植根于丝路文化的互通特性与丝路文化的当代发展现实的,是实现民心相通的基础,也是"人类命运共同体"建设的重要途径。这一概念区别于康德的"审美共通感"与安德森的"想象共同体"。康德"共同感"强调的是先天性,但也不否认人们在文化交流互通过程中对审美共通感的共享。而安德森"想象共同体"则是在跨越民族和国家边界基础上提出的一种虚构的、非地理学意义上的疆域重构,承载着伦理、哲学和美学价值。比较之下,"审美共同体"可以看作一种具有物质性、精神性、社会性、共享性、结构性、跨族群性的,建立在感觉基础之上的审美活动与审美体验系统。费孝通先生关于人类审美共同体的理念,即"各美其美,美人之美,美美与共,天下大同"等16字是基本的理论认知。丝路沿线国家国情复杂,审美文化体制迥异,强行推进任何一个民族的单一审美体制都是不可行的。但丝路本身的跨文化互通属性,沿线各国对丝路的共同记忆以及文化间的相互影响为审美共同体的构建提供了契机,同时,审美共同体的建构亦可以为重新梳理这一文化地理空间中的审美交流史提供契机,这一过程是互构互成的。创意产业通过对丝路审美文化资源的梳理及创造性开发与营销,无疑是实现这一目标的重要路径。

第二,以文化资源的梳理为抓手,构建中国特色的丝路审美文化话语体

---

❶ [美]约瑟夫·奈.硬权力与软权力[M].门洪华,译.北京:北京大学出版社,2005:97.

系。在以往的表述体系中，丝绸之路文化要么被纳入民族中心主义体系之下，要么被纳入欧洲中心主义体系之下，要么沦为"汉学心态"的发声筒，要么沦为"宗教原教旨"主义的传音器，各种偏激化的、偷窃历史的行为充斥着丝绸之路研究，丝绸之路似乎在话语层面丧失了它的根本属性。因此，在这种情势之下提出创意审美文化范式无疑是从最基础的思想和人文层面，为丝路的话语表述提供了新的思路。通过重新开掘丝路的审美文化史，积极推动丝绸之路美学的生产，并通过创意产业推动文化资源的现代转化，将形成一种理论与实践相互补充和拱卫的态势，无疑能够为构建一套中国丝路审美文化话语体系提供强力的支撑。

第三，以供需平衡为参照，推动丝路创意审美文化及产业的供给侧结构改革。正如上文所说，目前一个体系完善和有市场活力的丝路创意产业格局并没有形成。文化创意产业体系不完善直接影响着丝路文化在当代的发展。丝路文化的表征仍然主要以文学、绘画、雕塑、乐舞、建筑、工艺品等传统形态为主，而且这些形态的生产与消费模式也较为传统。应该说，国内尚没有形成一股丝路创意审美文化潮流，丝路创意审美文化发展水平较弱。而事实上，丝路创意审美文化产品也并非没有市场，比如结合最新数字技术与舞台演出技术的2018年新版的《丝路花雨》一经推出就获得市场的广泛认可。因此，一种全方位的供给侧结构性改革势在必行，这就要求在遗产保护、产品开发、市场开拓、项目审核、运营模式等层面，都要充分考虑到国内、国际市场需求与相关产业的发展状况，做到精准发力。

第四，以文化科技融合为依托，推动丝路创意审美文化再生产。创意经济语境下，"内容+创意+渠道+市场"才是文化产品成功的关键，而科技将对这一过程进行整合。目前互联网文化产业正成为新一轮增长的引擎，以"互联网+"理念为核心，新的市场环境下催生出了一大批新的文化业态，如泛娱乐文化业态、二次元文化业态、粉丝经济文化业态、虚拟文化业态、自媒体文化业态、直播文化业态等，高端创意、跨界融合、模式创新、场景体验是这些业态的最基本特征，它们的出现极大地推动了文化创意产业的发展。在丝绸之路文化资源的开发中，完全可以引入这些新兴的互联网文化业态，改变传统的以旅游、展出为主导的单一开发模式，充分发挥中国在互联网文化产业领域的优势。科技不仅助力丝路文化资源的开发，同时也可以助力丝路研究更为系统和深入。比如，美国建立的互联网档案馆收集了20世纪初期以来诸多探险家、考古者的笔记、书信、出版的著作等，以及18世纪中期至20世纪中期的世界蚕丝产业报告、蚕丝纺织技术革新情况、流行丝绸图案与设计等资料，对研究世界蚕丝产量变化、丝绸贸易集散地转移、缫丝技术创新与传播、丝绸时尚服饰演变、世界丝绸市场衰减过程等重要问题极具参考价值。❶ 此外，众多基金会和博物馆也借助互联网和数字拍摄技术编排了关于丝路研究的艺术展览目录、博物馆收藏、城市建筑、传统文化、地图、人类学考察等，还提供很多珍藏的丝路文物的高清数码图片，这能够让世界范围内更多的研究人员看到这些珍贵资料，无疑为丝路研究提供了有利条件。❷

第五，以伦理为协调机制，维护丝路创意审美文化的健康发展。随着"一带一路"倡议的提出，丝绸之路文化再次成为各类资本与权力争夺的焦点。在产业化推进过程中，诸多弊病不断暴露出来，很多地方为了争夺文化遗产彼此之间恶意竞争，或者为了响应中央政策，无视自身条件就一哄而上，或者以保护文化遗产之名暗行圈地运动，或者为了保护遗产破坏了生态环境，或者为了资本利益对文化遗产进行粗放式的开发等。丝路文化遗产开发的过程中爆发了严重的伦理危机。而同时，在与沿线国家的贸易活动中，也存在爆发伦理问题的可能。如果说互通是丝绸之路文化形成的基础，那么在丝绸之路这一跨文化互通事件中，就天然具有一个跨文化伦理维度。尽管民心相通与人文格局建设是新时代丝路开发的基本出发点，但在实际的文化交流、文化贸易过程中仍然存在爆发价值观冲突的可能性。因此，及时引入伦理维度，规制丝路文化遗产开发中的不良倾向，警惕跨文化互通中的价值观冲突，在目前是一个十分紧迫的问题。

---

❶❷ 陶红，向仲怀．"一带一路"话语传播与"丝绸之路研究"热点［J］．蚕业科学，2018（4）：509-515．

超越他者形象的"西域"：空间生产、文化间性与审美融通[*]

■ 许栋梁

摘要：从外延上看，"西域"历来边界不定、角落无穷，却是丝绸之路的必经路段和十字枢纽，也是先于"丝绸之路"概念、并与之在外延上交叉重叠的地理空间。从内涵上看，"西域"作为以"中国"为参照的地理方位设定，其源头是一种对"异域"的地理想象，早期西域作为整体形象是基于"想象共同体"对文明文化"他者"的建构。而从大的历史—地理视域来审视，"西域"作为一个东西方文明交叉重叠、各民族文化混杂融合、多层面力量角逐争夺的异质空间，彰显了政治民族、文明文化等与地理环境之间所形成的复杂历史关系，是一个具有多向度、多维度生产性的活态空间。这种地理想象与空间实践之间的张力，消解了界定文明文化的僵化的"中/外"二元对立关系，生成开放式的"中/外—中"多元辩证关系，是与丝绸之路密切相关、但又明显有别的关于"人类命运共同体"的地理空间。本文试图进一步从审美文化的角度对"西域"这一空间中的文化间性机制与审美融通流转做概要考察。西域内部既呈现出文明跨地交叠与文化多元参合的态势，又整体起着东西方文化中介的"生产"作用。西域地理景观作为震撼人心的抒情媒介与诗性空间、西域音乐作为直观动人的心灵桥梁与"感知共同体"、"马踏飞燕"等作为跨文化融合的审美结晶，都能够从人文涵化与审美感知的微观层面，来助益探讨"西域"作为"人类命运共同体"空间的感性心理基础。

---

[*] 作者简介：许栋梁，广东外语外贸大学外国文学文化研究中心博士。
基金项目：国家社科基金重大项目"丝路审美文化中外互通问题研究"（项目编号：17ZDA272）。

关键词：西域；空间生产；文化间性；审美融通；丝绸之路；人类命运共同体

在当下而言，"西域"似乎是一个想象的、虚幻的、仅能在文艺作品中感知的地方，貌似已在现实中被新疆、中亚等地理范畴所替代。但从历史来看，它又是一个在历史进程与历史书写中持续数千年的地理空间。学界把西汉张骞"凿空"西域后所打通的由长安经河西走廊至西域—中亚，最后抵达欧洲的贸易和文化传播之路称为"丝绸之路"，1877年德国李希霍芬提出这一概念之后，世界范围内的目光实际上又重新聚焦到西域这片土地上。进入21世纪，在中国提出"一带一路"倡议与"人类命运共同体"理念以来，西域又再一次迎来了聚焦的目光。

如果说"丝绸之路"是源于西方视角的关于人类文明交流的路线探寻，那么"西域"则是基于中国主体视域的、最早关于人类命运共同体的空间建构。在"丝绸之路"这一概念出现之前，在汉语语境中"西域"作为地理范畴，指向了位于东方中国以西的广阔领域，在很大程度上行使着丝绸之路的指意功能。西域作为地理空间既界定着关于"中国"的地理和心理界限，也在实际上承载着东西方文化交流的空间设定，更是在心灵相通和审美融通层面，见证着历史上关于"人类命运共同体"的内在连通与感知建构。

一、隅隈西域：地理想象与空间生产

《楚辞·天问》有言："隅隈多有，谁知其数？"[1] 即天地之间的边界角落重叠交叉，纵横错杂，难以绘清。"西域"的边界、角落和形态尤其如此。数千年来，"西域"的边界一直在流动和商讨，"西域"一直穿行在真实、想象与符号象征的多维空间。

作为地理名称的"西域"，最早出现在《史记》"三王世家""司马相如

---

[1] 蒋天枢，校释. 楚辞校释 [M]. 上海：上海古籍出版社，1989：179.

列传"等篇，而《史记·大宛列传》则是正史"西域传"之滥觞。❶ 其地域所指，则在《汉书·西域传》中首次得到明确界定："皆在匈奴之西，乌孙之南。南北有大山，中央有河，东西六千余里，南北千余里。东则接汉，厄以玉门、阳关，西则限以葱岭。"❷ 这是现在所谓之狭义西域，大致在今天新疆尤其是新疆南部地区，而"在一种比较广泛和比较令人满意的意义上，它却相当于延伸在从里海到汉代历史上的中国之间的辽阔领土"。❸ 法国东方史学家鲁保罗（Jean-Paul Roux）也指出"辞书对其定义犹豫不决"，他将"西域"理解作"蒙古和南西伯利亚、今天形成哈萨克斯坦和其他4个独联体共和国（乌兹别克斯坦、塔吉克斯坦、土库曼斯坦、吉尔吉斯斯坦）的主要地区、阿富汗的北部，与赫拉特和木鹿（Merv）相联系的伊朗呼罗珊（Khorassan）、西藏、新疆、甘肃"。❹ 他乃至提出有可靠证据来"将克什米尔，即使不是整体上的旁庶普（Pendjab），至少也是作为巴基斯坦西北部的旁庶普北部"❺纳入"西域"的范畴。因此，从广义上讲，"西域"可以包括我国西北直至中亚、西亚、南亚甚至北非和欧洲的部分地区，这一片广袤的土地也被称为"亚洲内腹"（innermost Aisa）。

西域首先是个地理概念，同时也是一个历史概念，应该说，不同历史朝代、不同历史语境，其地理范围各异。从亚洲自然地理范围来看，大致可以界定为"中亚"，汉语译者在翻译斯坦因等人的著作时，认为他们所述的Central-Asian 与中国古代的"西域"所指地理范围基本一致，因此往往有此译。❻

1. "西域"作为想象性的"异域"他者形象

"西域"作为与早期历史文献中的"西天""西极""西方"等形成互文乃至重叠的概念，带有浓厚的异域想象色彩，是以"他者"形象出现的。卡

---

❶ 余太山. 两汉魏晋南北朝正史西域传要注（上册）[M]. 北京：商务印书馆，2013：4.
❷ （汉）班固. 汉书 [M]. 北京：中华书局，1962：356.
❸ [法] 鲁保罗. 西域的历史与文明 [M]. 耿昇，译. 北京：人民出版社，2012：1.
❹❺ [法] 鲁保罗. 西域的历史与文明 [M]. 耿昇，译. 北京：人民出版社，2012：2.
❻ [英] 奥里尔·斯坦因. 沿着古代中亚的道路 [M]. 巫新华，译. 桂林：广西师范大学出版社，2008：2.

雷将形象研究界定为"各民族间的、各种游记、想象间的相互诠释";❶ 巴柔指出,文学形象"也是社会化的过程中所得到的关于异国看法的总和",❷ "一切形象都源于对自我与他者,本土与异域关系的自觉意识之中,即使这种意识是十分微弱的。因此形象即为对两种类型文化现实间的差距所做的文学的或非文学的,且能说明符指关系的表达。"❸西域正是作为"异域"他者形象,在中国的文史书写传统中,被基于中原文明文化主体借助真实与想象的张力建构出来。

(1) 先秦神话。与西域关系密切的地理想象,首先是先秦《穆天子传》《山海经》等神话文本。《穆天子传》记述周穆王数次"西征"至"昆仑之丘",并与西王母相会,吟谣对唱,其中关于西域的大量地理记述都引发了巨大的分歧与争议,这种分歧与争议如果从一种"地理想象"的视角来看,无疑能更好地展示其文本价值。《穆天子传》作为神话与历史的"综合文本",是作为"心史的事实"之"世界想象",是"幻想地理"与"真实地理"的合一。❹ 未知的、一知半解的,或捕风捉影、道听途说的地理空间,往往都会引人通过直觉的、审美的主观构想来形成地理想象。同时,正如萨义德和德里克·格力高利(Derek Gregory)指出的,这种"地理想象"(geographical imagination)或"想象的地理"(imaginative geographies),都充满了幻想、欲望和无意识,是对他者地方(other places)包括人和景观、文化和自然的"观看""凝视"和"表征",既是想象的空间诗学,也是权力网络的空间政治学。作为地理想象的《山海经》是这种地理想象的典型表征文本,通过"内/外"与东西南北的"四方"想象性建构,其中对于西域地理和系列西方"他者"尤其是西王母的想象,都具有典型性。《山海经》作为看似虚假难辨的地理书,但实际"总体上看则是服务于特定功利目的的政治想象图景",反映的是"作为权力的一种形式的知识生产模式"。❺

---

❶ [法] M-F 基亚. 比较文学 [M]. 颜保,译. 北京:北京大学出版社,1983:107.

❷❸ 孟华. 比较文学形象学 [M]. 北京:北京大学出版社,2001:20.

❹ 王铭铭. 西方作为他者——论中国"西方学"的谱系与意义 [M]. 北京:世界图书出版公司,2007:22-23.

❺ 叶舒宪,等. 山海经的文化寻踪——"想象地理学"与东西文化碰触(上)[M]. 武汉:湖北人民出版社,2004:54-55.

(2) 正史西域。张骞"凿空"和"博望"西域之后所带来的巨大影响，使得西域开始进入中原王朝的历史视野。鲁保罗指出，张骞作为一种象征性的形象是具有开创性意义的，"人们将当时扩大政治视野和向西开拓的向往，都系于他一身。他实施了这一切，并且还赋予了这一切新的生命"。❶ 滥觞于《史记》、始于《汉书》的有关西域的正史记载形成系列"正史西域传"。西域正史使得关于西域的地理知识不断地具体化、精确化，但是东汉之后，"西域与佛国意境的悄然结合，使'幻象—真实地理综合型'内部，再度出现了'幻想地理'成分之增长"。❷ 同时，正如研究者指出的："两汉魏晋南北朝正史'西域传'记述的出发点从来就不是西域或西域诸国本身，而是中原王朝经营西域的文治武功，这决定了'西域传'的性质。"❸ 基于中原王朝的"正史"视域，其中的"西域传"始终是一种权力话语并带有"他者"想象的成分。

(3) 大唐西游。研究者指出："自汉代起，对于'西域'这个表达'外国'的概念，华夏人已兴趣盎然。与之相'通'，已成为汉文明的世界观的核心内容之一。这一对于'他者'的兴趣，到了唐与元之间得到了进一步的升华。开启了帝国中期这一'他者眼光'的，是西天取经的玄奘这个典范。"❹ 玄奘西天取经是对"西天"作为佛法真理本源的"乌托邦"求索，但同时也是中原王朝的权力"旅行"，《大唐西域记》即着力体现了大唐王朝盛世的权力和恩威宣扬，在"序二"中尚书左仆射燕国公于志宁即表达一种超越张骞、法显等西行前辈的时代自信："陋博望之非远，嗤法显之为局"；❺ 玄奘自序中直言"咸承正朔，俱沾声教"❻ 的教化目的，而其对西域的记述也是出于一种文明高下的立场："性重财贿，俗轻仁义。嫁娶无礼，尊卑无次，妇言是用，男位居下。死则焚骸，丧期无数。剺面截耳，断发裂裳，屠杀群畜，祀祭幽

---

❶ [法]鲁保罗. 西域的历史与文明[M]. 耿昇，译. 北京：人民出版社，2012：101.
❷ 王铭铭. 西方作为他者——论中国"西方学"的谱系与意义[M]. 北京：世界图书出版公司，2007：84.
❸ 余太山. 两汉魏晋南北朝正史西域传要注（上册）[M]. 北京：商务印书馆，2013：1.
❹ 王铭铭. 西学"中国化"的历史困境[M]. 桂林：广西师范大学出版社，2005：281.
❺ （唐）玄奘，辩机. 大唐西域记[M]. 桂林：广西师范大学出版社，2007：2.
❻ （唐）玄奘，辩机. 大唐西域记[M]. 桂林：广西师范大学出版社，2007：4.

魂。吉乃素服，凶则皂衣，"❶ 乃是一种对文明文化"他者"的建构。

需要指出的是，魏晋南北朝以来，尤其随着唐朝的文治武功，中原与西域的交往逐渐密切，类似玄奘的西向游历大大增加了对西域的切身体验，这也使得西域的想象性逐步降低，而空间感知和审美感受逐步增强。

2. "西域"作为生产性的社会和话语"空间"

实际上作为地理想象的"西域"本身就是一种空间的政治学，这种空间政治从历史的角度来看，它又往往是超越想象而具体化为空间生产实践的。恰如布罗代尔关于文明、种族、宗教、政治、文化之间交错、交流、交集的"地中海"，包括中亚在内的广义"西域"也是一个及其错综复杂的"历史世界"，❷ 在其历史发展过程中逐步超越一种基于"他者"定位的想象性异域，而毋宁说是一个具有"生产性"的社会历史空间。

"空间转向"以来，空间不再被视为"一个不同于主体（精神实体）的客观的同质延伸（物质实体）"或"人类活动在其中展开的一个空洞容器"，与此相反，"空间本身既是一种'产物'，是由不同范围的社会进程与人类干预形成的，又是一种'力量'，它要反过来影响、指引和限定人类在世界上的行为与方式的各种可能性"。❸ 葛兆光指出，古代中国人的"中国"常常是一个关于文明的观念，而非有着明确国界的政治地理观念，因此，"空间意味与文明意味常常互相冲突和混融，有时候文明高下的判断代替了空间远近的认知"。❹ 这种状况直到唐代中叶尤其是宋代才发生根本性的变化，契丹、西夏等与北宋的对抗，"这一转变相当重要，这使得传统中国的华夷观念和朝贡体制，在观念史上，由实际的策略转变为想象的秩序"，❺ 此后民族主义兴起，这就是实际政治与观念想象的差异。

西域作为一个逐步得到开拓的、位于亚欧内陆的地理空间，"人们正是靠联结各个绿洲的一段段道路，靠从高山峻岭中反复多次筛选出来的可以通行的

---

❶ （唐）玄奘，辩机. 大唐西域记 [M]. 桂林：广西师范大学出版社，2007：5.
❷ 葛兆光. 宅兹中国——重建有关"中国"的历史论述 [M]. 北京：中华书局，2011：255.
❸ 阎嘉. 文学理论精粹读本 [M]. 北京：中国人民大学出版社，2006：137.
❹ 葛兆光. 宅兹中国——重建有关"中国"的历史论述 [M]. 北京：中华书局，2011：45.
❺ 葛兆光. 宅兹中国——重建有关"中国"的历史论述 [M]. 北京：中华书局，2011：44.

山口，逐渐确定下来东西往来的交通干线的走向，从而也迫使某些山脉、沙漠加入人类交通网络。"❶ 自汉代以来，西域是各民族文化混杂融合、多层面力量角逐争夺的异质空间，是一个民族迁徙、融合十分频繁的地带，也是一个互相激荡、彼此角逐的空间，各种民族、宗教和语言的边界时常移动，因而成为彼此混融、互相冲突的空间。西域又是一个具有多向度、多维度的生产性空间和通道。鲁保罗指出，"西域"看似屏障林立，艰难险阻重重，难以逾越，但是在西域发展起来的多种具有强烈个性特征的文明，"正是通过这些文明，才建立了许多交流，许多思想和商品才开始流通，而这一切对于其中的每种文明都施加了一种深刻的影响。"❷

西域作为沟通中心的地理空间是具有"生产性"和"居间性"的：西域受着中原文明的冲击和影响，同时又向中原输送来自印度、西亚、中亚的宗教、艺术乃至科学知识，同时西域文化在传入中原的过程中即经历着汇聚、融合的过程。葛兆光指出，"中古西域"作为一个整体，不断由异趋同，不断地界定着"中国"此一空间。❸ 同时，正如羽田亨所指出的，西域在东西方文明相互传播上起着中介、纽带的作用，羽田亨对此看得极重："如不研究此纽带地区的文明，而径直研究处于两端的东西，那是不能得其正鹄的。"❹

西域作为"东方以西"和"西方以东"的交叉重叠区域，历史上尤其是近代以来一直进行着空间视野的双向沟通，一直同时进行着"西方的东方化"和"东方的西方化"双向过程。

（1）中国的"西域学"使命。自先秦开始，从《穆天子传》《山海经》的神话传说到张骞"凿空""博望"，从东晋法显西行到大唐玄奘西游，从将士戍边、官吏使边、文人出塞、商人西行，在"西行"向度上多维度地拓展了关于西域的空间视野。《法显传》《宋云行记》《西游录》《长春真人西游记》《西域蕃国志》《伊犁日记》等西游、西行所产生的文献，一直延续数千年。"西域"虽然是汉代文献中已有的地理词汇，但是作为一个有意识地连接

---

❶ 张广达. 文本 图像与文化流传 [M]. 桂林：广西师范大学出版社，2008：124.
❷ [法] 鲁保罗. 西域的历史与文明 [M]. 耿昇，译. 北京：人民出版社，2012：8-9.
❸ 葛兆光. 宅兹中国——重建有关"中国"的历史论述 [M]. 北京：中华书局，2011：267.
❹ [日] 羽田亨. 西域文化史 [M]. 耿世民，译. 乌鲁木齐：新疆人民出版社，1981：3.

各国历史、语言和宗教来研究的历史世界,却是近代的事情。❶ 在清代中晚期以来,西部边疆的拓展和西北的动乱和边疆危机,使得西北史地受到更大的关注,"这种既超越内地十八省空间,也超越三皇五帝历代王朝历史的'绝域与绝学',一方面作为'考据之学'的自然延续,一方面作为'实用之学'的应时兴起,逐渐成为学术潮流。特别是,当他们开始接触域外的考古发现与文献资料,这种学术趋向就激起了传统学术的嬗变。"❷ 葛兆光指出,"西域"之学的兴起之于国际学界的变化,概括起来有三:第一,"它把以王朝疆域为基础的中国史,转变为东洋史或亚洲史,它超越了传统汉族中国范围,拓展了中国研究的文献、语言、历史与文化的空间,并在民族国家的政治史之外,重新建立了一个超越民族国家的'文明史'框架,使得'疆域'、'王朝'、'政治'不再是叙述历史的绝对指标"。❸ 第二,这种研究视野使得"宗教、语言、民族、文化的冲突与融合成为重要的新内容",并进而形成共同问题和"具有国际性的新领域"。❹第三,这一超越传统中国的"新空间"融汇了中亚、西北、南亚的语言文字,传播、书写、鉴定等文化技术以及民俗调查和遗址考古等方式方法和工具途径。

(2) 西方的"东方学"视域。西域作为一个学术研究和话语建构的空间,其中也存在话语权力角逐。葛兆光指出,直到 19 世纪以后,欧洲学者才开始跳出汉族中国的立场,"逐渐形成了现在所说的'西域'这个历史世界"。❺西方的东方研究者的关于"西域"的地理想象和观念不仅是一种空间感知,更是一种话语权力争夺,是一种"景观"以及权力关系的表征,是权力、身份认同和地理知识的交织,❻ 也是一种代表"地方"客体化、隐含权力关系的旅游"凝视"和"他者"建构。从《马可·波罗游记》开始,西方探险家、路行者、学者就不断地踏上东向之路。匈牙利籍英国考古探险家、东方学学者斯坦因(Mark Aurel Stein),在英国和印度政府的支持下,先后进行三次中亚探险。斯坦因打开了西方关于西域考古和研究的大门,引起国际轰动,斯坦因确

---

❶❺ 葛兆光. 宅兹中国——重建有关"中国"的历史论述 [M]. 北京:中华书局,2011:257.
❷ 葛兆光. 宅兹中国——重建有关"中国"的历史论述 [M]. 北京:中华书局,2011:259.
❸❹ 葛兆光. 宅兹中国——重建有关"中国"的历史论述 [M]. 北京:中华书局,2011:265.
❻ Gregory D. Imaginative Geographies [J]. Progress in Human Geography, 1995, 19 (4):447-485.

立了在西方学界关于西域研究的话语权。但这实际上也与近代西方列强窥视垂涎中国西部新疆的政治意图是密切相关的，收集情报、绘制地图、破坏遗迹、盗掘劫掠、转运文物等行为屡见不鲜。瑞典人斯文·赫定、英籍匈牙利人斯坦因、法国人伯希和、德国人格伦威德尔和勒柯克、日本人橘瑞超等人在中国西部进行掠劫式挖掘，他们的足迹遍布天山南北的几乎所有遗址。他们的发掘与研究毁誉参半，产生了关于西域文化的诸多洞见，同时也明显披着殖民扩张的外衣。可以说，近代以来西方学者关于西域的学术话语，是与殖民行为联袂而行的。

（3）世界的"敦煌学"话语。敦煌文献的发现，是近代以来发生在西域的最重大的历史事件之一，也从此真正打开了一个具有世界性的话语空间。正如陈寅恪所指出的："默察当今大势，吾国将来必循汉唐之轨辙，倾其全力经营西北，则可以无疑。考自古世局之转移，往往起于前人一时趋向之细微，迨至后来，遂若惊雷破柱，怒涛振海之不可遏。"[1] 敦煌学的诞生是以1900年敦煌莫高窟藏经洞的发现开始的，其中的悖论在于，敦煌在中国、在西域，但是大量的敦煌文献已经伴随着西方的殖民和掠夺活动流落西方各地，这其中也有中国政府和学界的重大过失。可以说，"敦煌学"作为研究领域的勃兴，是与西方学者密切相关的。1909年伯希和与中国学者的北京会晤，既促发了学界对敦煌文献的重视，也开始了学术话语权的争夺。研究西域、敦煌的学者如罗振玉、王国维、陈寅恪、陈垣、黄文弼、向达等，或远涉重洋，去欧洲抄录敦煌文献，或在国内整理劫余文献，或去敦煌临摹壁画，都在一种民族精神的支撑下开展敦煌学研究。1992年季羡林提出"敦煌在中国，敦煌学属于全世界"，既证明了敦煌的价值，事实上也蕴藏着西域这片土地上力量争夺的血泪史，因此，后来有看似相近、实则相反的表述："敦煌在中国，敦煌学在国外。"

二、历史西域：文明交互与文化间性

作为中原往西的亚洲腹地，西域一直处在东西方陆路交流的枢纽位置。作

---

[1] 陈寅恪. 寒柳堂集 [M]. 北京：生活·读书·新知三联书店，2001：163.

为在"丝绸之路"概念出现之前广泛使用的地理空间范畴,西域事实上不仅是丝绸之路的核心地段,也是历史上"玉石之路""彩陶之路""天马之路"的共同路段或起点/终点。研究者指出,西域史前文化就已经与其东、西两方均有交往和联系,张骞通西域仅仅是以官方使者的身份经历了这条路,并记录了沿途的所见所闻。在张骞之前这条路线即已存在,只不过缺乏文献记载。可以说,在亚欧大陆文明文化交流交往的几千年历史中,西域一直都是舞台的中心,条条大路途径西域,贯通东西,其中尤以丝绸之路最为著名。

单从地理位置上看,西域处于丝绸之路的中段,但是实际上正如前文所述"西域"乃是一个隅隈错落、在不同历史时期、不同语境中范围灵活多变的地区。但是不管如何,西域乃是丝绸之路上东西方文明文化最重要的交会处。西域从作为想象性的异域"他者"的地理形象,到作为生产性的社会历史空间,其中实践着的是关于"丝绸之路"的千年历史。研究者指出:"西域文化的兴盛是借助于丝绸之路的开通。如果没有近千年的丝绸之路的开通,很难使绿洲、草原与外部沟通,西域文化只能在原生态中自生自灭。正是因为丝绸之路的八面来风,沟通了封闭的绿洲与外部世界的联系,使整个西域文化处在开放状态。可以说,丝绸之路是西域文化的催生剂。"[1]

如果说"隅隈西域"仍然是有界限的地理空间,那么,历史上作为东西方文明文化交流的西域,则是一个开放流通的空间拓展。可以说,"历史西域"乃是"隅隈西域"的形成动力和运转机制。同时,通过"历史西域"将"隅隈西域"打通串联,考察其中文明交汇与文化交融的情况,也是将"空间"的生产性进一步向"文化"的丰富性过渡的路径选择。

1. 文明跨地交叠与文化多元参合

日本学者羽田亨在《西域文化史》一书中指出,西域历史上或为中国、波斯、印度诸国所占有,或为突厥、蒙古、西藏等民族占据地所包围,因此在这些势力中央的西域"绝不具备出现强大国家的自然条件,古来也未兴起过以此地区为根据地的大势力",西域(中央亚细亚)"一方面是周围诸大势力的缓冲地带,另一方面相互远隔的亚细亚各大强国又在此处联结起来,建立了

---

[1] 仲高.西域文化特征及其现代化[J].新疆艺术,1999(5).

不可分离的相互联系"。❶ 这种独特的政治—民族地理格局，这一片几乎从未实现政治一统的土地，并未实现一种文明主体的建构，却也因此成为文明文化的交叠、交互、交往、交流的纽带。

西域既被视为"地中海东、南亚印度、东亚中国"三大区块之间的"亚文明地带"，❷西域"在重要的历史过程上所演的重要戏目只是远东、印度以及西方的文明彼此交光互影的故事"。❸ 西域也被视为"文明重地"，"是那些产生了坚强的思想、天才、科学和艺术的幸运地之一"。❹ 这种看似相反、高下立判的界定，乃是由观察的路径决定的，实际上内在是相通的。

西域作为文明文化交叠参合的重要位置，已经成为学界的共识。羽田亨指出："东方中国、南方印度、西方波斯、阿拉伯、希腊、罗马等诸方文明的交流传播情况，是历史上最有趣的现象，也是最重要的研究课题"，❺而这种交流，其最重要的通道，则是西域（中央亚细亚）。鲁保罗指出："几大帝国的文明沿着欧亚内陆交通路线而相互接触具有世界历史意义，几种文明的会聚产生了阿富汗境内的大夏—贵霜文明、巴基斯坦境内的犍陀罗文明，等等。"❻斯坦因指出，西域"文明上的特征乃是中国、波斯以及印度三种文化势力混合而成的一种产物"。❼季羡林认为："世界历史悠久、地域辽阔、自成体系、影响深远的文化体系只有四个：中国、印度、希腊、伊斯兰，再没有第五个；而这四个文化体系汇流的地方只有一个，就是中国的敦煌和新疆地区，再没有第二个。"❽ 世界上唯独一个汇聚了古代四大文明的地区就是西域。从宗教来看，世界三大宗教伊斯兰教、佛教、基督教，也都在新疆汇合，"这样一种情况，在世界各地也是找不到的"。❾ 西域作为东西方文明交叠的中心枢纽，在东西方文明文化交流史上独一无二的地位，可见一斑。黄文弼也指出："关于

---

❶❺ ［日］羽田亨.西域文化史［M］.耿世民，译.乌鲁木齐：新疆人民出版社，1981：2-3.
❷ 郑培凯.西域——中外文明交流的中转站［M］.合肥：黄山书社，2017：1.
❸❼ ［英］斯坦因.西域考古记［M］.向达，译.北京：商务印书馆，2013：23.
❹ ［法］鲁保罗.西域的历史与文明［M］.耿昇，译.北京：人民出版社，2012：8.
❻ 张广达.文本 图像与文化流传［M］.桂林：广西师范大学出版社，2008：123.
❽ 季羡林.敦煌学、吐鲁番学在中国文化史上的地位和作用［J］.红旗，1986（3）.
❾ 季羡林.吐火罗语与尼稚俗语［J］.新疆史学，1979（1）.

西域文明，主要由本地固有文化以及汉文化与印度、波斯、罗马、希腊文和参合而成者。"❶ 在天山以南的西域诸城国中，"形成以汉文化为主体、东西文化交融为特点的高昌文化圈、以佛教文化为主体的于阗—龟兹文化圈和两种文化体制并行的鄯善文化圈。各文化圈中的'主体文化'，并不意味着对其他文化的排斥。相反，东西方各种文化的汇聚、交融是魏晋南北朝时期诸文化圈的共同特点。不同文化圈的形成只是这种汇聚、交融之不平衡性的一种表现而已。"❷ 总之，正如仲高概括指出的，西域文化从总体上讲是"多源发生、多元并存、多维发展的复合型地域文化。……西域文化处在一种全方位、多层面的开放系中"。❸

2. 文化中介与人文涵化——以佛教为例

西域的枢纽位置，使得其间的文化传播呈现出一种不停地"在路上"的、具有居间性的转换特征。西域文化是去主体的，实际上是一种文化"中介"的作用："在西域，各种异质文化向东西两个方向传播时，一些强势文化在此锐减势头后才有可能被其他文化吸纳，而一些弱势文化也通过西域'强化'后才被另一种文化所接受。"❹这里受着中原文明的强烈影响，同时又向中原输送来自印度、西亚、中亚的宗教、艺术、科技。

具体来看，很多西域城国都具有这样的特点。以佛教文化的传播为例，斯坦因指出，在西域这片广阔的区域，无论是外族统治时期，还是内部互相争夺主导权的阶段，都"没能够阻止那些从伊朗最东部和印度缓慢传播而来的佛教及其文化艺术"。❺ 佛教最初即从深受希腊文化影响的犍陀罗（今属阿富汗）、罽宾（今克什米尔）等地传入西域，于阗是丝路南道的佛教中心，而龟兹则是丝路北道的佛教中心，两者都是中西交通的要冲，也是东、西方文化交流的中转站，扮演着具有生产性的"中介"的作用，而其中的关键则是人作为传道者、求道者的流转作用："在佛教东弘的过程中，于阗

---

❶ 黄烈. 黄文弼历史考古论集 [M]. 北京：文物出版社，1989：349.
❷ 余太山. 西域文化史 [M]. 北京：中国友谊出版公司，1996：150.
❸❹ 仲高. 西域文化特征及其现代化 [J]. 新疆艺术，1999 (5).
❺ [英] 奥里尔·斯坦因. 沿着古代中亚的道路 [M]. 巫新华，译. 桂林：广西师范大学出版社，2008：28.

一方面直接从邻近的迦湿弥罗和天竺接受佛教，并在其国王的大力提倡下发扬光大；另一方面则通过于阗沙门的东行弘法和中原僧侣的西行求法，将于阗的佛教直接输入中原地区，对内地早期佛教的发展产生了深远的影响。"❶ 而关于龟兹，同样如此："龟兹佛教文化是开放的。这种开放性一方面表现在本国僧侣西去印度、罽宾、犍陀罗等地区求法……以及对西来布道高僧的礼遇……另一方面则表现在龟兹高僧的东行弘法，使得龟兹佛教文化广播中原及西域诸国。"❷

文化的流通从来都是一种文化的"旅行"，文化的主体性跨越时空后，所到之处往往都会在途中，在异质的地理和文化空间中，在新的土壤中生根发芽，这也是文化"在地化""生活化"的重要维度。西域之于东西方文化的中介作用，除了沟通（communication）之外，还不断地"涵化"（acculturation）。龟兹石窟"它的许多艺术形象、艺术观念、艺术风格、艺术技巧以及艺术处理方法来自犍陀罗，但是龟兹文化融合了它们，改造了它们，把它们与本地区的文化传统和艺术风格结合起来，从而造就了一种新的文化"。❸ 深受犍陀罗艺术影响的龟兹石窟中也有汉风风格的雕塑，米兰佛寺的壁画中有带翼天使的形象……汉魏时期的墓葬中发现，主人是雅利安人，而穿戴服饰及随葬品却多为中原的绣织品、铜镜等。❹

研究者指出，魏晋南北朝时期的高昌佛教"一方面受到印度、龟兹等地的影响，另一方面内地汉化佛教的西传也是一个重要因素"。❺ 西域存在大量的汉僧汉寺，"那里出土的唐代绘在纸、绢、麻布、木板上的佛画和寺院壁画往往添上了汉式风景树木"。❻ 佛教在传入内地之后，又有回传高昌的迹象，并与当地原有的汉文化传统相结合，使得佛教从布道僧侣和统治阶层渗透向民间大众，因此，高昌佛教文化独具特色：佛寺多以姓氏和官职名之，如出土文

---

❶ 余太山. 西域文化史 [M]. 北京：中国友谊出版公司，1996：131.
❷ 余太山. 西域文化史 [M]. 北京：中国友谊出版公司，1996：139-140.
❸ 韩翎，朱英荣. 龟兹石窟 [M]. 乌鲁木齐：新疆大学出版社，1990：359.
❹ 仲高. 西域文化特征及其现代化 [J]. 新疆艺术，1999（5）.
❺ 余太山. 西域文化史 [M]. 北京：中国友谊出版公司，1996：116.
❻ 张广达. 论隋唐时期中原与西域文化交流的几个特点 [J]. 北京大学学报（哲学社会科学版），1985（4）.

献所见之马寺、张寺、抚军寺、和郎中寺等，明显可见魏晋门阀制度的特点。❶ 而民间信仰中佛教与道教并行的情况，实际上已经与当前中国民间的宗教信仰类似了。

总的来说，西域作为文明交叠与文化流通之地，表现出多重的文化间性，成为"跨文化"理念内涵的最佳阐释：就其内部而言，是多元文化的跨地参合（cross-）；就其与外部的关系而言，则是西域作为处于东西方"之间"的中介间性（inter-）作用。并且，在长期的人文涵化过程中，西域形成了极具地域特色的、带有西域主体性的文化，这乃是一种"超越"（trans-）意义上的跨文化。

三、感性西域：心灵相通与审美融通

裴矩《西域图记》序云："虽大宛以来，略知户数，而诸国山川，未有名目。至如姓氏风土，服章物产，全无纂录，世所弗闻。复以春秋递谢，年代久远，兼并诛讨，互有兴亡。或地是故邦，改从今号，或人非旧类，因袭昔名。兼复部民交错，封疆移改，戎狄音殊，事难穷验。"❷ 西域先后出现的主要民族有数十个，几乎每一个民族的文化未及积淀，民族就已消亡或迁移，因此西域文化往往呈现出同一地域不同民族文化的断裂式散布状态，它不同于中原文化数千年连续累积的层叠性，其文化痕迹是零散的。因此，在当前，可以说历史上的西域文化已经几近消失，或被其他强势的宗教和少数民族文化所覆盖。但是，历史上发生在西域或者关于关于西域的感性融通与民心相通，往往能够超越具体的时空维度，历尽数百上千年而持续回响着。

1. 地理景观作为抒情媒介与诗性空间

有研究者指出，基于地理想象的"文化他者"往往会被"怪异化"和"乌托邦化"，❸ 然而实际上基于空间实践的审美感知对于异域他者的想象往往

---

❶ 余太山. 西域文化史［M］. 北京：中国友谊出版公司，1996：119.
❷ 钟兴麒，王豪，韩慧. 西域图记校注［M］. 乌鲁木齐：新疆人民出版社，2014：2.
❸ 叶舒宪，等. 山海经的文化寻踪——"想象地理学"与东西文化碰触（上）［M］. 武汉：湖北人民出版社，2004：54-55.

要复杂得多,这其中发生着"自我/他者"截然界限的消解。中国古代往往以"舆地"来命名地图,"舆地"即是"舟车所至"的范围,而在舟车足迹所不能达到的地方,除了会引发想象,还会触发情感。以中原、中土、"中国"为立场,对于遥远西域的想象往往体现为对"绝域"的感知,并且在这种感知中,对空间的心理感受往往会超越对文明文化"他者"的想象建构,而进入一种关于天地四方的空间和个人命运感悟中。

在唐诗中"绝域"可以泛指远离中原、人迹罕至的边远地区或化外之地,西南、漠北、西域、岭南、东海皆在其列,但是以西域为多。高适《燕歌行》曰:"边风飘飘那可度,绝域苍茫更何有";李白《千里思》曰:"一去隔绝域,思归但长嗟";王维《送刘司直赴安西》曰:"绝域阳关道,胡沙与塞尘";高适《送裴别将之安西》:"绝域眇难跻";尤其以岑参数量最多,也最具代表性,其中《安西馆中思长安》:"绝域地欲尽,孤城天遂穷",《北庭作》:"孤城天北畔,绝域海西头",《武威送刘单判官赴安西行营便呈高开府》:"曾到交河城,风土断人肠",❶"交河城边飞鸟绝",❷《与独孤渐道别长句兼呈严八侍御》:"轮台客舍春草满,颍阳归客肠堪断。穷荒绝漠鸟不飞,万碛千山梦犹懒。"❸《碛中作》:"走马西来欲到天,辞家见月两回圆。今夜不知何处宿,平沙万里绝人烟。"❹《首秋轮台》:"异域阴山外,孤城雪海边,秋来唯有雁,夏尽不闻蝉。"❺《北庭作》:"孤城天山畔,绝域海西头,秋雪春仍下,朝风夜不休。"❻《日没贺延碛作》:"沙上见日出,沙上见日没。悔向万里来,功名是何物。"❼《过碛》:"黄沙碛里客行迷,四望云天直下低。为言地尽天还尽,行到安西更向西。"❽

在这些对异域、绝域的感性感知中,有关于"愁""怨""哀"等情感表达,有"断""绝"等基于地理空间极限的极端情感表达,出现频率很高的形容词还有穷、远、极、殊、异、迥、绝等,还有大量的否定性表达,如"不

---

❶❷ 吴蔼宸. 历代西域诗钞 [C]. 乌鲁木齐:新疆人民出版社,1982:14.
❸ 吴蔼宸. 历代西域诗钞 [C]. 乌鲁木齐:新疆人民出版社,1982:19.
❹ 吴蔼宸. 历代西域诗钞 [C]. 乌鲁木齐:新疆人民出版社,1982:22.
❺ 吴蔼宸. 历代西域诗钞 [C]. 乌鲁木齐:新疆人民出版社,1982:25.
❻ 吴蔼宸. 历代西域诗钞 [C]. 乌鲁木齐:新疆人民出版社,1982:26.
❼❽吴蔼宸. 历代西域诗钞 [C]. 乌鲁木齐:新疆人民出版社,1982:27.

敢""不可""不休""不歇""不见""不闻""不知"等屡见不鲜。可以说,西域地理景观极大地扩展了诗人的情感深度和诗歌的表现力度。西域的绝天远地,这种极致性的场面和场景无疑会彻底冲击灵魂,荡涤心胸。这种地理环境所引发的人性积极因素的充分舒张,正是这些作品激荡人心、广为流布的重要内在原因。

正如大卫·哈维所言,地理想象即是一种空间意识(spatial consciousness),是与个人的具体位置和主体感知密切相关联的。在这些诗作中,或基于空间想象,或基于地理感知,往往以"玉门关/阳关"等为地理/心理标界,以"尽""绝""穷"等来表征苍茫邈远、天地无边的感悟,并往往与诗人主体的处境相关联,从而产生一种天地命运的思绪感怀。"劝君更尽一杯酒,西出阳关无故人",阳关已然成为离情别绪的开关,作为地理间隔的封闭关隘,实际上却又是打通情感的通道。唐代胡曾《玉门关》:"西戎不敢过天山,定远功成白马闲。半夜帐中停烛坐,唯思生入玉门关。"❶ 胡宿《塞上》:"将军归卧玉门关",❷ 玉门关作为生死之关隘,同时也是情感的媒介与枢纽。

汉代"凿空"以来,中原政权历来都处在与西域的张力关系中,与边疆纷争直接相关,两千多年来的西北边塞诗已然形成传统,成为中国古代诗歌抒情的重要领域,"西域"已然不是想象的他者,而毋宁是中国诗歌传统的重要组成部分,已经融通流转于诗人们的审美感知系统中——"他者"悄然已然是自我主体的一部分。西域的景观事物,实际上已经成为中原文人抒情的重要媒介,可以说,他们关于崇高、壮烈的情感,都是借助这些意象而得以抒发和建构的。

2. 西域音乐作为心灵桥梁与"感知共同体"

早在汉代,随着丝绸之路的开通,西域音乐不断地涌入中原,如汉乐府著名的"横吹曲"即出自西域。"在丝绸之路上,各国各民族的音乐文化,西传、东渐、播布、回授,犹如机梭织锦一样,往返重复编织着夺目的绚烂图

---

❶ 吴蔼宸. 历代西域诗钞 [C]. 乌鲁木齐:新疆人民出版社,1982:47.
❷ 吴蔼宸. 历代西域诗钞 [C]. 乌鲁木齐:新疆人民出版社,1982:49.

纹，闪耀着奇幻的迷人光彩。"❶ 而事实上很多西域音乐，都来源于如今的中亚、西亚地区。

《隋书·音乐志》评价龟兹音乐曰："掩抑摧藏，哀音断绝"，指出其缠绵悱恻，哀婉感人的艺术感染力。李颀《听安万善吹觱篥歌》：

> 南山截竹为觱篥，此乐本自龟兹出。
> 流转汉地曲转奇，凉州胡人为我吹。
> 傍邻闻者多叹息，远客思乡皆泪垂。
> 世人解听不解赏，长飙风中自来往。
> 枯桑老柏寒飕飗，九雏鸣凤乱啾啾。
> 龙吟虎啸一时发，万籁百泉相与秋。
> 忽然更作渔阳掺，黄云萧条白日暗。
> 变调如闻杨柳春，上林繁花照眼新。
> 岁夜高堂列明烛，美酒一杯声一曲。❷

根据常任侠的研究，觱篥乃是西域各民族通用的乐器，但是因为玄奘《大唐西域记》有云龟兹"管弦伎乐，特善诸国"，所以一般觱篥都被视为龟兹音乐。"历南北朝而至隋唐，风行朝野，自达官以至庶民百姓，擅长演奏的不少。"❸ 安万善是安国种姓，也就是伊朗系的乐工。

研究表明，在隋唐时期风行的龟兹音乐深受伊朗、印度的影响，如龟兹琵琶七调调名的语源就是出于古代梵语，证明它本身就属于伊朗、印度的音乐体系；而且隋唐载籍中记载的龟兹部的乐器与天竺部的乐器也多有相同者，从而表明二者之间的密切关系。根据阴法鲁的研究，琵琶类的弹拨乐器出于西亚一带，古波斯语称为俄"巴波特"，其东传至龟兹后称为"维盘喀"（Vipanki），汉语琵琶当是龟兹语的音译。根据常任侠的研究，古代梵语 Bharbhu、希腊语 Barbiton、古波斯语 Barbat 等，都是印欧语系对拨弦乐器名称的转变，"琵琶"

---

❶ 牛龙菲. 古乐发隐 [M]. 兰州：甘肃人民出版社，1985：3.
❷ 吴蔼宸. 历代西域诗钞 [C]. 乌鲁木齐：新疆人民出版社，1982：7.
❸ 常任侠. 汉唐间西域音乐艺术的东渐研究 [J]. 音乐研究，1980（4）：8.

二字不见于汉代《说文解字》，刘熙《释名》作"批把"，应劭《风俗通》作"枇杷"，大概在晋代之后，才写作"琵琶"，乃是参照"琴瑟"等字对源于波斯语 Barbat 的音的创字。而作为另外一种重要的乐器，竖箜篌"由安息和后来的波斯，逐渐东行，伴随着伊朗族人的商旅或艺人，到达和田，到达库车，到达长安，西亚的音乐愉悦了东方的听众。因此在北魏的石床上，在敦煌的壁画上，在玉雕的带板上都发现有竖箜篌"。❶ 另外一种乐器横笛，赵维平明确指出，它来自印度。❷

音乐作为一种重要的文艺审美形式，能够直抵心灵、摇荡性情，历来在跨文化交流中能够引发共鸣共振。岑参《白雪歌送武判官归京》："中军置酒饮归客，胡琴琵琶与羌笛"，❸ 证明当时这些所谓胡人的音乐，已经成为戍边将士的娱乐之选。这也充分证明音乐能够超越民族战争，能够打破政治军事的隔阂与对抗，在惨烈残酷的战争之下，实际上是感性感知层面的民心相通，也证明当时西域音乐在审美文化交流中的作用。

西域乐器已然成为边塞诗旋律的重要构成要素。王昌龄《从军行七首》其二："琵琶起舞换新声，总是关山旧别情，缭乱边愁听不尽，高高秋月照长城。"❹ 高适《部落曲》："日暮天山下，鸣笳汉使愁。"❺ 孟浩然《凉州词》："浑成紫檀金屑文，作得琵琶入云声。胡地迢迢三万里，那堪马上送明君。异方之乐令人悲，羌笛胡笳不用吹。坐看今夜关山月，思杀边城游侠儿。"❻ 戴叔伦《边城曲》："胡笳听彻双泪流，羁魂惨惨生边愁。"❼ 骆宾王《晚度天山有怀京邑》："旅思徒漂梗，归期未及瓜。宁知心断绝，夜夜泣胡笳。"❽ 等等。西域音乐所构成的边塞诗的独特旋律，使得中国诗歌传统呈现出不一样的风貌和韵味，也真切地呈现出情感融通的特征。

---

❶ 常任侠. 汉唐间西域音乐艺术的东渐研究 [J]. 音乐研究，1980（4）：8.
❷ 赵维平. 中国与东亚音乐的历史研究 [M]. 上海：上海音乐学院出版社，2012：97.
❸ 吴蔼宸. 历代西域诗钞 [C]. 乌鲁木齐：新疆人民出版社，1982：16.
❹ 吴蔼宸. 历代西域诗钞 [C]. 乌鲁木齐：新疆人民出版社，1982：8.
❺ 吴蔼宸. 历代西域诗钞 [C]. 乌鲁木齐：新疆人民出版社，1982：29.
❻ 吴蔼宸. 历代西域诗钞 [C]. 乌鲁木齐：新疆人民出版社，1982：10.
❼ 吴蔼宸. 历代西域诗钞 [C]. 乌鲁木齐：新疆人民出版社，1982：34.
❽ 吴蔼宸. 历代西域诗钞 [C]. 乌鲁木齐：新疆人民出版社，1982：5.

胡笳源于用牛羊角做成的吹奏乐器"觱"。❶ 岑参在《胡笳歌送颜真卿使赴河陇》一诗中：

> 君不闻胡笳声最悲，紫髯绿眼胡人吹。
> 吹之一曲犹未了，愁杀楼兰征戍儿。
> 凉秋八月萧关道，北风吹断天山草。
> 昆仑山南月欲斜，胡人向月吹胡笳。
> 胡笳怨兮将送君，秦山遥望陇山云。
> 边城夜夜多愁梦，向月胡笳谁喜闻。❷

唐代边塞诗人中对西域的审美表述以想象和揣测居多，"类皆捕风捉影"，只有岑参"句句从体验中来，从阅历中来"。❸ 在这首诗中，岑参倾其笔力，描绘了胡笳情通胡汉的巨大力量，同时又将征战、乡愁、别绪等贯穿其中，"诗"与"乐"融为一体，摇动人心

3. "马踏飞燕"作为跨文化的审美符号

1969 年武威雷台汉墓出的青铜器"马踏飞燕"，以其绝妙的构思、超然的想象、高超的工艺震惊世人。其中关于马所踩踏之飞鸟为何，不同领域的学者多有争议，但是对于马形象的现实原型，则基本上可以确定：当为西域尤其是大宛（今乌兹别克斯坦费尔干纳盆地）之"天马"。

"马"作为中国诗画中突出的审美意象，其源头与西域密切相关。作为农耕为主的地区，中原地区马为罕见物种。因此，张骞凿空之后，西域良马如乌孙马、大宛马、康居马、吐谷浑马、突厥马、敦煌马、蒙古马等源源不断输入内地，源于西域的良马骏骑极大地激发了人们的审美感知与激情。《史记·乐书》记载汉武帝"后伐大宛，得千里马，马名蒲梢，次作以为歌。歌诗曰：'天马来兮从西极，经万里兮归有德。承灵威兮降外国，涉流沙兮四夷

---

❶ 阴法鲁.丝绸之路上的音乐文化交流［J］.人民音乐，1980（3）.
❷ 吴蔼宸.历代西域诗钞［C］.乌鲁木齐：新疆人民出版社，1982：18.
❸ 郑振铎.插图本中国文学史（第二册）［M］.北京：人民出版社，1957：324.

服'"。❶《史记·大宛列传》又说："得乌孙马好，名曰'天马'；及得大宛汗血马，益壮，更名乌孙马曰'西极'，名大宛马曰'天马'云。"❷ 此后，"天马歌"在历代多有出现。李白《天马歌》曰"回头笑紫燕"，甚至比"马踏飞燕"更形象生动，趣味盎然。在大量的关于马的诗作中，杜甫《房兵曹胡马诗》对源于西域大宛的胡马着墨尤为出彩："胡马大宛名，锋棱瘦骨成。竹批双耳峻，风入四蹄轻。所向无空阔，直堪托死生。骁腾有如此，万里可横行。"❸

"马踏飞燕"实际上既是跨文化审美融合的产物，西域"胡马"尤其大宛"天马"是其原型。而从有形的青铜雕塑到无形的审美感知，实际上"马踏飞燕"的审美意味是带有普遍性的，引发着超越地理和文化界限的审美共鸣。岑参诗云："马疾过飞鸟，天穹超夕阳"❹（《武威送刘单判官赴安西行营便呈高开府》），"匹马随飞鸿"❺（《北庭贻宗学士道别》），"火山五月行人少，看君马去疾如鸟。"❻其震撼人心的美学蕴含，可见一斑。这也是"马踏飞燕"作为具有高度代表性和识别度的审美文化符号，后来成为中国旅游标志的美学内涵和价值所在。

四、结　语

整体来看，西域文化一方面具有"生产性"和"媒介性"，它通过东渐不断地推动着中原文化的发展；另一方面又具有倾向中原文化的"向心力"和"归属性"，不断地融入中原文化。这两方面的特征，使得"西域"在经历漫漫千年的历史消逝过程中，已经不再存在，却又无处不在。自公元前60年西域都护府设置以来，以新疆为主的狭义西域就已经大致置于中国的行政版图视野之中。从文化上来看，正如陈垣先生的考察，元代西域人在思想、文学、艺

---

❶ 司马迁. 史记 [M]. 北京：中华书局，1959：205.
❷ 司马迁. 史记 [M]. 北京：中华书局，1959：411.
❸❻ 吴蔼宸. 历代西域诗钞 [C]. 乌鲁木齐：新疆人民出版社，1982：30.
❹ 吴蔼宸. 历代西域诗钞 [C]. 乌鲁木齐：新疆人民出版社，1982：14.
❺ 吴蔼宸. 历代西域诗钞 [C]. 乌鲁木齐：新疆人民出版社，1982：15.

术、礼俗等已经全方位趋向于认同中原,这也是新疆作为中国不可分割的一部分的历史渊源与民心基础。而从文化间性与审美感性的角度来看,包括新疆在内的广义西域,已然融入我们今天所谓之"丝绸之路"的历史通道中,并且呈现出自身独特的文化蕴含和审美韵味。

由物性至符号：论蒲陶和天马的丝路文化旅行*

■ 王 莹

摘要：丝绸之路上的物质交换与文化交流、精神交往同时进行，这一现象在蒲陶（葡萄）和天马表现尤为集中。丝路大开，作为丝路异物的蒲陶和天马进入中原，二者在张骞的转述中褪去个人体验色彩，成为汉帝国想象丝路的符号。其后，在汉帝国对它们物质存在的占有中，其原初的物质性被消解，进而升华为汉帝国想象丝路的国家意识形态化的符号。在漫长的丝路文化旅行中，蒲陶和天马被固化入文本，成为完全中国化的审美意象。

关键词：蒲陶；天马；符号；物质性

众所周知，"丝绸之路"之名并非自古有之，兰州大学敦煌研究所王冀青认为，李希霍芬创造"丝绸之路"一词的学术渊源可追溯至托勒密《地理志》中所记载的"赛里斯之路"。[1] 德国地理学家李希霍芬在1877年出版的《中国》一书中，用此词指汉代连接我国西域腹地与中亚河中地区、印度之间以丝绸贸易为主的交通路线。其后，德国历史学家赫尔曼在《中国——根据自己的亲身旅行和在此基础上进行研究的结果》中多次、固定使用了"丝绸之路"这个词。他在进一步考察文献和考古资料的基础上，把此路线延伸到地中海东岸和小亚细亚，从而确定了丝绸之路的历史起止和地理范围：中国古代

---

* 作者简介：王莹，兰州大学文学院，博士，讲师，研究方向为中国美学、中国诗学。
基金项目：国家社科基金重大项目"丝路审美文化中外互通问题研究"（项目编号：17ZDA272）。
[1] 王冀青．关于"丝绸之路"一词的词源［J］．敦煌学辑刊，2015（2）：21-26．

横穿亚欧大陆的贸易、文化交流通道。❶

中西陆路文化、经济交流源远流长,远超现有文字所载范围。新疆地区的考古资料"说明在距今 3200 年前,新疆与其四周地区,尤其是与黄河流域的联系,已经是一种肯定的历史事实。而这种联系,以及与这种经济联系互为表里的交通路线,与后人定名为一条国际商道的'丝绸之路'是没有本质差别的"。❷ 其后汉武帝时张骞凿空西域,丝路在汉帝国强大国力和旺盛需求下方才保持畅通。我国文字史料中虽未使用"丝绸之路"这一名词,相关记叙却不绝如缕,《汉书·西域传》所载尤为精当:"西域以孝武时始通,本三十六国,其后稍分至五十余,皆在匈奴之西,乌孙之南。南北有大山,中央有河,东西六千余里,南北千余里。东则接汉,阸以玉门、阳关,西则限以葱岭。"❸ 这段话的描述与当今学术界对丝绸之路地理范围的界定基本一致。

经由丝绸之路这一贸易通道,中西文明交汇融通。关于丝绸之路上艺术交流的研究成果极为丰富。❹ 更重要的是,"在人类跨越时空、跨越地域和民族的交流中,最深刻的交流,是人类的文化认同、情感交流、民心相通。"❺ 贸易交换与文化交流相伴而行,物质交流与精神融合同生共存。在此过程中,蒲陶和天马是极为典型的个案,集中体现了丝路文化交流中,物质交流如何深化为文化融合的过程。

<h2 style="text-align:center">一、蒲　　陶</h2>

1. 作为物与转述的蒲陶

蒲陶即现代汉语中的"葡萄",《说文解字》中并无葡字,萄字意为"草

---

❶ [瑞典] 赫文·斯定. 丝绸之路 [M]. 江红,李佩娟,译. 乌鲁木齐:新疆人民出版社,1997:212-213.
❷ 王炳华. 丝绸之路考古研究 [M]. 乌鲁木齐:新疆人民出版社,1993:3.
❸ (汉) 班固. 汉书 [M]. 北京:中华书局,1962:3871.
❹ 程金城. 丝绸之路中外艺术交流研究综述 [J]. 丝绸之路,2016 (18):5-9.
❺ 程金城. 丝绸之路艺术与人类命运共同体意识——兼及"丝绸之路艺术学"刍议 [J]. 兰州大学学报 (社会科学版),2017 (2):63-68.

也",与今葡萄无关,南朝梁代的《玉篇》始载有葡萄一名。❶ 蒲陶最早见载于中文史料当在《史记·大宛传》:

> 骞身所至者大宛、大月氏、大夏、康居,而传闻其旁大国五六,具为天子言之。曰:大宛在匈奴西南,在汉正西,去汉可万里。其俗土著,耕田,田稻麦。有蒲陶酒……安息在大月氏西可数千里。其俗土著,耕田,田稻麦,蒲陶酒。❷

张骞于汉武帝建元二年(前139年)出发首使西域,至元朔三年(前126年)回归中原,凡十三年,其间两次被匈奴所俘虏,带着收集西域资料的目的,张骞亲身经历、见闻并言于天子者必然详尽。然而司马迁采撷文句载入史书者,于西域各国仅寥寥数句而已。这些记叙结构皆包含三部分:地理位置、风俗与生产、特殊物产。司马迁记下蒲陶酒作为特殊物产的代表,其重视可见一斑。其后班固写作《汉书》,重心转向了蒲陶酒的原材料,对种植蒲陶的丝路国家记叙稍详:

> 且末国,王治且末城,去长安六千八百二十里。户二百三十,口千六百一十,胜兵三百二十人。辅国侯、左右将、译长各一人。西北至都护治所二千二百五十八里,北接尉犁,南至小宛可三日行。有蒲陶诸果。❸
> 难兜国,王治去长安万一百五十里。户五千,口三万一千,胜兵八千人。东北至都护治所二千八百五十里,西至无雷三百四十里,西南至罽宾三百三十里,南与婼羌、北与休循、西与大月氏接。种五谷、蒲陶诸果。❹
> 罽宾地平,温和,有目宿,杂草奇木,檀、槐、梓、竹、漆。种五

---

❶ (清)段玉裁.说文解字注[M].上海:上海古籍出版社,1981:49.
❷ (汉)司马迁.史记[M].北京:中华书局,1959:3160. 学界以为《诗经》中的"葛藟"即蒲陶,不确。藟为葡萄科植物,并非通称之葡萄,详细考证可参吴厚炎.诗经草木会考[M].贵阳:贵州人民出版社,1992:8-13.
❸ (汉)班固.汉书[M].北京:中华书局,1962:3879.
❹ (汉)班固.汉书[M].北京:中华书局,1962:3884.

谷、蒲陶诸果，粪治园田。❶

大宛国，王治贵山城，去长安万二千五百五十里。户六万，口三十万，胜兵六万人。副王、辅国王各一人。东至都护治所四千三十一里，北至康居卑阗城千五百一十里，西南至大月氏六百九十里，北与康居、南与大月氏接，土地风气物类民俗与大月氏、安息同。大宛左右以蒲陶为酒，富人藏酒至万余石，久者至数十岁不败。俗耆酒，马耆目宿。❷

班固承续了司马迁的叙事逻辑，对地理位置、民俗与生产、特殊物产三方面各有侧重。大宛、安息等国民在定居习俗、农业生产如种植水稻麦子等方面"颇与中国同业"，而蒲陶这一中原所无之物成为他们共同关心的对象。司马迁与班固并未记载蒲陶作为水果的直接食用价值，而是作为酿酒原料记叙之，当是蒲陶在汉代的主要用途。对此，二人都进一步记叙："宛左右以蒲陶为酒，富人藏酒至万余石，久者数十岁不败。俗嗜酒。"❸ 这里的"俗"提醒我们，蒲陶对于汉代时的丝路人民而言，以其实用性构成日常生活的一部分，虽然蒲陶酒的多少甚至成为财富多寡的象征，但并未成为特殊的文化表征物。

2. 作为想象与象征的蒲陶

蒲陶作为罕见、遥远之物，张骞和司马迁对它的转述必然赋予其传奇色彩，进而抽离了其作为普通物品的物质性，淡化其日常色彩，蒲陶形象顺势成为对丝路各国文化进行想象的物性依托，而这种想象必然催生占有其物质现实的渴望，于是我们看到：

汉使取其实来，于是天子始种苜蓿、蒲陶肥饶地。及天马多，外国使来众，则离宫别观旁尽种蒲萄、苜蓿极望。❹

（贰师将军李广利）又发使十余辈，抵宛西诸国求奇物……汉使采蒲陶、目宿种归。天子以天马多，又外国使来众，益种蒲陶、目宿离宫馆

---

❶ （汉）班固. 汉书 [M]. 北京：中华书局，1962：3885.
❷ （汉）班固. 汉书 [M]. 北京：中华书局，1962：3894.
❸ （汉）司马迁. 史记 [M]. 北京：中华书局，1959：3173.
❹ （汉）司马迁. 史记 [M]. 北京：中华书局，1959：3173-3174.

旁，极望焉。❶

采撷蒲陶种子的是肩负王命的"汉使"，其采种行为以汉朝强大的国力、军力为依靠。蒲陶种被采摘后，其种植者亦是"天子"，即汉武帝。而采摘种子、大规模种植蒲陶的用途并非酿酒或食用，其作为物产的实际功用并未广为发挥，而是种植于宫殿旁。成书于东汉末曹魏初的《三辅黄图》记载："蒲陶宫，在上林苑西。"❷ 遍植蒲陶的宫殿被直接命名为蒲陶宫，为天子田猎练兵的私人禁苑。蒲陶成为仅供天子观赏之禁脔。

《汉书》又载："（汉哀帝）元寿二年，单于来朝，上以太岁厌胜所在，舍之上林苑蒲陶宫。"❸ 汉哀帝时国力衰退，无力在军事上战胜匈奴，只得将战胜匈奴的幻想寄托于蒲陶宫，蒲陶作为历史上汉国打败匈奴的战利品，成为汉朝臆想中再次战胜匈奴的工具。让匈奴的单于住进"厌胜"的屋子里，口口声声说这是尊敬他，心中却高高兴兴地记上了一笔阿Q式的优胜记略。

以上种种表明，作为国家行为，无论是汉朝国力强盛时采、种蒲陶的行为展示，还是衰退时借助蒲陶之名的幻想，皆是汉帝国国家意志的体现。司马迁说得好："且诚得而以义属之，则广地万里，重九译，致殊俗，威德遍于四海。"❹ 此种对遥远之物的物质性占有，成为汉朝统治者权力与文化扩展的征象，蒲陶也就从普通水果消去其物质本性，成了天子威德征服四海的象征，被塑造成为汉帝国国家意识形态的表征。

对于长久以来以盐铁为财富象征、使用谷物酿酒的汉代人而言，蒲陶与蒲陶酒带来了极大的惊奇感，天子玩物的身份又抬高了蒲陶的交换价值。《后汉书·宦者列传》载："（宾客）皆争以珍玩赂之。佗分以遗让，让大喜，遂以佗为凉州刺史。"李贤引《三辅决录注》曰："佗字伯郎。以蒲陶酒一斗遗让，让即拜佗为凉州刺史。"❺ 此东汉末年汉灵帝时事，孟佗以蒲陶酒行贿宦官张

---

❶ （汉）班固. 汉书 [M]. 北京：中华书局，1962：3894.
❷ 何清谷. 三辅黄图校注 [M]. 西安：三秦出版社，1995：183.
❸ （汉）班固. 汉书 [M]. 北京：中华书局，1962：3817.
❹ （汉）司马迁. 史记 [M]. 北京：中华书局，1959：3166.
❺ （南朝·宋）范晔. 后汉书 [M]. 李贤，等注. 北京：中华书局，1965：2534.

让以得刺史，可见蒲陶酒之罕见价高。其后虽经曹丕、陆机等人大力提倡，蒲陶酒依然并未普及。西晋张华《博物志》："西域有蒲萄酒，积年不败，彼俗云：'可十年饮之，醉弥月乃解。'"❶ 这是将蒲陶酒作为服食养生之物看待。《新唐书》亦载："（陈叔达）尝赐食，得蒲陶不举，帝问之，对曰：'臣母病渴，求不能致，愿归奉之。'帝流涕曰：'卿有母遗乎？'因赐之。"达官贵人平日亦难觅蒲陶，唯君主恩赐方得一见，可见由汉至唐初蒲陶皆甚为罕见，这种珍稀感使物的惊奇逐步转化为审美惊奇。❷

就原产丝路诸国的蒲陶进入中国文化的历程而言，"历史是建构，是叙事，这叙事既展现了现在又展现了过去。历史文本是文学的组成部分。"❸ 兼具审美惊奇和想象性与意识形态性的蒲陶，也就获得了从历史文本进入文学文本的可能性。亦因其稀缺，汉代文学中对蒲陶关注较少，先看司马相如的《上林赋》：

> 于是乎卢橘夏熟，黄甘橙楱，枇杷橪柿，亭奈厚朴，梬枣杨梅，樱桃蒲陶，隐夫薁棣，荅沓离支，罗乎后宫，列乎北园。崐丘陵，下平原，扬翠叶，扤紫茎，发红华，垂朱荣，煌煌扈扈，照曜钜野。❹

司马相如将"大一统"作为自觉的文化追求，在《上林赋》中，他虚拟"亡是公"，极言上林苑恢宏巨丽的物像，更塑造了他理想中的"天子""圣王"形象："出德号，省刑罚，改制度，易服色，革正朔，与天下为始"，"游于六艺之囿，驰骛乎仁义之途"，"德隆于三皇，功羡于五帝"等。上林苑中的巨丽图景超逾楚之云梦泽、齐之海滨苑囿，蒲陶在其中和方国异物相并置，

---

❶ 张华. 博物志校证 [M]. 范宁, 校证. 北京：中华书局, 1980：64.
❷ 欧阳修, 宋祁. 新唐书 [M]. 北京：中华书局, 1975：3925.《隋书》和旧、新《唐书》皆记载西域高昌国盛产葡萄酒。当时汉族人中，只有与西域毗连的凉州（今甘肃西部）才仿造葡萄酒。中原地区酿造蒲陶酒则迟至唐代方才开始，《南部新书》记载："太宗破高昌，收马乳蒲桃种于苑，并得酒法，仍自损益之，造酒绿色，芳香酷烈，味兼醍醐，长安始识其味也。"［（宋）钱易. 南部新书 [M]. 黄寿成, 点校. 北京：中华书局, 2002：32.］北宋末年，朱翼中所著《北山酒经》所载的葡萄酒仍以粮食为主料，以葡萄和杏仁为辅助香料制成的酒。直到明代，纯粹的葡萄酒才在内地广泛酿造。
❸ 张进. 通向物质性诗学 [J]. 文艺理论研究, 2013 (4)：11-18.
❹ 金国永. 司马相如集校注 [M]. 上海：上海古籍出版社, 1993：56-57.

正表征着这天子与汉帝国的强势声威。

李尤的《德阳殿赋》笔法、用意与《上林赋》略同:"葡萄安石,蔓延蒙笼,橘柚含桃,甘果成丛。文枕曜水,光映煌煌。"❶ 蒲陶被作为珍奇水果装饰着帝王的宫殿。汉赋中写到蒲陶的意境略有变化的是东汉末张衡的《七辩》:

> 雕华子曰:"玄清白醴,蒲陶醲庐。嘉肴杂醢,三鬻七菹。荔支黄甘,寒梨乾榛。沙饧石蜜,远国储珍。"❷

张衡自拟为意欲避世而居的无为先生,虚构了虚然子、雕华子等七位辩士与之对话。文中辩士们各以令人瞠目的语言描述人间美妙诱人的庭院、美味、音乐、美人、衣饰、美景,但这些世俗享受并未打消无为先生的出世之志。直至髳无子将前几位辩士描述的景象都归入汉朝帝王的功绩,髳无子曰:"在我圣皇……然后建明堂而班辟雍,和邦国而悦远人。化明如日,下应如神。汉虽旧邦,其政惟新。"❸无为先生方才幡然悔悟。蒲陶虽然罕见,却也泯然于其他水果,成为皇帝"和邦国而悦远人"的证据。至此,蒲陶这一丝路奇物丧失其独特性和历史意义,成为天子"周览泛观,瞋盼轧沕"的对象而"罗乎后宫,列乎北园"(《上林赋》),被淹没在众多中原物种之中,并在唐诗中借助李白等诗人的宣扬,成为中国文学的常见意象。

综上,我们大致梳理了蒲陶在丝路交流中的样态流变过程,它从张骞之见闻体验经转述成为汉帝国的国家想象,在汉帝国大一统的国家意识形态下,蒲陶的物质性被吸纳入文本,成了天子威德征服四海的想象性象征,最终固化入历史和文学文本成为审美意象。

二、天　马

与蒲陶原为丝路奇物不同,马是中国人最早驯服的家畜之一,中国也成为

---

❶ (唐)欧阳询.艺文类聚[C].上海:上海古籍出版社,1965:1122.
❷❸ 严可均校辑.全上古三代秦汉三国六朝文[M].北京:中华书局,1958:775.

世界上最早养马的国家之一。《尚书·甘誓》为夏王启讨伐有扈氏的誓师词，最早记载了马的战争用途："左不攻于左，汝不恭命。右不攻于右，汝不恭命。御非其马之正，汝不恭命。"❶ 商代养马已然颇具规模，马被大量用于祭祀、战争、农业生产等场合，❷《诗经》中对马的描绘更是蔚为大观。《周易·系辞下》总结马的地位和作用说道："服牛乘马，引重致远，以利天下。"❸ 可见在张骞"凿空西域"之前，马在中国文化中的物质存在、审美意象、美感经验和文本表达已然基本定型。

1. 作为物质的"天马"

西汉王朝对马的良种引入和品种的改良不遗余力。张骞凿空西域之前，丝路良马已然进入中原，敦煌悬泉置汉简记录了西域国家向汉朝进贡献马匹的情况：

> □守府卒人，安远侯遣比胥健……者六十四人，献马二匹、橐他十四、私马。□名藉畜财财物。（A）❹

不同于蒲陶经平淡的转述被动地引进中国文化，西汉王朝对马的良种引入和品种的改良更出于军事上的主动需求。众所周知，丝路良马进入中原，是汉帝国与大宛等丝路各国绵延不绝的残酷战争的结果，《汉书·西域传》的记载可见一斑：

> 于是天子遣贰师将军李广利将兵前后十余万人伐宛，连四年。宛人斩其王毋寡首，献马三千匹，汉军乃还，语在《张骞传》。……宛王蝉封与汉约，岁献天马二匹。汉使采蒲陶、目宿种归。❺

---

❶ （唐）孔颖达.尚书正义［M］.北京：北京大学出版社，2000：207.
❷ 此类研究成果颇多，可参看：王宇信.商代的马和养马业［J］.中国史研究，1980（1）：99-108；连劭名.商代的马［J］.人文杂志，1998（2）：92-94.
❸ （唐）孔颖达.周易正义［M］.北京：北京大学出版社，2000：354.
❹ 胡平生，张德芳.敦煌悬泉汉简释萃［M］.上海：上海古籍出版社，2001：123.
❺ （汉）班固.汉书［M］.北京：中华书局，1962：3895.

其后，每一批大宛好马都耗费极大的民力、财力才能到达中原：

> 而天子好宛马，使者相望于道，一辈大者数百，少者百余人，所赍操大放博望侯时。其后益习而衰少焉。汉率一岁中使者多者十余，少者五六辈，远者八九岁，近者数岁而反。❶❷

以残酷的战争为背景和铺垫，这些数量稀少的良马最初被赋予传奇色彩，《史记·大宛列传》载："初，天子发书《易》，曰'神马当从西北来'。"❷丝路良马未进入中原已被称为"神马"。丝路良马的生活环境也与凡马大异："又尝得神马渥洼水中"，李斐注曰："南阳新野有暴利长，当武帝时遭刑，屯田燉煌界。人数于此水旁见群野马中有奇异者，与凡马异，来饮此水傍。利长先为土人持勒靽于水傍，后马玩习。久之，代土人持勒靽，收得其马，献之。欲神异此马，云从水中出。"❸

其后，丝路良马的传说经过两个阶段的文化旅行，在中国文化中奠定其神圣地位。首先是经由对生物特性的独特命名和血缘的神化。丝路良马被命名为《山海经·北次三经》中的异兽"天马"："马成之山……有兽焉，其状如白犬而黑头，见人则飞，其名曰天马，其鸣自訆。"❹命名不是经验的归纳，更无现实尺度的限制，因而命名即是指明或宣称某物，并给予事物其在特定文化中的存在状态和地位。文本的描述则赋予此神话以生理和物质依托。《史记·大宛列传》载：

> 多善马，马汗血，其先天马子也。《汉书音义》曰："大宛国有高山，其上有马，不可得，因取五色母马置其下，与交，生驹汗血，因号曰天马子。"❺

---

❶❷ （汉）司马迁. 史记 [M]. 北京：中华书局，1959：3170.
❸ （汉）司马迁. 史记 [M]. 北京：中华书局，1959：1178.
❹ 袁珂. 山海经校注 [M]. 四川：巴蜀书社，1992：104.
❺ （汉）司马迁. 史记 [M]. 北京：中华书局，1959：2160.

《汉书·西域列传》则基本沿用了这种说法：

> 宛别邑七十余城，多善马，马汗血，言其先天马子也。孟康曰："言大宛国有高山，其上有马不可得，因取五色母马置其下与集，生驹，皆汗血，因号曰天马子云。"❶

天马血缘被追溯至缥缈不可得的野马，正如福柯所说："体制……将开端神圣化，用关注和静默将其围绕，并强加仪式化的形式于其上。"❷ 开端的神圣保障了天马在《史记》到《汉书》跨度凡两百余年的文本中获得一以贯之的神圣意义，成功地创建了独一无二的审美惊奇，并顺势成为文学描写的对象。

2. 作为意识形态表象的天马

汉代文学歌咏天马的代表诗作有两组，我们先看第一组：

> 其一：太一贡兮天马下，沾赤汗兮沫流赭。
> 骋容与兮跇万里，今安匹兮龙为友。
> 其二：天马来兮从西极，经万里兮归有德。
> 承灵威兮降外国，涉流沙兮四夷服。

这两首诗见于《史记·乐书》，为汉武帝改革国家祭祀体系时所创，搬演于甘泉宫，接受祭祀者为最高神灵太一，承载了汉武帝文化统一的雄心，其祀仪节极其隆重。❸ 第一首作于初得神马之时，在祭祀搬演次序上"复次以为《太一之歌》"，仅仅排在祭祀太一的主乐之后，地位崇高。这首诗以天马的神圣诞生起始，紧接着两句描绘其不同凡马的英姿，以对天马的歌颂做结，笔法整饬，句中皆以"兮"字连接，极具《楚辞》风范。刘勰《文心雕龙》言：

---

❶ （汉）班固. 汉书［M］. 北京：中华书局，1962：3894-3895.
❷ 许宝强，袁伟选编. 语言与翻译的政治［M］. 肖涛，译. 北京：中央编译出版社，2001：2.
❸ 王伯中. 神灵世界：秩序的构建与仪式的象征——两汉国家祭祀制度研究［M］. 北京：民族出版社，2000：189-232.

"朱马以骚体制歌",即指《天马》文风。❶ 清人叶矫然《龙性堂诗话初集》则云:"汉《郊祀词》幽音峻旨,典奥绝伦,体裁实本《离骚》。"❷ 初得天马颇具偶然性,其不同于中原马种的物质性是汉人审美惊奇之源泉,因此第一首并未渲染天马的政治意味。此诗末句尤其值得注意,龙与天马的形象亦是汉画像砖的常见主题中,其图案往往双龙交错腾飞于骏马之上,❸ 正是此诗的形象化描绘。

第二首在内容上则截然不同,写作此诗的背景为"后伐大宛得千里马,马名蒲梢,次作以为歌"。❹ 全诗3/4的内容皆旨在歌颂汉天子与汉帝国的荣光,盖因这时的天马已然是汉帝国征伐大宛的战利品,其物质性已然无关紧要,其全部意义在于引导各民族人民对汉帝国的文化认同,印证天子一统四海的丰功伟业。对此,司马迁有着清晰的认识:"故礼以导其志,乐以和其声,政以一其行,刑以防其奸。礼乐刑政,其极一也,所以同民心而出治道也……如此则四海之内合敬同爱矣。"❺ 用于郊祀的《天马歌》最重要的价值,正是"同民心""出治道"而已。

《汉书·礼乐志·郊祀歌》记录了十九首郊祀乐歌,其中的第十首正是关于"天马"的颂歌,这首颂歌由两部分组成:

> 其一:太一况,天马下,
> 沾赤汗,沫流赭,
> 志俶傥,精权奇,
> 籋浮云,晻上驰,
> 体容与,迣万里。
> 今安匹?龙为友。
>
> (元狩三年,马生渥洼水中作。)

---

❶ 范文澜. 文心雕龙注 [M]. 北京:人民文学出版社,1962:101.
❷ 郭绍虞. 清诗话续编 [M]. 上海:上海古籍出版社,1983:952.
❸ 常任侠. 中国美术史全集·画像石画像砖 [M]. 北京:人民美术出版社,2015:48.
❹ (汉)司马迁. 史记 [M]. 北京:中华书局,1959:3178.
❺ (汉)司马迁. 史记 [M]. 北京:中华书局,1959:1189.

这部分与《史记·乐书》所载大致相当，整首诗的大意依然从天马的神圣诞生颂起，继之以描绘天马与众不同的特质：它奔驰时流出的汗是血红色的，它的状态不同凡响，它的志向俶傥洒脱，它步伐轻盈，踏着浮云一晃奔驰万里，凡间没有什么马可以与它匹敌，唯有神龙才配做它的朋友。所不同者，此处的《天马歌》脱去了句中的"兮"字，将《楚辞》笔法变为整饬的乐府形制，并增加了"志俶傥，精权奇，籋浮云，晻上驰"四句。增加的内容进一步描绘天马的神异，于诗意而言并无结构性变化，却是汉代人对天马形象的进一步想象。1969年出土于甘肃省武威雷台东汉墓的铜制雕塑"马踏飞燕"，其马匹的造型头小颈长，胸部宽厚有力，四肢修长腾跃，与秦始皇兵马俑坑所塑造的体矮腿短的中原马种截然不同，正可与《天马歌》辉光相应。

《汉书》所载《天马歌》的第二部分与《史记》所载颇为不同：

> 其二：天马徕，从西极，涉流沙，九夷服。
> 天马徕，出泉水，虎脊两，化若鬼。
> 天马徕，历无草，径千里，循东道。
> 天马徕，执徐时，将摇举，谁与期？
> 天马徕，开远门，竦予身，逝昆仑。
> 天马徕，龙之媒，游阊阖，观玉台。
>
> （太初四年，诛宛王获宛马作。）

这首诗与《史记》所载相比，除了二者清晰可辨的词句差异之外，更有结构性不同。如果说前作中的天马仅仅是供人瞻仰的对象化事物，这里的天马则一变而成为借以飞天遨游的伙伴和媒介，"开远门，竦予身，逝昆仑"后，文颖注曰："言武帝好仙，常庶几天马来，当乘之往登昆仑也。"❶ 在山东滕县王开村出土的东汉画像砖中，西王母飘浮云端，天马驾车昂然腾跃，正可与此句诗相互印证。❷ 应劭注"龙之媒，游阊阖，观玉台"则曰："言天马者乃神

---

❶ （汉）班固. 汉书［M］. 北京：中华书局，1962：1061.
❷ 常任侠. 中国美术史全集·画像石画像砖［M］. 北京：人民美术出版社，2015：25.

龙之类,今天马已来,此龙必至之效也。阊阖,天门。玉台,上帝之所居。"❶毫无疑问,那将要驾着天马直通昆仑山、登天门、去观赏上帝居所之人,必定是汉武帝无疑。

综合来看,《天马歌》文辞多古奥太过,其文学价值并不突出,司马迁评价汉代郊祀歌说:"通一经之士不能独知其辞,皆集会《五经》家,相与共讲习读之,乃能通知其意,多《尔雅》之文。"❷ 但班固所记叙的"立乐府"的政治、文化功能更为重要:"至武帝定郊祀之礼,祠太一于甘泉……乃立乐府,采诗夜诵,有赵、代、秦、楚之讴。"❸ 这里体现出的是"王者功成作乐"的文化大一统意图,《天马歌》及其流传下来的天马意象,不过是汉帝国政治、军事、文化大一统象征而已。"不可把语言视作'表达'、'反映'或抽象的系统,而应视为生产的物质手段,借助于它,符号的物质形体在社会冲突和对话的过程中转换为意义。"❹ 经由天马歌,作为物质事实的天马成功地从附着于皇帝意志,在中国政治体制和文化系统中占据一席之地,成为政治大一统和文化凝聚力的象征。

自《天马歌》之后,天马成为中国文学和美术的固定意象,历代以"天马"为名的诗作数不胜数。汉代文学中颇可注意者并不多,李尤《平乐观赋》写道:"天马沛艾,鬣尾布分。尔乃太和隆平,万国肃清。殊方重译,绝域造庭。四表交会,抱珍远并。"❺ 张衡《东京赋》写道:"龙雀蟠蜿,天马半汉。"❻ 这些文字中,天马意象和众多远方奇物泯然并置,其审美惊奇的丧失,亦可看作汉帝国完成政治、文化一统的结果。

---

❶ (汉)班固. 汉书 [M]. 北京:中华书局,1962:1061.
❷ (汉)司马迁. 史记 [M]. 北京:中华书局,1959:1177.
❸ (汉)班固. 汉书 [M]. 北京:中华书局,1962:1045.
❹ [英]特里·伊格尔顿. 文学原理导论 [M]. 刘峰,译. 北京:文化艺术出版社,1987:140.
❺ (唐)欧阳询. 艺文类聚 [M]. 上海:上海古籍出版社,1965:1134.
❻ 严可均. 全上古三代秦汉三国六朝文 [M]. 北京:中华书局,1958:765.

三、结　　语

"丝绸之路的价值体现,是经过丝路所进行的东西方经济、文化交往。"❶但就汉代文献资料所载而言,丝绸之路上各国的文化似尚未对强大的汉帝国产生实质性影响,汤因比在《人类与大地母亲———部叙事体世界历史》中曾言:"人类是与生物圈身心相关的居民……但是,人类还具有思想,这样,它便在神秘的体验中同'精神实在'发生着交往,并且与非此世界具有的'精神实在'是统一的。"❷汤因比所说人的精神实在交流,在汉朝与丝路各国的交流中,更多地表现为汉代统治者从国家大一统需要出发,有意识地占有、改造丝绸之路上各国的物质、文化,使其成为汉代国家意识形态的组成部分。蒲陶和天马经历了共同的文化旅行,它们由个人的体验被转述成为想象,进而在对其物质事实的占有中消解了它们原初的物质性,使之作为象征国家意识形态的符号被固化入文本,成为文学史与美术史中经典的审美意象,留下了不朽的艺术典范。

---

❶ 荣新江. 丝绸之路与东西文化交流[M]. 北京:北京大学出版社,2015:5.

❷ [英]阿诺德·汤因比. 人类与大地母亲———部叙事体世界历史[M]. 徐波,等译. 上海:上海人民出版社,2001:529.

敦煌文化的再活态化与文化误读[*]

■ 崔国清　蔡梦云

摘要: 敦煌学是 20 世纪的显学,但是只拘泥于"敦煌"文献的研究,敦煌学的文化本体一直未见繁荣,敦煌逐渐由一个开放的异质丰盈的空间变成封闭的同质僵化空间、由活态文化变成固态文化,并因而丧失与普通人日常生活之间的积极而活跃的关联。敦煌文化要想实现再活态化,不仅要研究原生的敦煌,还要研究次生的敦煌,以不断的"文化误读"的姿态,实现敦煌文化的再次复兴。

关键词: 数字供养人;活态文化;次生敦煌

坐落在河西走廊的莫高窟是丝绸之路的文化要塞,被誉为 20 世纪最有价值的文化发现。由此衍生的敦煌学迅速成为 20 世纪以来的显学,相关的研究机构也雨后春笋般涌现出来,加上流散在世界各地的敦煌文物和相关的研究者,形成"敦煌学在世界"的局面。但是,为什么"敦煌学"成为世界"显学",而敦煌文化本身未见繁荣?为什么敦煌衍生话语增多,但敦煌文化的本体内容似在日渐衰微?在今天,敦煌文化成为一个固态的文化标本被保存,呈现为书本性的、普遍性和抽象性的知识范式,和人们的日常生活相去甚远。历史上,敦煌作为一个混杂的空间,是各种文化碰撞的场所,具体到人们的日常生存实践中,体现着民间的、地方性的、实践性的智慧。这种文化品格是通过言传身教的活态过程传承的,是一种集体制作,而不是个人的发明。如果敦煌

---

[*] 作者简介:崔国清,西北师范大学文学院副教授,主要研究方向为西方文论;蔡梦云,读者出版集团有限公司。
基金项目:国家社科基金重大项目"丝路审美文化中外互通问题研究"(项目编号:17ZDA272)。

学研究完全局限在"敦煌文献"的文本研究,则是抛弃活态的生活内容。

敦煌从其固态的时空范围来看,从公元 366 年开凿至今,有 1600 多年的存在历史,空间跨度在方圆 100 多公里以内,但是,活态敦煌远大于这个时空范围,其内容涉及范围甚至遍布全球。"地理敦煌"的范围远不及"文化敦煌"的范围大,局限于前者的研究可能忽视其日常生活和活态文化底基。值得注意的是,敦煌石窟中所反映出来的生活现实是跨地域、超国界、跨文化的。这是一个全球地方化的特殊的活态空间。在巨大的时间跨度上,对实体性的敦煌艺术的丰富和发展主要在前 1000 年,此后的 600 年几无扩充。这种现象背后的原因复杂,有待于进一步地史料发掘。笔者认为,大致来看,是因为敦煌在这 600 年内逐步失去了其与普通人的"活态文化"的积极关联。

莫高窟从其风格演变的角度,大体可分为四个时期:北朝、隋唐、五代和宋、西夏和元。在北朝时期,莫高窟向中外文化空间开放,佛像端庄肃穆,显示出西域佛教的特色;隋唐时期,唐王朝开放兼容的国策使得莫高窟进一步向多重文化空间开放,迎来了莫高窟发展的全盛时期,其佛像逐渐本土化,即内容面貌更加中原化,比如中唐时期制作的第 79 窟呈现半跪坐姿的胁侍菩萨,头上合拢的两片螺圆发髻,正是当时平民的发型。到了五代、宋时期,莫高窟向统治势力开放,从晚唐到五代,统治敦煌的张氏和曹氏家族由于崇尚佛教,为莫高窟出资较多,因此供养人画像在这一阶段大量出现。此时莫高窟不仅是佛教圣地,同时成为达官贵人以斋会为名进行交际娱乐的场所。到了西夏、元代时期,敦煌逐渐走向没落,多为改建和修缮前朝的洞窟,并逐渐丧失供养人。1358~1900 年,莫高窟处在无人管理的荒废时期。敦煌逐渐由开放的异质丰盈的空间变成封闭的同质僵化空间、由活态文化变成固态文化,并因而丧失了与普通人日常生活之间的积极而活跃的关联,其结果是,敦煌不再是一个"熟悉化"的所在,而是一个"陌生化"的殿堂。敦煌文化不再是一个生活的天地,而只是一个艺术孤岛。它不是因为太宗教化而是宗教氛围淡出,不是因为世俗化,恰恰是因为世俗日常生活与它漠不相干。

在敦煌文化的发展历程中,在北朝时期与隋唐时期,敦煌文化达到鼎盛,可以称为盛期敦煌文化时期。在这个时期,敦煌文化空间的开放性很强,中原文化尤其是其中民间元素的比重较大,供养人的存在占据的比重也较大。这说明盛期敦煌文化与时人的活态文化关联度较高。敦煌文化的没落需要一个"传统的发明"❶ 过程将其再活态化。

活态文化（lived cultures）最早是由英国文化理论家雷蒙·威廉斯提出的术语，认为文化包含三个层次：层次一是特定时空之下的活态文化，只有生活在那个时空中的人才能完全了解；层次二是各种形式的文化记录，从艺术到绝大多数日常事件都包括在内，即某一时代的文化；层次三是"选择性传统"的文化，旨在将活态文化和某一时代的文化联系起来。活态文化涵盖的范围最大限度地整合了人类文明发展的历程，口耳相传的口头文化时代、书本文化时代、电子传媒时代。在传统的审美文化史上，文化被视为一种纯然精神性的活动，文化研究在威廉斯之后完全解禁，包容一切的维度凸显出来，威廉斯取了文化的最大概念的外延，随着精英文化在后现代，以及高等文化、雅文化受到冲击，日常文化也就是立足于每个人体验的活态文化站到文化的中心地位。活态文化即是对人类生活具有重要价值的活着的和活过的文本与实践。再活态化文化既是原始活态文化的精神延续，也是对文化中某些长期受到压抑的方面的特殊强调。敦煌文化作为一个曾经在历史上极度繁荣的文化形态，其成就源于其活态品格，要想实现本体的繁荣，再活态化是其必然出路。

一、从市井供养人到数字供养人

敦煌文书中包含大量的日常生活场面，❷ 这些场面是敦煌文化繁荣发展的民间生活基础。以清明节为例，古老的敦煌壁画中蕴藏着丰富的清明气象。莫高窟第 217 窟南壁，这幅青绿山水图像，其中一行三人，前有引导者，后有两人乘骑前行，仿若一幅"春游图"。莫高窟第 23 窟北壁，排除其宣扬平等佛慧等宗教因素，这也是一幅难得的古代"雨中春耕图"。莫高窟第 285 窟南壁

---

❶ "那些表面看来或者声称是古老的'传统'，其起源的时间往往是相当晚近的，而且有时是被发明出来的。"[英] E. 霍布斯鲍姆，T. 兰杰. 传统的发明 [M]. 顾杭，庞冠群，译. 南京：译林出版社，2008：1.

❷ 以 P.2105 所写的《无常经讲经文》第四首末尾为例："更拟说，日西垂，坐（座）下门徒各要归，忽然逢着故醋担，五十笊子两旁篾。"这一俗讲描述的就是市井的寻常生活。颜廷亮. 敦煌文学 [M]. 兰州：甘肃人民出版社，1989：255.

画面有一株垂柳，古代清明有"折柳"习俗，寓意插柳辟邪，同时祈愿友人在别离后，能像离枝的柳条生根发芽，随遇而安。

丰富多样的供养人大量出现在敦煌文化遗存中，藏经洞之所以能够保存到今天，也与供养人密不可分。其中有宗教供养人士的塑像，甚至包括"伎"都成为敦煌壁画中的人物。但在宋、元时期，供养人的身份变得单一化，主要以权势阶层为主，而且数量减少。有人认为："莫高窟佛画、佛塑的世俗化或曰写真化导致了敦煌莫高窟的自我解构。"❶ 其认为市井人物变成菩萨的形象是对佛教神明的亵渎。事实上，供养人是莫高窟真正的缔造者，世俗化不会造成莫高窟的解构，唐代这种"过度世俗化"并未导致敦煌文化的衰落，恰恰相反，这使它更上层楼、影响广播。正是因为大量的"伎"的形象出现，说明那时的敦煌文化与人们的活态生活密切相关，那时的敦煌是开放的狂欢空间。《蒙娜丽莎》的模特，有人认为就是"伎"；《欧米哀尔》的模特是老妓女，但这无损其审美价值。

供养人逐渐淡出，并不仅仅造成敦煌研究和保护的费用的短缺，它可能导致敦煌文化失去与民间社会和活态文化之间的血肉关联。以史为鉴，今天的敦煌学在政府的资助下如日中天，但敦煌文化却难说有了起色。敦煌文化的民间基础还在继续衰落萎缩。现在的敦煌被政府垄断"包养"，其中没有信众和供养人参与，甚至没有宗教人士，丧失了其仪式仪规，完全固态化了。面对这种文化局面，人们再也无法通过"模仿"传统文化资源应对当下现实，而必须立足于现实，利用发达的网络信息资源，进一步盘活敦煌的文化。比如尝试从市井供养人到数字供养人。古代敦煌的供养人是指那些为了虔诚奉佛，远道来到敦煌出资出力开窟造像，供养诸佛的捐助者，同时这些捐助者也为了名垂后世，在洞窟中画上自己的画像。其供养人上至名门望族，下至市井乡民包含各个社会阶层。

而现在供养人的形态正在悄悄发生着变化。数字供养人是不久前上线的互联网公益项目，目的是筹集资金对莫高窟进行数字化保护，2017年年底，敦

---

❶ 王建疆. 敦煌艺术：从原生到再生——兼议著名大型乐舞《丝路花雨》成功演出30周年［J］. 甘肃社会科学，2009（5）.

煌研究院与腾讯达成战略合作,启动"数字丝路"计划,将最新科技和文创创意应用于敦煌文化的保护与传播,音乐、漫画、游戏……都是年轻人乐见的方式,第一个落地的项目就是"供养人"。"供养人"的概念源自1650多年前,丝绸之路上的古人为寻求护佑与指引,在敦煌出资开窟,这些出资者被称为"供养人"。现在,用户通过点击互动,就能了解"供养人"文化,并随机奉上打赏金额,随机获得"智慧锦囊"。比如,敦煌莫高窟第71窟的初唐壁画,原解为"菩萨身体微微前倾,作思考状",由此提炼出一个智慧锦囊,妙语为"你认真思考的样子,自带主角光环",古老的文化瞬间变"潮"。"智慧锦囊"由敦煌研究院精选30余幅壁画局部,并标注原解,再结合现代人熟悉的生活场景和语言形式,形成一系列智慧妙语。丝绸之路旅游近年来日渐升温,来敦煌的游客以每年23%的速度增长,其中很大一部分是学生和年轻人。敦煌以佛教文化为主,年轻人对此如果所知甚少,就只能看到眼前眼花缭乱的形象,而无法理解深层内涵,数字供养人是一个敦煌文化活态化的有益尝试。

二、从原生敦煌到次生敦煌

实体的敦煌是有限的,但再生的敦煌文化是无限的,在"丰裕文化"时代,文化资源日益"过剩",敦煌审美文化已经不是作为"稀缺"文化资源,人们遵循着"丰裕哲学"而从事文化活动。面对这种文化局面,人们再也无法通过"模仿"传统文化资源应对当下现实,而必须通过"传统的发明"或"文化误读"来"创生"。"文化误读"这一概念取自哈罗德·布鲁姆的误读理论,在布鲁姆看来,"误读"不仅是一种对抗式的阅读方法,更是一种主体的创作策略,是读者的有意偏离,是一种诗学影响。误读的"误"实则表明一种"逆反"的思路,"反"同"返",一种反叛传统又返回传统的态度。文化误读是敦煌文化活态化的策略,文化误读是以对抗、竞争的视角来看待其他域外文化主体、事物和各种现象。这既不是"拿来主义",也不是"拒绝主义"。敦煌文化的成就缘于其误读品格。敦煌文化是域外文化本土化的经典范例,在历史上,丝绸之路就是一条误读之路。

在敦煌审美文化再活态化过程中,"舞剧"这种特殊的形式充当了先头兵，也取得了举世瞩目的艺术成就。当然，这种对"传统的发明"是依据社会现实而展开的，是社会现实的需要。因此，当代文化现实的"需要"决定了文化再活态化的基本方式。我们结合现实需要对几种主要再生的敦煌艺术作主题和叙事模式分析。大型民族舞剧《丝路花雨》是以举世闻名的丝绸之路和敦煌壁画为素材创作的。它以中国唐朝极盛时期为背景，歌颂了画工神笔张和歌伎英娘的光辉艺术形象，描述了他们的悲欢离合以及与波斯商人伊努斯之间的纯洁友谊。《丝路花雨》曾先后在20多个国家和地区演出，深受好评，被誉为"中国民族舞剧的典范"。舞剧的主题是跨国友谊，顺应20世纪70年代末国人生活领域"改革开放"、与外国人交朋友、相互信任并和平贸易的潮流。叙述的是主人公"如愿以偿"的故事，类乎崇高，从失败走向胜利，从胜利走向更大的胜利。敦煌文化元素密集出现，但主题切近日常生活，而不够紧密。除舞剧外，其他文艺形式中由敦煌文化衍生的力作则更少。以《大梦敦煌》为例，青年画师莫高酷爱绘画，才华横溢，把自己的作品看得比生命还珍贵。为追求艺术的最高境界，他独自前往敦煌，一个装有画工工具的布包和一幅画是他的全部家当，他在穿越大漠的途中遇到风暴生命垂危，被偶然路过的女子月牙所救。不久，他们再次在敦煌相逢，萌生爱情，却遭月牙之父大将军反对，逼迫月牙在王公巨贾中招亲。为了爱，月牙星夜出逃，与莫高在洞窟相会，大将军率军包围。在血与火的面前，月牙再次拯救了莫高，却付出了生命的代价。月牙走了，莫高悲痛万分，他用颤抖的手把月牙留给他的唯一东西——水壶打开，轻轻地把水洒到月牙身上，顷刻间，月牙的身躯化成一泓月牙形的清泉，永不干涸，这就是后来沙漠中神奇的泉水——月牙泉。而莫高以泉润笔，用毕生的心血，在巨大的悲怆中完成了艺术的绝唱——莫高窟壁画。莫高窟千年不朽，月牙泉万代不涸；艺术、爱情；永远相伴、相守……这部剧的主题是坚贞爱情，针对90年代以来商业大潮和特权集团对国人感情生活和精神追求的侵袭，歌颂受到伤害和牺牲失败的爱情。情节模式和审美形态为悲剧，这是一类讲述"法则启示"的故事，展示人生中不可避免的牺牲失败，尤其是"钱权交易"时代，追求人文的代价。敦煌文化元素密集出现，但主题切近日常精神生活和当代社会现实。

目前已经产生的再活态化的艺术，审美形态和情节编排模式上亦显得单一，喜剧和讽刺剧的领域内还没有出现力作。除舞剧外，其他文艺形式中由敦煌文化衍生的力作则更少。敦煌文化的"再活态化"应该继续扩充"误读"的视阈。其误读的方式主要包括以下四种："再现""阐连""挪用""流通"。"再现"（representation）主要是狭义的"敦煌学"的任务，以真实"再现"为主，要求考证、实证、严谨、科学、学理化和体系化。尽管有敦煌学全面研究敦煌，但尚未在文献材料与时人的生活之间建立活跃的关联，尽管敦煌学内部已有多个分支学科，但尚无一门"敦煌美学"来系统研究其中的审美文化。这导致我们在对敦煌文化的认识上尚有空白。"阐连"（articulation）主要是当代文艺工作者的任务，它需要以艺术的形式将敦煌文化与今天的生活实践和重要困惑"表达—连接"起来。我们在这方面已经取得了举世瞩目的成就，如《丝路花雨》《大梦敦煌》等，但远远不够。这要求艺术家的阐连活动必须要将社会上广泛存在的"社会能量"（social energy）汇聚起来，引起人的惊喜与心跳。目前敦煌再生艺术作品与人们的日常生活之间缺乏必要的"连接"。"挪用"（appropriation）主要是普通人在日常生活中对于敦煌话语的运用，通过这种方式，人们将其中的观念和价值日常生活化。这当然也包括一般的民间工艺品、民用设施、道路、桥梁、建筑和旅游产品上对于敦煌话语的运用，将它变成日常实践的内容。在笔者看来，这是非常重要的，而在这一方面，我们恰恰做得很不够。无论是舞剧还是文艺作品，都还主要体现为一种"高雅文化"产品，无法被普通人运用于日常生活的言说表达。流通（circulation）主要是各级敦煌文化管理机构的职责。没有流通价值的文化资源是无法被活态化的，必须融通"产、学、研、企"之间的互动关联。

三、敦煌美学应是活态美学

敦煌文化的载体包括壁画、雕塑、建筑等造型艺术，学术界已经取得了不俗的佳绩，然而，深赋美学内涵的敦煌学二级学科——"敦煌美学"——却一直没有得到应有的重视。直到今天，我们还没有一门学科意义上的"敦煌美学"。"敦煌美学"的研究对象和内容上主要是三大领域的会通，即敦煌石窟、敦煌遗书与敦煌文史的通化研究。同时重视敦煌艺术与活态文化之间的关联，不仅研究原生的敦煌，还要研究次生的敦煌，重视它的再活态化问题研究，其范围会通了"敦煌艺术学"以及敦煌学的其他分支学科。中国传统美学在六朝之前主要是儒道美学，与西方认识论美学相比，主要是一种伦理学美学。从其后来的发展看，它有关神性和信仰的内容少，缺失了天、地、神、人四重根中"神性"的一维。"敦煌美学"正好补充了这个美学结构，增加了"佛陀世容"、宗教精神和悲悯情怀。自此以后的中国人，就不仅是在"儒道互补"的二元框架中构筑人生，而且是在儒道释三元辩证的结构中规划人生，因此，敦煌美学应该是中国传统美学的丰富和完善。综上，"敦煌美学"主要以敦煌文献和生活实践之间的关联为基础，研究敦煌艺术与现实、主体与客体之间的审美关系。这种审美关系是一种"体验式"而非"静观式"的间性关联。

敦煌美学是域外文化本土化的经典范例，无论在形式上还是内容上，敦煌美学都是域外文化本土化的范例。中国传统美学在石窟壁画造像方面多有欠缺，佛教早期也不立偶像，但这两股文化在碰撞交汇之中产生了一个具有交叉复合、创新发展的"第三种文化"类型，成就卓著，大放异彩。它是国人开放交往胸怀的见证，在今天还具有重要的参考价值。艺术和艺术作品作为一种文化的载体或符号体系，包含和潜伏着共时性的文化转换和历时性的文化积淀。在共时性的文化转换中，人类社会的习俗、发明、发现、生活方式等文化信息转化为符号或符号体系，以超越时空的方式得以承传。同时，文学艺术作为一种历时性的文化积淀，在具体描写生活表层文化征象的背后，还留存或积淀着某种深层的文化内核，留存着一个民族文化历程中遗传下来的文化基因，潜藏着文化系统中最丰富、最稳定的东西。文学艺术是文化的征兆和窗口，一定的文学艺术结构形式、一定时期文学艺术的审美风格或者审美追求，总是反映一定社会的文化心理结构，总能较为全面地描述过去的事实，正是基于这样的认识，建构"敦煌美学"，成为敦煌文化存在的必须。

以"变文"为例，变文是唐代兴起的说唱文学，"变"指"经变"，佛教用语，以佛经的内容为题材写成的文学作品即变文。"变文"最初是寺院里以通俗语言解说佛经的俗讲，连说带唱，后来内容扩大，同时演唱历史故事、民间传说，变文作为一种民间文学，表现了普通敦煌民众的流民意识、边疆意识等。因此,敦煌作为一个曾经活态化的文化意象成为文学作品书写的重要客体。它的再次活态化需要经由"文学化""美学化"的深度表达。

总之,敦煌文化的再活态化是一个具有学术价值和社会意义的课题。它有若干进路,在实践层面,需要从"市井供养人"过渡到"数字供养人",在理论层面,要从原生敦煌衍生出更多层次的"文化敦煌",建立一门"敦煌美学"将以上两方面进行整合。

丝路互通下的敦煌佛教艺术[*]
——莫高窟十六国北朝石窟美学刍议

■ 李康敏　刘宗玲

摘要：本文主要涉及敦煌早期石窟，每一个时代各取一代表洞窟，选取北凉第275窟、北魏第257窟、西魏第249窟、北周第428窟，笔者着重以第275窟洞窟内容为主，引述早期洞窟创作风格；对第257窟《鹿王本生图》中"鹿王"的构图表现形式，探析"沙门不拜王者"和敦煌壁画绘制中的"粉本"问题；以第249窟窟顶"东王公""西王母"为例，简述敦煌壁画创作中的"艺术模仿性"；辅以史料和洞窟相关资料，就第428窟开窟主是否可能为建平公于义述以笔者之管见。

关键词：莫高窟；十六国北朝；佛教石窟艺术

"敦煌"一词见《史记·大宛列传》张骞使西域归，向汉武帝呈告大月氏时提及。位今甘肃西部偏南，河西走廊西端。《魏书·释老志》记载："敦煌地接西域，道俗交得其旧式，村坞相属，多有塔寺。"古敦煌郡、晋昌郡（瓜、沙二州）顺岩而凿石窟寺，莫高窟始建于前秦建元二年（公元366年），亦有始建西晋末年及东晋永和九年等说。自前秦始，经北凉、北魏、西魏、北周、隋、唐五代、宋、回鹘、西夏至元等营建千年，保留石窟735龛，壁画4.5万平方米，彩塑2000余身。敦煌石窟艺术的发展概历：早期中外艺术交融期、隋唐同中原共繁荣期、唐王朝之后的各时代样式时期，从考古学的石窟

---

[*] 作者简介：李康敏，西北师范大学敦煌学院，研究方向为美术史、佛教艺术考古；刘宗玲，西北师范大学文学院，研究方向为中国古典文献学。
基金项目：国家社科基金重大项目"丝路审美文化中外互通问题研究"（项目编号：17ZDA272）。

分期研究，现存石窟主要分为四期：十六国的北凉（401~439年），北魏（465~500年），西魏、北魏皇室东阳王元荣家族统治敦煌时期（约525~545年）和北周（545~581年）。❶ 石窟艺术随佛教入传中国。古印度佛教徒多依山凿窟静参佛法，远离世俗喧嚣，寺窟也多傍河而起。早期佛教反对"偶像崇拜"，多以佛塔、菩提树、佛脚印等表现，随着佛教的发展及亚历山大东征，带来了古希腊、古罗马的雕刻艺术，才伴随佛像的诞生。就莫高窟早期石窟佛像，部分塑像明显可看出受犍陀罗艺术风格影响。前人对敦煌石窟的研究始于外国探险队对石窟文物的掠夺和调查；斯坦因（Marc Aurel Stein, 1862~1943）、伯希和（Paul Pelliot, 1878~1945）、奥登堡（S. F. Oldenburg, 1863~1934）、华尔纳（Langdon Warner, 1881~1955），到20世纪前半叶的中外学者的调查研究，以至到20世纪50年代以后，敦煌文物研究所（现敦煌研究院）的规范化研究。敦煌藏经洞的发现，敦煌让世界瞩目，100多年来中外学者从考古学、历史学、图像学等方面做了深入的研究工作，为我们研究敦煌学打了基础。

一、北凉第275窟石窟艺术及相关问题刍议

北凉石窟在莫高窟营建史上窟数不多，属早初期石窟。现有考古发掘考证编号的洞窟有第267~272号以及第275号等7个，因第267~271号窟是一个多禅室洞窟，其主窟编号为268，一般统算一窟。在北凉石窟中，笔者选述第275窟，275窟（C229B P118L）为十六国时代营建，宋代重修。

> 其窟纵向盝顶，西壁塑像，南、北壁上部分各开三龛并塑塑像。甬道顶中央、南披、北披存宋画残迹。主室窟顶西披存宋画飞天二身，千佛七身；南披存宋画飞天三身，千佛十五身；北披存宋画飞天一身，千佛五身。西壁塑交脚弥勒菩萨一身。浮塑项光、三角背靠。座下两侧塑二狮

---

❶ 樊锦诗，马世长，关友惠. 敦煌莫高窟北朝洞窟的分期 [A] //中国石窟 敦煌莫高窟（第1卷）. 北京：文物出版社，1982.

子。两侧各画菩萨立像一身，南侧菩萨坐像九身，北侧菩萨坐像存三身，上宋画飞天。南壁上东侧一圆券龛内塑思惟菩萨一身。龛壁两侧画供养菩萨二身。浮塑双树龛楣，龛沿画火焰。西侧二阙形龛内各塑交脚菩萨一身。龛壁三角背靠上画侍者各二身。龛外西侧各画菩萨立像一身。龛下画佛传故事太子出游四门（被宋代修隔墙及清代凿穿洞破坏一部分）。下画供养菩萨一排，下边饰、垂角幔帷。北壁上三龛及塑像、壁西与南壁相同（仅西起第二龛内不画侍者）。龛下西起画毗楞竭梨王、虔阇尼婆梨王、尸毗王、月光王、快目王等本生故事。下北魏画男供养人三十三身，下边饰、垂角幔帷。东壁（宋修隔墙）门上宋画说法图三铺、坐佛五身；门南画如意轮观音变一铺、坐佛二身，下女供养人九身；门北画不空绢索观音变一铺。女供养人二身（残）。注：宋重修此室时于窟室中加一隔墙。将南、北壁东侧双树圆券龛隔入前室。❶

北凉石窟的洞窟形制以禅室窟、纵长方形佛殿窟、方形佛殿窟为主。第275窟的窟形虽然平面为方形，但窟顶更具穹隆顶，而不是标准的覆斗顶。❷论第275窟受外来文化的影响时，赵声良先生在其著作《敦煌石窟艺术总论》中提到了在龛顶的圆形华盖，周边的三角形的垂角纹以及希腊式神柱，赵声良先生又联系到第268窟西壁佛龛两侧绘出的龛柱亦是希腊式神柱，表明西域风格对其影响之大。❸北凉石窟现存的彩塑主要为倚坐佛，两侧多交脚菩萨、思维菩萨，早期所盛行的弥勒信仰，包括南北朝时期交脚菩萨和思维菩萨的流行，学界通常把交脚菩萨认为是弥勒，其造型风格更具犍陀罗艺术风格。❹第275窟的壁画大体分为四类：（1）故事画，（2）尊像画，（3）供养人（北凉三窟中都可以看到供养人的形象，但因其年度久远，氧化变色的缘故，因此很难辨识清人物的服饰和五官特征），（4）图案纹样（像洞窟中的装饰图案莲花纹、火焰纹、忍冬纹皆受到来自西域风格艺术的影响，从佛教的传布发展来

---

❶ 敦煌研究院. 敦煌石窟内容总录［M］. 北京：文物出版社，1993：111.
❷ 覆斗顶为莫高窟营建开窟中最实用常见的一种窟顶样式，因莫高窟断崖属砂砾岩，为保证石窟的稳定不易坍塌，覆斗顶有效的力学原理可分摊窟上部崖体的重量，故而能长久稳固。
❸❹ 赵声良. 敦煌石窟艺术总论［M］. 兰州：甘肃教育出版社，2013：54.

看，亦有明显的龟兹特征）。

北凉第275窟中的壁画多表现释迦牟尼前世甘于忍受苦痛，解救众生的场景，佛教所谓"三千大千世界"，❶ 意在表现佛教修行中的"六度"❷ 思想，从而达到佛教追求的最高境界。对于第275窟中的尸毗王本生图的构图，割肉、持秤等场景皆与犍陀罗浮雕（英国博物馆藏）相似。包括佛传故事中的"出游四门"，与犍陀罗雕刻似同，然第275窟的城门为汉晋文化影响下的城阙表现。研究石窟必然要涉及洞窟思想与功能的探讨，此方面非笔者擅长，再者要探讨石窟的功能和思想，必然涉及深奥的佛教义理与思想，同时要有对佛教仪轨及实践的丰富阅历，这些也均非笔者所擅长，故不敢妄言。对于第275窟的研究，蔡伟堂先生《莫高窟早期三窟佛像比例探讨》一文对佛像比例等相关问题做了翔实的研究论述；❸ 张元林先生《莫高窟第275窟故事画与主尊造像关系新探》一文通过对几部重要的汉译弥勒经典内容的分析，并结合有关的造像实例，认为第275窟南、北壁上所绘的佛教故事画是分别借用了释迦牟尼的佛传和本生来表现弥勒的今生传记和前生事迹的，并认为它们也与当时弥勒信仰中的传法思想有关。❹ 其他如敦煌研究院编《莫高窟第266~275窟考古报告》对于早期石窟有着深入的论述，较多学者对于第275窟研究成果丰硕，故不一一赘述。

早期石窟的草创期虽与后代相比有着或多或少的简易，但对后代石窟艺术的发展可以说奠定了十足的借鉴基础和启发意义。早期石窟的壁画制作的通壁土红背景设色，粗犷的笔法，无不看出早期石窟制作过程中的自由性、写意性的画法，在历经千年的再创造后更具当代艺术之感。早期的人物多使用凹凸之法，可使人物肌肤更显立体感。学界称其为"天竺遗法"。中国画俱以线条为

---

❶ 据《俱舍论》卷十一等佛经记载，一个小世界以须弥山为中心，周围环绕四大洲及九山八海，而上下从色界之初禅天至大地底下之风轮，其间包括日、月、须弥山、四天王、三十三天、夜摩天、兜率天、乐变化天、他化自在天、梵世天等。一千个这样的小世界，称为小千世界；一千个小千世界称为中千世界；一千个中千世界称为大千世界。这个大千世界因为是由小、中、大三种世界组成，故而称三千大千世界。

❷ 六度，即布施、持戒、忍辱、精进、禅定、智慧。

❸ 蔡伟堂. 莫高窟早期三窟佛像比例探讨 [J]. 敦煌研究, 2005 (3)：33-40.

❹ 张元林. 莫高窟第275窟故事画与主尊造像关系新探 [J]. 敦煌研究, 2001 (4)：56-65, 182-193.

主，唯印度画于线条中参以凹凸法，是以能于平面之中呈立体之势。阿旃陀以及锡兰之诸窟壁画，其表现阴阳明暗，皆用此法，故六朝以来画家以凹凸法作画者，后人著录辄注明其为"天竺法"，如张僧繇、尉迟父子等。而所谓蓴菜条，则是融合中国固有之旧法与西域传来之新知，而另成一派者。敦煌魏、隋、唐、宋诸窟壁画人物大都用铁线描，纤细之朱墨线条描绘轮廓，然后以浓朱沿轮廓线条内部晕染一遍，如手臂之类，至中渐淡渐浅；远视中间突起，即之俨然如真。此即所谓凹凸法也，用浅深晕染之，凹凸法技术自印度传至新疆，由新疆以至于敦煌，东西文化之交流，此其一端也。

早期石窟如此引人关注，主要因为它是敦煌石窟的营建初期，对于敦煌佛教的传入和后代石窟艺术研究至关重要。学者们也很早就对敦煌艺术的源流做过研讨。例如贺昌群先生在中国首创"西来说"，后有向达先生步武其后。"东来说"有宿白先生、冯国瑞先生等，段文杰先生《十六国、北朝时期的敦煌石窟艺术》（见《敦煌研究文集》，甘肃人民出版社1982年版）、《敦煌早期壁画的民族传统和外来影响》（见《文物》1978年第12期）是对敦煌早期艺术的综合论述。[1]

二、北魏第257窟鹿王本生图新探之笔者管见

北魏洞窟现存有10个，有第251窟、第254窟、第257窟、第259窟、第260窟、第263窟、第265窟、第273窟、第441窟、第487窟，笔者选截第257窟为例。此窟宋重修，在本文笔者重点论述普受争议的《鹿王本生图》。第257窟是典型的中心塔柱式[2]洞窟，东西进深9.6米、南北宽5.8米。其窟西壁下层中段有一横卷式连环画构图经变为《鹿王本生》。已有不少学者对此窟壁画的艺术性作出较多研究，例如段文杰[3]先生《九色鹿连环画的艺术

---

[1] 林家平，宁强，罗华庆. 中国敦煌学史[M]. 北京：北京语言学院出版社，1995：397.
[2] 中心塔柱：这种石窟形制源于印度，在印度称为"支提"，"支提"即窣堵坡，梵文意为舍利塔，支提窟就是塔庙。印度的支提窟多为瘦长的马蹄形，窟顶呈纵券状，在窟内半圆形部分中央，凿出圆形覆钵塔。
[3] 段文杰. 九色鹿连环画的艺术特色——敦煌读画记之一[J]. 敦煌研究，1991（3）：116-119.

特色——敦煌读画记之一》、顾真《鹿王本生图（敦煌壁画）》,❶以及刘艳燕先生、吴军先生《莫高窟礼佛仪式的左旋右旋》❷中对第257窟相关问题的解读，以及拙作《莫高窟第257窟鹿王本生图研究》❸等。笔者意在前人基础上对鹿王本生图谈一些自己的看法，与诸家探讨。《鹿王本生图》处于此窟中心塔柱后方，位于西壁中下段。这幅壁画内容据三国吴支谦译❹《佛说九色鹿经》所绘。描绘九个情节，画面安排一端为：（1）溺人呼救；（2）鹿经过水边；（3）鹿救溺人；（4）溺人向鹿跪谢发誓；（5）鹿酣睡中。画面的另一端表现：（6）王后说梦、国王悬赏；（7）溺人告密；（8）溺人向导，国王乘马车捕鹿；（9）九色鹿直立向国王控诉溺人。画面中央是故事的高潮和结尾，给人留下回味和想象的余地。画面上象征性的山水和宫阙，不仅说明人物活动的环境，而且发展了汉代画像的平面装饰美。说梦和告密的场面最精彩，对王后娇娆作态，急切促使国王为她捕捉九色鹿的内心活动，作了深入的刻画。❺鹿王本生故事最早出现于巴尔胡特大塔，于公元前2世纪一块圆形浮雕上，经阿富汗传入我国西域是公元4世纪中叶。本生故事最早见于印度巴尔胡特大塔，克孜尔石窟有鹿王本生故事多幅，例如《鹿王救兔》等。但敦煌仅见于此窟，王惠民先生在《敦煌佛教与石窟营建》第四章《北朝敦煌石窟的营建》中提到鹿王本生图在敦煌以东地区也未见遗存，但其原因并无涉及。

在现有的学术论著中无不提到鹿王本生的构图创新，鹿王的昂首挺胸表示正义的一方，马头的自然垂落表示邪恶的一方。但经过笔者的研究发现画工在创作《鹿王本生图》时，画面的马匹内容排布和造像是千篇一律的，画面中出现三匹马显然不是同一时空，但造型大致相同，疑似使用同一马的粉本。鹿的画面出现五次，有三幅同样疑似同一粉本，皆为同一粉本复制式的创作。所

---

❶ （北魏）顾真.鹿王本生图（敦煌壁画）[A]//中国美术名作欣赏.上海：上海人民美术出版社，1984：24-27.

❷ 刘艳燕，吴军.莫高窟礼佛仪式的左旋与右旋[J].敦煌研究，2015（6）.

❸ 李康敏.莫高窟第257窟鹿王本生图研究[D].兰州：西北师范大学，2019.

❹ 段文杰《九色鹿连环画的艺术特色——敦煌读画记之一》中描述译经有二，一为月支人谦译，二为三国时康居僧康僧会译的《六度集经》中的《修凡鹿王本生》。见《敦煌研究》1991年第3期，第116-119页。

❺ 敦煌研究院.敦煌壁画艺术精品高校公益巡展图录[M].北京：中国书店，2015：42-49.

以笔者对前人所提出的构图"创新说"和"正义忏悔说"持不同观点。像经变画这样的绘画种类，其多依据佛教经典及经注、疏等来创作。究古代画工在壁画创作过程中，他们的主旨表达以及空间阐释为如何，王治先生在其博士论文《空间表达与寓意——以敦煌西方净土变结构研究为中心》中提出"怎么画""如何看"的概念，❶颇有启发意义。达尔文在《物种起源》中说："保留有利的变异，淘汰有害的变异，我称之为自然选择"，王治博士论文第一节《敦煌地区有关西方净土典籍的流布及所体现出弥勒信仰的基本状况》中论述《佛说无量寿经》时，研究得出：由于抄经功德的相同，大多数人选择抄写文字简洁精炼的佛经，❷同理，在《鹿王本生经》的流传及《鹿王本生图》的绘制过程中，会不会为便其创作而在这一时期的某些经典已做"简化"和内容顺序的重摘录呢？答案应该是肯定的。金维诺先生《敦煌本生图内容与形式》（见《美术研究》1957年第3期），主要分析了敦煌壁画中七个佛本生故事：（1）睒子变；（2）须大挐；（3）须阇提；（4）割肉贸鸽；（5）舍身饲虎；（6）以钉钉身，以眼施人；（7）九色鹿。总的来看，金维诺先生《敦煌本生图内容与形式》的价值，首先在于把敦煌壁画中本生故事画内容与形式两方面及相关问题的资料等较为系统地提供出来，从内容与形式的角度深入研究敦煌壁画本生图创造了一定的条件。其次把敦煌壁画本生图与新疆、麦积山、龙门等石窟相比较，在局部范围内，探讨了敦煌石窟与西域和内地石窟的相互联系，对研究敦煌艺术的源流具有一定启发。❸

《鹿王本生图》中鹿王质问王者这一形象与巴尔胡特和克孜尔等石窟出现的"鹿王跪求"形象截然不一。诸多学者曾多次提及此"变化"是画工的自我心镜之善恶分明阐发，是画工正义无畏之表现。但诸多文章对鹿王站立质问王者这一关键之处多一笔带过论述尚欠。《梵网经》云："出家人法：不向国

---

❶ 王治. 空间表达与寓意——以敦煌西方净土变结构研究为中心 [D]. 北京：中央美术学院，2011.

❷ 王治. 空间表达与寓意——以敦煌西方净土变结构研究为中心 [D]. 北京：中央美术学院，2011：9.

❸ 林家平，宁强，罗华庆. 中国敦煌学史 [M]. 北京：北京语言学院出版社，1992：247-249.

王礼拜，不向父母礼拜，六亲不敬，鬼神不敬。"❶《大般涅槃经》云："出家人不应礼敬在家人也。""然佛法中年少幼少应当恭敬耆老者，以是长宿先受具戒，成就威仪，是故应当供养恭敬。"❷《四分律》云："佛令诸比丘长幼相次礼拜，不应礼拜一切白衣。"❸从历史角度及佛教义理出发来看，笔者认为此处似乎在透露"沙门不拜王权"之意，虽是借代画面表现，此举足见画工佛心之镜，让人深思，让人联想。

三、就西魏第249窟"模仿性"简论

西魏现存洞窟11个，第246窟、第247窟、第248窟、第249窟、第285窟、第286窟、第288窟、第431窟、第432窟、第435窟、第437窟。第249窟清代重新，第285窟是莫高窟最早有明确纪年题记的标准窟，保存有大统四年（538年）、大统五年（539年）的题记，正是该条题记，此窟洞窟也成为早期石窟时代划分的标尺。长期以来，诸多学者很关注第249窟窟顶两侧的东王公（已脱落，留存一小部分残部）、西王母的龙凤车，认为其存在艺术"模仿性"。对于第249窟龙飞车的研究，段文杰先生、❹胡同庆先生、❺马世长先生、❻贺世哲先生、❼田中知佐子先生❽等对其模仿性做了相关的研究论述。笔者比较倾向胡同庆先生对于敦煌艺术模仿性的观点，认为无外乎两个原

---

❶ 《梵网经》卷下［A］//大正藏（第24卷）.1008.转引自：赖永海.中国佛教通史（第四卷）.南京：江苏人民出版社，2010：300.

❷ 大般涅槃经（卷六）［A］//大正藏（第12卷）.399.转引自：赖永海.中国佛教通史（第四卷）.南京：江苏人民出版社，2010：300.

❸ 集沙门不应拜俗事（三）［A］//大正藏（第52卷）.457.转引自：赖永海.中国佛教通史（第四卷）.南京：江苏人民出版社，2010：300.

❹ 敦煌文物研究所.中国石窟·敦煌莫高窟（一）［M］.北京：文物出版社、平凡社，1982：214.

❺ 胡同庆.莫高窟早期龙图像研究［J］.敦煌研究，1988（1）：12.

❻ 马世长.交汇、融合与变化：以敦煌第249、285窟为乎心［A］//巫鸿.汉唐之间文化艺术的互动与交融.北京：文物出版社，2001：305.

❼ 贺世哲.敦煌图像研究：十六国北朝卷［M］.兰州：甘肃教育出版社，2006：283.

❽ ［日］田中知佐子.敦煌莫高窟"龙车凤辇图"源考［J］.李茹，译.敦煌学辑刊，2009（2）：110.

因；一是当时美术理论鼓励模仿，二是模仿可节省大量的人力物力和财力。胡同庆先生、安忠义先生在合著《佛教艺术》中，大篇幅论述敦煌佛教艺术的模仿性，笔者也完全赞同"……真正起主导作用的应该是佛教艺术的模仿性"（注：此处的模仿性是就该论段，而非对敦煌艺术的一概而论）。例如贺世哲先生在《敦煌莫高窟壁画中的〈维摩诘经变〉》一文谈道：

> 中唐时期的《维摩诘经变》现存九铺……构图除与唐前期基本相似外，还有两个明显的特点：
> 第一，吐蕃赞普侍从画在"维摩示疾"下部的显要位置……
> 第二，经变下部出现了屏风画……这种模仿屏风式的故事画的优点……❶

沙武田先生在《S. P. 76〈维摩诘经变稿〉试析——敦煌壁画底稿研究之四》一文中谈道：

> 自从初盛唐220、103窟《维摩诘经变》的画法布局以来，以此为蓝本基本定格，发展到中晚唐时更进一步程式化表现，而到五代宋时，由于画院的设立，更是承袭前期，走向固定程式……S. P. 76《维摩诘经变稿》影响了这一时期所有洞窟壁画《维摩诘经变》的绘制，如100、108、146、454、53、22、121、61、5、6、7等洞窟，甚至还包括这一时期重修洞窟的壁画《维摩诘经变》。也就是说，S. P. 76作为壁画底稿，影响了莫高窟整整一个时代的《维摩诘经变》壁画制作。❷

西魏第249窟的石窟建筑可以说是一个标准覆斗顶窟，同样覆斗窟顶亦在西魏以后渐渐成为流行，可见每一个时代艺术对后代石窟的影响。艺术来源于生活，高于生活，在石窟艺术的创作中模仿性是必不可少的。如莫高窟第249

---

❶ 贺世哲. 敦煌莫高窟壁画中的《维摩诘经变》[J]. 敦煌研究，1998 (2).
❷ 沙武田. S. P. 76《维摩诘经变稿》试析——敦煌壁画底稿研究之四 [J]. 敦煌研究，2000 (4).

窟、麦积山第 127 窟、莫高窟隋代第 305 窟的东王公龙车形象（中国传统神话中的西王母和东王公及相关中国传统神怪形象绘于窟，同样反映古代敦煌信众对于宇宙、天的探索和想象，更是与印度佛教宇宙观的交融体现），与晋代顾恺之《洛神赋图》中的形象构图都惊人的相似。第 249 窟狩猎图中的老虎形象，反观其态，与汉代虎符相似，故而得知艺术的取材和创作倾向性的夸张自由性。另外梁蔚英先生《莫高窟第 249、285 窟狩猎图似是不律仪变相》一文中提到"方便杀生之说"，为度化众生，可"杀生"便度其之行意。❶ 第 249 窟的色彩鲜明强烈，色彩的保存状况十分完整，用色多矿物石色，特性的稳定使其能历经千年而不易褪变。西魏时期的壁画艺术风格主要是以"瘦骨清像"为主，壁画人物的相貌清瘦，造型比例的修长，"褒衣博带"的服饰风格，典型魏晋南北朝的文人清谈之风。在西魏第 285 窟窟顶与四壁相接处，山峦林木，飞禽走兽，山林间有草庐禅僧，裹衣端坐，闭目沉思，视而不见，听而不闻。仿若"形如槁木，心如死灰"的寂静境界。艺术的模仿性是自始便有，取其精华，弃其糟粕的学习模仿，量变到质变的创新才是时代所需。

四、概北周第 428 窟系建平公于义

北周洞窟目前现保存 16 个：第 250 窟、第 290 窟、第 291 窟、第 294 窟、第 296 窟、第 297 窟、第 298 窟、第 299 窟、第 301 窟、第 428 窟、第 430 窟、第 438 窟、第 439 窟、第 440 窟、第 442 窟、第 461 窟，北周时期的洞窟第 428 窟因建窟背景颇具争议。在西魏转北周时期，敦煌当时社会是比较安定的，营建的洞窟数量也由此而增多。在整个北周石窟群中，第 428 窟可谓面积最大的一龛，供养人多达 1189 身，僧尼数占大半。此窟位于莫高窟南区三层，窟外为五代重修木制窟檐，保留有前室、甬道。一座完整的石窟主要包括三部分；主室、甬道、前室，莫高窟基本现存洞窟已少前室；一因早年的大型地震，二因属木质窟檐不易保存，人为破坏。

---

❶ 梁蔚英. 莫高窟第 249、285 窟狩猎图似是不律仪变相 [J]. 敦煌研究，1997（4）.

有学者推测第 428 窟为曾任瓜州刺史的建平公于义（534～583）❶ 所开凿，据《李君莫高窟佛龛碑》❷（圣历碑）云："复有刺史建平公、东阳王等各修一大窟"，"乐僔、法良发其宗，建平、东阳弘其迹"。❸ 建平公即于义，于义在任瓜州刺史期间（565～576 年）曾营建一大窟，因洞窟无明确提及，现无法判定属哪一窟。但从开窟的体量、位置、制作等相关资料分析，第 428 窟极有可能为于义开之。中心柱正面龛沿上所绘供养人像为王公服饰，虽题记已毁，但从当时形势看，这位王公非于义莫属。再者，四壁及佛龛四周所绘一千余身供养人像，这些供养人来自河西的广大地区，有一身题记清晰地标明"凉州沙门比丘道珍"。结合史实看，于义之兄于实曾在天和时期任凉州总管，整个河西均为于氏兄弟所控制。于义造窟成为整个河西地区的大事，因之凉州僧侣成为施主也就不足为怪。另外，在东壁门南供养人像中，有一身题名是："晋昌郡沙门比丘庆仙供养"。此庆仙之名见于敦煌遗书 S.2935 号《大比丘尼羯磨经》题记，乃庆仙在天和四年（569 年）抄写，❹ 其正是建平公于义任瓜州刺史时期。

第 428 窟进深 13 米，宽 10 米。主室建筑承北魏中心塔柱式，但与此前北凉、北魏、西魏不同在于此窟佛龛周饰菩提树，虽泥塑菩叶均已脱落，残留泥条塑贴菩提树干，并佛弟子讲经听法，这样的形式装饰中心柱，赵声良先生言仅此一例。北周壁画题材大量"故事画"的出现为隋代密体画的发展提供了"养料"。例如《萨埵舍身饲虎》，从北魏规范化的横卷式构图到从三段式的叙事性构图出现，第 428 窟的《萨埵舍身饲虎图》有着革新之意，既有"一图一景"的详解，又有"异时同图的"联系性。第 428 窟壁画给人以狂野之感，除造型异样的"小字脸"外，色调的特殊风味给人留下了深刻印象。它不同于其他洞窟所常见的红绿对比，

---

❶ 于义，北朝洛阳人，字恭慈。西魏大统（535～551 年）末，因父谨的殊勋，赐爵平昌县伯。北周闵帝受禅后，进封建平郡公，明帝、武帝时，曾任瓜州刺史。及杨坚作相，义兄弟皆位高，大将军以上十余人，成为贵戚。

❷ 武周圣历元年（698 年）《李君（克让）莫高窟佛龛碑》。

❸ 敦煌学大辞典 [M]. 上海：上海辞书出版社，1998：48. 此外，就建窟体量足以看出开窟主的人力、物力、财力等非常人，诚建平公于义莫属。

❹ 敦煌研究院. 讲解莫高窟 [M]. 杭州：浙江文艺出版社，2016：59.

土红与粉绿的对比，周大正先生认为是莫高窟壁画现中使用最多的组色彩对比。第428窟的色调构成依然是早期设色的土红色面，如果去除土红底色之外。用以表现主体物像的颜色有：黑、灰、白、群青、灰、灰黄、淡紫灰、淡肉色等（周大正先生）。❶第428窟壁画早期的原色由于氧化、铅丹摄入等与空气反应，再加上千年之久的"二次创作"，我们已无法确切考证原色何许冷暖调性。在敦煌壁画色彩的变色方面，吴荣鉴先生❷在《敦煌壁画色彩应用与变色原因》一文有着详细的论述，拙作《浅析敦煌壁画"色彩"》❸等故不赘述。从色彩性质上可分为三类：黑、灰、白为调和色，群青属于鲜明色、其余均为"复色"和"中间色"。这些颜色所构成的是和谐统一的"灰调子"，它在土红背景的衬托下呈现出和谐而含蓄的冷暖对比关系，色彩显得浓烈而沉着。如果没有土红底色的衬托，这样颜色则显得过于灰暗缺乏色彩感。❹第428窟的开窟造像无不体现"富盈"之气，当属公建之。

五、结　语

从现存世界各地的佛教艺术遗迹来看，任何地区的造像、壁画都是当时社会生活的一部分，它们的表现和创作无不反映当下历史背景下的社会状况。敦煌莫高窟始建于公元366年，历经了十六国（北凉）、北魏、西魏、北周、隋、唐、五代、宋、西夏、元等十个朝代。一千多年间不断营建，敦煌艺术的丰富性可想而知，涉及学科之广，影响之大进而引发世界瞩目，故产生一门国际性显学——"敦煌学"。陈寅恪先生为陈垣先生《敦煌劫余录》序言道："一时代之学术，必有其新材料与新问题。取用此材料以材料求研求问题，则为此时代学术之新潮流……敦煌学者，今日世界学术之新潮流也。"研究十六国北朝的敦煌石窟，不可缺失敦煌本地文化的基础，以及外来文化的交相辉映，再到孝文帝改革以后的南朝文化影响。我们既要看到

---

❶❹　周大正. 敦煌壁画与中国画色彩 [M]. 北京：人民美术出版社，2000：43.
❷　吴荣鉴. 敦煌壁画色彩应用与变色原因 [J]. 敦煌研究，2003 (5)：44-50，109-110.
❸　李康敏，王霞. 浅析敦煌壁画"色彩" [J]. 中国民族博览，2016 (1)：171-172.

它的整体性，又要充分注意到它所包含的巨大精神价值。"敦煌风格"的形成不仅与其主体价值有关，更体现在历史再"创作"赋予的当代美感。北凉、北魏、西魏、北周一系列壁画的绘制，在当代视角更凸显其艺术美学的古今交融之成。

趣味与时尚：丝路审美领域和表意性的物质性[*]

■ 姚富瑞

摘要：趣味原本是美学领域所关注的重要范畴和议题，布尔迪厄通过反对以康德为代表的认识论美学的致思路径，对美学研究的社会学条件进行反思，从而将趣味引入社会学领域，并在此基础上逐渐形成其趣味社会学理论。也正是从布迪厄开始，对趣味问题的思考是建立在消费的逻辑基础上的，威廉斯的《关键词》在对趣味的论述中以趣味现在不能与消费的观念相分离的提议而结束。20世纪60年代以来，随着娱乐消费的迅猛发展，康德对物之美的判断分析如何在这种消费社会中运作一直是趣味社会学领域所探讨的核心问题。如果这种探讨被置于物质文化研究的视域中，将会促使人们重新审视和评估由趣味所带来的社会区分和认同问题。从纯粹趣味模式、阶级趣味模式、仿效模式到集体模式，相关理论家借助趣味与时尚的概念来阐释物所负载的渐趋沉重的身份意义。进而推动人们通过探索人们在消费社会中与物互动背后的社会机制与过程，对物的运作以及物与人之间的关系形态进行揭示。物本身开始作为文化编码和身份差异而表现出来，为人们呈现着消费社会中由趣味所表达出来的区隔的物质化，以及由作为趣味机制表演的时尚所表达出来的集体情感和身份认同，在某种程度上，可以为审视丝路审美领域的相关问题提供一些方法论启示。

关键词：趣味；时尚；丝路审美领域；物质性

---

[*] 作者简介：姚富瑞，兰州大学文学院，博士，主要研究方向为文艺理论及美学。
基金项目：国家社科基金重大项目"丝路审美文化中外互通问题研究"（项目编号：17ZDA272）。

一般来说，人们消费的过程是一种建构社会差异、社会身份与自我认同的过程，而并非仅仅是为了满足基本生活需求而消费的过程。对新颖之物的使用并非是用来表达教养区隔或个人风格的唯一动机或唯一消费模式，然而，当代消费社会是建基于区隔的物质化之上的：物本身被呈现为文化编码和身份差异。物对身份地位的操纵起着十分重要的作用，身份象征被用来将现世生活划分为所属不同阶层的人，它有着两种主要的原则性功能：首先，身份象征拥有区隔的功能，其可以区分使用者的身份地位，使他们忠实于其社交程度而不僭越。比如，在消费社会中，人们可以将某一名牌或某一类型的手表视为某种身份地位的象征，甚或通过工装、听诊器、装裱的学位证书或具有身份信息的东西来识别某一特定的职业身份。其次，身份象征拥有表达的功能，告诉人们独特的或真实的，或者是令人垂涎的风格、品位或文化价值。物和人的这种象征循环支撑着社会生活的运作，以确认、识别或表达人们的社会身份。在此过程中，人们又应该怎样理解个人选择与标准对趣味的影响？它们是如何促使消费者做出决定的？如此，就有必要从物质文化研究的角度来考察发达消费社会中消费者与事物的互动关系。物在人们的身份、梦想和社会地位中扮演着怎样的角色？以此反映人们的需求，表达人们的身份地位。人们在界定自身个体性和社会身份的过程中赋予物以价值，给予它们确认自我身份和决定自我重要性的权利，他们这样做所凭借的是一种怎样的社会过程？在某种程度上，康德通过对判断或评判某物为美的能力的探究建构了其纯粹趣味理论，布迪厄则将趣味从美学领域中解放出来，探索趣味判断可能性的社会学条件，打通了低级趣味与高级趣味之间的区分，用消费的逻辑将两者连接起来，同时将他的趣味理论安置在其修正过的阶级理论上，以此来对康德美学进行挑战。布尔迪厄对趣味进行社会学的探讨与一些经典社会学著作中对趣味的论述形成参照，一方面是以凡勃仑和齐美尔为代表的对趣味和时尚的探讨，他们的焦点在于趣味的公共协商力与时尚所扮演的社会角色。他们研究的突出之处在于建构了精英大众趣味模式，并对仿效、阶级区隔、模仿和显著度等诸多概念进行了阐释。另一方面是以美国社会学家赫伯特·布鲁默（Herbert Blumer）的集体趣味为主线，其主要强调区分和模仿的必要性，同时又注重时尚风格和共同趣味的协商。

一、纯粹趣味模式

在康德看来，趣味判断并非基于逻辑与认知的原则，换言之，人们并不能通过分析和心理手段来客观地评价物体的美，为了判断什么是"美"，我们必须作出纯粹的"审美"判断。他对趣味判断何以可能的先天条件进行了探究，其立足于先验基础，为审美趣味确立了四个标准，即审美的"趣味判断"❶的四个契机，分别从质、量、关系、模态四个方面展开。趣味判断是审美无利害的，趣味是评判美的能力，是感性的或者审美的，与主体的愉快或者不愉快的情感相关，但是它并不是一般意义上的感性愉快，而是不带有任何利害性的感性愉快。如果对于美的判断混杂有丝毫利害的话，就不是纯粹的趣味判断了，而快适的愉悦与善的愉快都是与利害相结合的，快适与善都联系着欲求能力，"快适就是那在感觉中使感官感到喜欢的东西"，❷它容易激发欲望，从而引发对那个对象的爱好并进行追求，因此直接结合利害；善的愉快则是间接结合利害的，这是因为善"要考虑达到有利的、好的事物的手段，因而掺杂了理性的考虑"，❸因此只有趣味判断才是一种无利害和自由的愉悦。趣味判断是无概念的普遍性，快适和趣味都没有概念，都属于直观的判断，但是快适不具有普遍性，因为"口味无争辩"；趣味判断却需要普遍性，既然美的愉悦无利害，那么人类的趣味就会走向一致，就会要求别人赞同，如果出现不同的判断，我们就会感到不适，就会认为他们缺乏品位，而这种愉悦的普遍性是主观的，其源自情感本身的先天原则，即人类的先天情感共通性，也即共通感；而善的愉快虽然是有普遍性的，但是需要通过概念被表达出来。趣味判断是无目的的合目的性，趣味判断要基于先验的规定，而不是任何经验性的东西，所谓的无目的就是无概念，不依赖概念而获得的普遍有效性的愉悦，合目的就是与

---

❶ 在康德的著作中"Geschmacksurteil"这个词被学术界所熟悉和接受的翻译是鉴赏判断，这是由于宗白华先生的译本在国内的通行，"鉴赏判断"这种翻译也随之被熟悉和认可，这个词也可以翻译为趣味判断。为了论述和理解一致性的需要，本文在这里将该词翻译为趣味判断。

❷ [德]康德. 判断力批判 [M]. 邓晓芒, 译. 杨祖陶, 校. 北京: 人民出版社, 2002: 42.

❸ 邓晓芒. 康德《判断力批判》释义 [M]. 北京: 生活·读书·新知三联书店, 2008: 213.

主体心意状态的协调性和契合性。趣味判断是无概念的必然性,审美愉悦的必然性根据在于人类先天的共通感,对于康德来说,每种趣味判断都假定一种共通感,一种审美共识(sensus communis)的存在,以使得趣味判断普遍可传达,而这种普遍可传达性是主观情感上的可传达,由于共同感的存在,这种可传达得以实现,并且"被表象为客观的",即好像是客观的,实质上却还是主观的,一种基于主观情感的判断不能被认为每个人都同意它,但是每个人应当与这种判断协调一致,因为主观的东西有了普遍性和必然性,就要采取好像客观的形式。总结起来就是无目的的形式的合目的性与无概念的主观普遍性,由此趣味便是与想象力的自由合规律性相关的对一个对象或物体的评判能力,也就是想象力和知性的自由协调活动(游戏)所体现的普遍可传达的愉快,它直观地体现了自由和必然的直接统一,其中的自由也指自由感,必然也指合规律性和主观普遍性,因此在某种类比意义上沟通了自由概念和自然概念。

　　纯粹趣味判断的核心在于在观众的脑海中激起一种快感或不快乐感,而且这种感觉必须是完全无功利的。换言之,人们在判断事物的时候必须停留在冥想中,而不能受制于物的货币价值或品牌价值以及其他主观意识。康德在其美的分析的第二契机中继续论证如果审美符合非功利主义的标准,那么人们就有充分的理由相信,对他们来说,判断事物是美的是具有普遍性的而不仅仅是感官上获得的快感。他在美的分析的第四契机中进一步将这种普遍有效性观念应用于感觉共通感的理念中,也正是其共通感的理念奠定了建构审美判断标准的集体基础。

　　伽达默尔反驳了康德将共通感限制于趣味上,而且进一步又把趣味限制于美的东西上。他主要从教化、共通感、判断力、趣味四个方面来研究审美。"之所以选择这几个概念,是因为他们在康德美学思想中也是被使用,通过分析这些概念的传统内涵,那么康德美学思路的转变也就非常清楚了。"[1] 教化的字面意义就是"塑造成形",对于人来说也就是人脱离原初的直接性和本能性的东西,向人性的普遍性提升。"教化就不能仅仅理解成精神历史地向普遍

---

[1] 李鲁宁. 伽达默尔美学思想研究[M]. 济南:山东大学出版社,2004:110.

事物提升的实现过程,而且,教化还是创造物得以存在的要素。"❶ 教化实际上就是指人类的一种普遍的共同的感觉,教化的过程其实就是对共通感的培养与造就的过程。"判断力与共通感一样,作为人文教化的结果,充满了社会伦理、政治色彩,绝非限于形式上的先验判断。"❷ 它是一个与共通感密切联系的概念,共通感即人类共同的感觉(sensus communis),指的是健全的人类理智,它在根本上是由判断力所规定的。判断力的特征是其"不是一种抽象的规则,没有一种概念的说明能指导规则的应用",❸ 它所认识的东西是感性的个体。康德跟随德国美学家鲍姆加登,将判断力称为审美判断,并与鲍姆加登一致,将感性判断描述为趣味,认为一种完满性的感性判断就是趣味。但是在伽达默尔看来,"判断力本是出自人们的一种共同的感觉,共同的意向——即真正的公民道德的团结一致,以及对于'公共利益'的关心,却在康德的《判断力批判》里被贬低为一种审美的趣味或一种低级的感性认识。"❹ 在这里判断力失去了它本有的作为共通感基础的意义,但是伽达默尔又认为,"当康德把判断力称之为审美判断力时,却也包含对一种共同感觉的承认。"❺ 因此,总体来说,康德与伽达默尔一样都倾向于规范性趣味理论的研究,都侧重于探讨趣味的普遍性原则。

但是伽达默尔还认为判断力的真正性质可以通过对趣味概念的考察而显现出来,在他看来康德"把趣味限制于审美领域,却放弃和忽视了趣味那种从特殊去确立、发展和补充一般的认识方式,从而把趣味经验和审美判断力在法律和道德领域内的活动从哲学的中心排除出去"。"这种康德式的趣味概念只能影响人文学科或精神科学的自我理解,因为康德所放弃和忽视的东西正是语文学——历史学借以生存的东西。"而且"趣味概念本是先于美学的传统概

---

❶ [德] 伽达默尔. 真理与方法 [M]. 沈阳:辽宁人民出版社,1987:18.
❷ 李鲁宁. 伽达默尔美学思想研究 [M]. 济南:山东大学出版社,2004:112.
❸❹ 洪汉鼎. 理解的真理:解读伽达默尔《真理与方法》[M]. 济南:山东人民出版社,2001:33.
❺ 洪汉鼎. 理解的真理:解读伽达默尔《真理与方法》[M]. 济南:山东人民出版社,2001:38.

念，只是在康德的美学里，其被极大地狭隘化"，❶ 趣味原始的丰富意蕴便丧失了。"'趣味'是个人对世界开放的倾向性，它与共通感几乎是同等程度的概念，受过人文教化的趣味是一种普遍化的趣味，它与个人的偏爱保持距离而始终倾向于'好的趣味'，因为趣味本身包含了认知意识。"❷ "趣味概念无疑是指一种认识方式，人们能对自己本身和个人偏爱保持距离这一点，便是良好趣味的特征。因此，就其最特有的本质来看，趣味丝毫不是个人的东西，而是最初阶段的一种社会性现象。"❸ 他认为趣味没有论证的可能性，但这不只是因为其中不存在一种所有人都必须承认的概念上的普遍标准，而且还因为即使存在这样的标准，我们也不可能一下子找到它，即它不是一下子被正确发现的。趣味不是单纯的个人特性，趣味是类似于感觉的东西，"在过程上它并没有借助某种有根据的知识。如果说在趣味事物中有些东西是非实证的，那么趣味就不能去说为什么，然而趣味却以明确的可靠性感受到了这些非实证的东西。因而，趣味的可靠性就是相对于非趣味事物的可靠性。"❹ 与趣味联系最密切的是时尚，但趣味不同于时尚。时尚是一个经常稳固的社会行为整体中的一种具有可变性的方式，本质上是经验的普遍性，对事物的顾及、比较，以及置身于一种普遍性的观点中，所以时尚具有社会依赖性，很少有人能摆脱这种依赖性。但趣味作为精神的一种分辨能力，尽管也存在于社会共同体中，但它不隶属于社会共同体，而总是显示自己的特征。所以，趣味保证我们在时尚中也把握自己的尺度，不盲目地跟随时尚，总有自己的判断。"趣味的首要问题不仅是承认这个东西或那个东西是美的，而且还要注意所有美的东西都必须与之相适应的整体。因此趣味不是这种意义上的共同性感觉，即它使自身依赖于一种经验的普遍性，依赖于他人判断的完全一致性。趣味并不要求每个人都同意我们的判断，而是要求每个人都应当与我们的判断相协调。"❺ 康德美学的内在矛盾在于，他一方面把美归结为形式，另一方面又在美的理想中把道德因

---

❶ 洪汉鼎. 理解的真理：解读伽达默尔《真理与方法》[M]. 济南：山东人民出版社，2001：38—40.
❷ 李鲁宁. 伽达默尔美学思想研究[M]. 济南：山东大学出版社，2004：112.
❸ [德]伽达默尔. 真理与方法[M]. 沈阳：辽宁人民出版社，1987：50.
❹ [德]伽达默尔. 真理与方法[M]. 沈阳：辽宁人民出版社，1987：51.
❺ [德]伽达默尔. 真理与方法[M]. 沈阳：辽宁人民出版社，1987：52.

素引入美的规定性，显然两者是不统一的。

二、阶级趣味模式

在布尔迪厄那里，趣味不仅有康德意义上的审美判断功能，其还是社会区隔的标志，因此便成为各个阶级分类斗争的武器和筹码，只有将趣味的分析从纯粹的审美领域局限中解放出来，将其重新引回到日常生活中，打破高级与低级趣味之间的界限，才能真正地理解文化实践。他倾向于关注对拥有明显或公认的审美能力产品的消费偏好，比如服饰，室内装饰，娱乐、文化活动等方面，他也将自己的分析扩展到最世俗和功能化的消费项目中，这可以在他的工人阶级娱乐活动、服饰和食物范围的选择解释中看到。工人阶级对必然性只是顺从而不会去反抗现有的秩序，他们拥有一种恭敬的性情，甚至会吁求游戏规则能够起作用。工人阶级对合法文化作品展现出较低的兴趣，就像电视节目、展览、戏剧、音乐会甚至电影这类他们的权利本可以进入的合法文化，他们并不像资产阶级那样喜爱交谈这种主题，这些主题都被来自工人阶级的交谈所排除，在这种主题中他们仅仅会表达出对区分自己的东西的一种紧张。工人阶级的人们向必然性屈服，倾向于一种实用主义、功能主义的审美，拒绝为艺术而艺术的每种形式和形式运作的恩惠和徒劳，这种对必然性的屈服也是所有日常存在的选择原则，以及一种生活艺术的所有选择原则，这种生活艺术拒绝作为偏差的特定审美意图。因此，手工工人比所有其他的阶级更经常说他们喜欢干净而整洁以及容易维持的内饰，或者经济必然性在任何情况中分配给他们的"物有所值"的衣服，他们倾向于一种服装的双重谨慎选择，这种服装是简单的、多用的、通用的，即尽可能的不醒目，尽可能的不冒险、严肃的、实际的并且"物有所值"，即追求便宜和持久。毫无疑问他们以最合理的策略来呈现自己，一方面表达出可以被投入买衣服的经济和文化资本；另一方面表达出来自这样一种投资的象征利润可以被期望。工人阶级对食物的趣味反映着他们的性情和知识，这种趣味更直接地依赖早期学习的东西，尤其是在没有表达任何教导意图的情况下发生的学习。食物被工人阶级放置在存在和物质层面，而资产阶级则拒绝内部和外部，或"在家里的"和"为别人的"，日常的和非常见的之间的区别，并将它们引入形式和外观的类别中，这种形式和外观的类别自身与由内到外，由家庭到公共，由存在到表象的服饰相关；并且食物和服饰位置的倒置，在工人阶级和中产阶级消费模式之间的对比中，是整个世界观的一种逆转标志，其中工人阶级给予存在优先权，中产阶级则更关注表象的形成。工人阶级造成一种现实主义，或者像有些人说的服饰的功能主义使用，他们寻找物质和功能而不是形式，追求金钱的价值并且选择会"持续"的东西。他们忽视了资产阶级对将礼节和正式服饰介绍到家庭世界与自由地方的关注，像妇女的围裙和拖鞋，男人裸露的胸部或一件背心，资产阶级几乎不标记看得见的，打算被看见的上衣和看不见的或隐藏的下衣之间的区别，不像中产阶级，他们对在服装和化妆品上，至少在外和在工作上外部的显现有一定程度的焦虑，中产阶级的妇女更经常接近这种焦虑。

对布尔迪厄来说趣味变成了一种社会武器，它在从食物、服饰、饮品、化妆品以及报纸方面到艺术、音乐和文化方面的变化问题中，定义并划分出高雅的与低俗的、神圣的与世俗的、合法的与不合法的。就如道格拉斯·E. 艾伦与保罗·F. 安德森所认为的："事实上，康德的趣味作为一种属于人类理解力的天生能力的观念，其自身是一种允许那些被赋予恰当文化资本数量和质量的人，去决定'适当的'以及'不适当的'食物、服饰、娱乐活动、住房、文学、艺术等社会观念的手段。"[1] 与康德相反，布尔迪厄认为这样的判断是统治阶级的纯粹任意的阶级偏好，他们在一个位置中控制将高雅的从低俗的、合法的从不合法的以及神圣的从世俗中区分出来的文化标准，遗憾的是，文化等级的任意性被被统治阶级部分所误识，因为他们被教授文化和艺术判断产生于一些特定知识类型。事实上，占统治地位的文化选择是一种通过家庭和阶级社会化获得的"轻松熟悉"，以及被高等教育机构鼓励的"合法自主学习"的结果。此外，教育系统有据可查的阶级偏见保证了占统治地位的能够通过限制合法文化被挪用的方法，来维持他们在文化场域中的霸权。

"正是布迪厄对'趣味'的论述才使得'物是审美价值和文化价值的标

---

[1] Douglas E. Allen, Paul F. Anderson. Consumption and Social Stratification: Bourdieu's Distinction [J]. Advances in Consumption Research, 1994 (1): 70-74.

记'的这一观点得到最完整的阐发。"❶ 布尔迪厄认为："趣味是将物变成区分的和特殊的符号、将持续的分布变成中断的对立的实践操纵机构；趣味使被纳入身体的物质范畴内的区别进入有意义的区分的象征范畴内。趣味通过在客观上被分类的实践的相互关系中并按照社会分类模式来认识这些实践的这种做法，将这些实践变成能够分类的实践，也就是变成等级位置的象征表现，而在客观上被分类的实践中，某种条件自身（通过它的既能感觉又能理解的事物）会产生意义。因此趣味是区分性特点之系统的根源……"❷ 在他的研究中，趣味不仅反映在人们所消费的事物上，还体现在人们消费这些事物的方式上。他正是通过服饰、饮品、化妆品、室内装饰、运动、摄影、艺术、音乐以及文学等来分析和探索趣味问题，并以此来批判和挑战康德美学。

然而，他的研究方法也存在一些问题。一方面，"趣味作为文化产品已经被物化（reified）了"，❸ 一种富有创造性、积极性的研究思考过程被简化为对文化产品和文化知识的"了解"或"不了解"、"拥有"或"不拥有"的简单选择过程。这种方法的选择没有重视趣味主观性和阐释性方面的质询，并且忽视了趣味完善和占有过程中所蕴含的隐性知识形式。另一方面，这种调查方法很难将趣味作为一种文化实践来认真对待，因为它几乎完全忽视了集体过程，这种集体过程与日常生活中的趣味实践密切相关。"布迪厄的理论是对马克思主义理论的修正，他预设阶级位置是由像经济资产的持有一样，由社会和文化资本的持有来定义的。"❹ 在社会空间中资本持有的状况，决定了行动者的位置，并形成一种特定的"位置感"，一种特有的感知、鉴赏、判断和评价系统，趣味便在这些系统中显现出来。而"趣味形成阶级，不同的阶级占据不同的空间位置，形成一种空间运动，阶层之间既然存在着区隔，就必然存在着阶层之

---

❶ ［澳］伊恩·伍德沃德. 理解物质文化［M］. 张进，张同德，译. 兰州：甘肃教育出版社，2018：6.

❷ ［法］皮埃尔·布尔迪厄. 区分：判断力的社会批判［M］. 刘晖，译. 北京：商务印书馆，2015：274.

❸ ［澳］伊恩·伍德沃德. 理解物质文化［M］. 张进，张同德，译. 兰州：甘肃教育出版社，2018：148.

❹ Graham Murdock. Review Essay: Pierre Bourdieu, Distinction: a social critique of the judgement of taste［J］. International Journal of Cultural Policy，2010（1）：63-65.

间的斗争"。❶ "区隔"作为一种阶级分层实践来运行，趣味便成为阶级区隔的标志。布尔迪厄将趣味判断作为一种强者对弱者的暴力，在弱者能够克服之前要求对它以认可来对待，因此他分析了有差别的价值被分配给参与者能力的活动市场或场域。布尔迪厄不是在市场和运动世界中偶然采用竞争隐喻的，对于他来说冲突是根植于他的社会概念中的。法国新艺术社会学的代表人物安托万·亨尼恩认为布尔迪厄的趣味研究忽略了趣味本身的生产性。布尔迪厄仅仅将趣味作为一种静止的社会符号来看待，从而忽略了作为活动的趣味，由此忽略了趣味更丰富的内涵。因此，他主张一种鉴赏语用学（pragmatics of taste），意图恢复鉴赏活动的施事性质，探究它对观众的能动性力量，在他看来"鉴赏活动不是签署自己的社会身份，表明自己适合某个角色，遵守某个仪式，或者被动地尽力读出某个产品'包含'的属性。它是一种述行行为：它行动，投入，转变，并且能够感知得到"。❷ 在此基础上将艺术社会学关注的"人与人之间的互动"扩展到了"人与物的互动"上，他认为趣味并非一种标示社会地位的工具，而是一种反身性的活动，主体在与客体的亲附关系中生成自身。然而，在对审美趣味的社会学重构过程中，凡勃伦与齐美尔对时尚机制的论述正是集中于仿效和阶级差异如何造就趣味的基本模式上。

三、仿效模式

美国社会学家和经济学家凡勃伦在其著作《有闲阶级论》中细致地探讨了审美趣味的社会性。他认为："优雅的趣味、礼貌和生活习性有利于显示（有闲阶级）高贵的出身，因为良好的教养需要时间、勤勉和花费，因此不会和那些时间和精力被工作所占据的人群混淆。"❸ 他从明显有闲和炫耀性消费这两个核心概念出发，同时分析了趣味在阶层之间流动的途径，从而解释了有闲阶级的趣味标准为何并如何成为高雅趣味的普遍标准。凡勃伦提出了一种更

---

❶ 杨修菊，杜洪芳. 文化成就区隔——布迪厄阶层理论述评［J］. 池州师专学报，2007（4）.
❷ ［法］安托万·亨尼恩. 鉴赏语用学［A］// ［美］马克·雅各布斯，南希·韦斯·汉拉恩. 文化社会学指南. 南京：南京大学出版社，2012：115.
❸ Thorstein Veblen. The Theory of the Leisure Class［M］. Oxford University Press，2007：36.

庸俗、诙谐并充满怨恨的精英—流行仿效模式。在他看来，纯粹的审美价值体系在这种社会安排中被扭曲了，而成本则成为衡量审美价值的另一种标准，这导致其对许多流行领域的金钱铜臭味进行了严厉的批判分析，他主要的批判目标是鲜花、草坪、牧场、动物和服饰，这些在时尚界比比皆是。他认为通过时尚来掌管文化距离是当代资本主义模式不可避免的内在动机。

波德莱尔、齐美尔以及一些当代消费主义社会学家也注重对时尚进行探讨。坎贝尔指出："品味与时尚之间是很亲近的关系。时尚可以理解成为解决18世纪品味美学中固有的主要的——理论上无法解决的——问题的事实上的方法。"[1] 在齐美尔那里因为时尚具备模仿与区别两个基本要素，因此，时尚总是阶级的时尚，而且是一种阶级分野的产物，造成较高阶级层的人对较低阶层的人的封闭、隔绝和排斥，以及较低阶层的人对较高阶层的追逐与模仿，如此时尚并不是永恒的，而是总处于不断地变换之中。与此同时"时尚受到各种个人和群体运动的整个节律的影响"，[2] 保守主义和时尚的变换性分布于不同的阶层之上，处于社会较低阶层的成员与较高阶层的成员，一方面是坚守自身原本的生活方式，很难接受时尚，因此发展缓慢；另一方面是保守主义，甚至是复古主义，步履迟缓。最具变换性的是处于中间的阶层，他们亲善上层阶级的时尚，区隔下层阶级的生活方式，又作为前两者的中介而起作用，他们时刻关注时尚，从而实际地推动社会的快速进步和发展。时尚为趣味提供了一个社会标准，这个社会标准是以个人偏好和"趣味共同体"成员的选择为唯一基础的。

然而，齐美尔对时尚运行过程的详细分析存在某些问题，即如何去构思推动时尚和趣味发展方向的社会机制和社会动力。从根本上讲，仿效和模仿被认为是引导时尚二元对立阶级体系的手段，下层阶级模仿和追随着上层阶级的时尚。因此，他过于注重人们对时尚和模仿的追求，而忽视了一种更集体化的模式，在这种集体模式中，各种社会文化因素都会导致大众趣味。而布鲁默的时尚理论则与之形成鲜明的对比，他提供了一种比像凡勃伦与齐美尔等以往理论

---

[1] [美] 凡勃伦. 有闲阶级论 [M]. 蔡受百，译. 北京：商务印书馆，2000：101.
[2] [德] 齐美尔. 社会是如何可能的 [M]. 林荣远，译. 桂林：广西师范大学出版社，2002：155.

家更微妙和更深刻的时尚与趣味研究路径。

四、集体模式

  布鲁默理论的精髓在于他认为时尚和趣味是由集体塑造的，而不是像齐美尔早期所认为的那样由特权阶层来决定。根据对巴黎女性时装业的广泛观察，他认为时尚的主要特征之一是有一种集中的挑选过程，时尚买家具有敏锐的洞察力，能够引导自己的直觉，增强自己的敏感性，调动自己的判断力和选择能力。他对时尚买家的理解证实了大众趣味运动的一种共通感，即对新时尚固有的守则、符号和价值观的解读既是对现有时尚的适应，也是对趣味的适应，更是一种延伸。

  在齐美尔早期的趣味和时尚论证中，精英阶层在决定大众趣味的方向方面发挥了重要作用。相比之下，布鲁默把精英阶层描述为与下层阶层一样，他们都参与了新时尚的形成，他们也渴望接受新出现的流行趣味，这已经成为时尚的重要推动力。布鲁默认为，时尚机制以集体选择为特征，而选择是一种达到集体趣味水平的社会过程。在他的视域中，趣味选择的社会过程"几乎像是在社会审美市场中具有竞争性的趣味在竞标拍卖一样，精英群体和大众群体都会根据自己的需要，从新兴分化的趣味形式和价值取向中进行精挑细选"。❶如此，趣味的转变，集体趣味的转变建立在一种市场化的选择过程，一种对趣味的大众方向做出的经济上的投票基础上，它"毫无疑问是在一个复杂而又多变的世界里，社会互动中发生的多样性体验引起的。它反过来又会促使人们在无意之中去探索适当的表达形式，以使自己的生活方式符合现代生活的总体发展趋势"。❷

  奥利维耶·阿苏利则进一步从趣味问题的经济价值和当代意义的角度论述了"品味的工业化"问题。"品味原本是工业化社会之前宫廷文化的一个重要

---

❶ [澳]伊恩·伍德沃德. 理解物质文化[M]. 张进, 张同德, 译. 兰州：甘肃教育出版社, 2018：156-157.

❷ H. Blumer. Fashion: From Class Differentiation to Collective Selection [J]. Sociological Quarterly, 1969 (1)：282.

特征",它"是一种贵族性的文化能力",本质上来说意味着一种反常,作为世俗性的对立面,而蔑视普遍被接受的观念和审美陈规。随着工业化与现代化的发展,品味开始与现代生活,特别是与经济生活建立起复杂而富有张力的关系,审美动因成为经济增长的主要动力,审美资本主义开始出现。在审美品味前所未有地促进消费发展的工业化民主社会中,她认为品味在超出个人的同时也携带了集体的需求。在社会学中,价值和象征一般被认为是属于一个集体表现系统,在这样的观点中,表现是主观的、超社会的,并可以为个人所运用。然而物品在这里被错误地当成了一个社会投射象征表现的载体,无论是身体的或者是最普遍审美的表现,都不可以被缩减为超个人形态。"所有的感受,即使是那些被认为是自发的、完全本能的感受,都首先来源于个体间暗示的流动。""个体行为绝不是从上至下发展的——就是说个体表现向集体意识归顺,而是从下至上进行的——最细微的感受相互模仿、相互复制、相互组合或相互对抗。"❶

布鲁默的时尚趣味社会学思想在审美动因成为当代经济增长动力的消费社会中仍然具有其先见性,他"敏锐地观察到了趣味形成的符号性基础和互动性品性"。❷ 他所建立的趣味研究模式不同于布迪厄所提出的阶级语境中的趣味研究路径,其更加重视集体机制和话语,并对它们进行概念化。我们在这里似乎看到他思想中的一种康德观念的影子,尽管他在著作中并未承认这一点,但其似乎已经为康德美学理论中的一个关键问题做好了社会学研究的先期准备工作,虽然我们并不清楚这是不是布鲁默的初衷,但他的集体敏感性、共同敏感性和集体选择的概念与康德的"共通感"概念在社会意义上是等同的。❸

---

❶ [法] 奥利维耶·阿苏利. 审美资本主义:品味的工业化 [M]. 黄琰, 译. 上海:华东师范大学出版社, 2013:178.

❷ [澳] 伊恩·伍德沃德. 理解物质文化 [M]. 张进, 张同德, 译. 兰州:甘肃教育出版社, 2018:157.

❸ [澳] 伊恩·伍德沃德. 理解物质文化 [M]. 张进, 张同德, 译. 兰州:甘肃教育出版社, 2018:157-158.

五、结　语

康德对趣味的探讨侧重点在于趣味的普遍性原则。每种趣味判断都假定一种共通感，一种审美共识的存在，以使得趣味判断普遍可传达。由于共通感的存在，这种可传达得以实现，并且"被表象为客观的"，即好像是客观的，实质上却还是主观的，一种基于主观情感的判断不能被认为每个人都同意它，但是每个人应当与这种判断协调一致，因为主观的东西有了普遍性和必然性，就要采取好像客观的形式。康德所提出的这种共通感思想出现在凡勃伦、齐美尔、布鲁默等人对趣味作用的不同角度的解读中，并呈现为对趣味运作集体取向的认可，乃至对将个人联合起来形成一种团体精神的象征性社会互动理论的论述。让-马里·舍费尔曾提出："我们渴望看到别人同意我们的审美判断，但是不一定就表明这是后者的超验基础；这也许由于我们根深蒂固的墨守成规所致。无论如何，在审美领域，普遍性的理想看起来都不可取；如果审美体验——如康德的观点——只是限于头脑能力不稳定的和谐体验，如果我能够假设在每个人身上都是相似的，那就可能无足轻重，因为对每一个人来说都一样的事物很难是复杂而又有差异的。"❶ 那么，我们到底应该怎样去理解个人选择与标准对趣味的影响？它们是如何促使消费者做出决定的？

实际上，在消费社会中，个人选择与标准对消费者趣味的影响是很难被截然划分或剥离的。例如，当前流行的花袜子时尚，古驰等一些大牌将这些花哨的袜子卖到几百块甚至上千块，撞色、艳丽的袜子外露取代了早先的裸露脚踝成为时尚的新宠，花袜子在某种程度上回归了妈妈辈的穿着理念，她们那代人更多不是为了美而是为了保暖这种实用目的。对这一时尚的选择动机本身是比较复杂的，既有上下阶层相互模仿、复制、组合或对抗的集体取向的标准，又有个人出于实用目的或其他因素的选择。在审美资本主义逐渐呈现的工业化社

---

❶ [法] 让-马里·舍费尔. 现代艺术——18世纪至今艺术的美学和哲学 [M]. 生安锋，宋丽丽，译. 北京：商务印书馆，2012：468.

会中，康德、布尔迪厄、齐美尔、凡勃伦、布鲁默等人的研究论述，比较重要的意义是为我们提供了一种物质文化研究角度对趣味与时尚问题的新理解与新探索，启发我们打破非此即彼的思维方式，从而以一种亦此亦彼的思维重新审视丝路审美领域的相关问题。

时尚的再生产性、代码性与后符号化[*]
——物质文化研究视域中的时尚理论

■ 王眉钧

摘要：时尚是当代艺术和文化研究关注的前沿议题。时尚被看作一致性和个性化两种相反力量之间张力运动的结果。在物质文化研究的视域中，人们借助时尚进行身份构建，实现人、物、社会背景的有机整合，既揭示了个体如何同化到群体当中，同时又展现了个体如何分化出群体当中的双重过程。在有关时尚与物质文化研究的阐释方面，福柯、鲍德里亚、丹尼尔·米勒的研究具有启发性。福柯分析了身体的"再生产性"，进而指出时尚的"再生产性"，文化中的时尚"物"，加速了人们生产"不同的"身体，时尚被用作一种规范，调控社会管制的形式，身体不仅是一个生物学实体，同时也表征了社会身份构建过程，是一种秩序的再现。鲍德里亚进一步指出时尚秩序具有"代码性"，装饰身体的时尚"物"表面上是"轻巧"符号，时尚的深层却是被"轻巧"时尚"物"所遮蔽的"沉重"符号——政治、道德、经济、文化等，人无不例外地受到时尚"物"的纠缠。丹尼尔·米勒的"再语境化"理论糅合了福柯和鲍德里亚的观点，把时尚置于消费中加以探讨，强调物的"后符号化"特点，把时尚"物"从谦卑的背景中抽离出来，消除时尚"物"与身体的对立，灵活地实现再语境化，完成身份构建。

关键词：时尚；物质文化；再生产性；后符号化

---

[*] 作者简介：王眉钧，兰州大学文学院，2016级博士研究生，主要研究方向为文艺理论。
基金项目：国家社科基金重大项目"丝路审美文化中外互通问题研究"（项目编号：17ZDA272）。

在物质文化研究视域中，"物"是一种用于人与人之间意义区分和表达的符号系统，所以"物"也是文化的形式。福柯从身体与世界的联系方式，把对事物的认知分成两种方式：一种是认识事物同一性的交感，另一种是认识事物差异性的恶感；交感旨在说明事物相互联系的特点，而恶感则表明事物间有差异性。古式社会强调的是同一性，而当今社会则更侧重差异性。福柯认为时尚领域的权利由消费驱动，权利生产时尚的时候就已经行使了权利的法则。

在福柯的基础上，鲍德里亚对时尚的探讨建立在消费社会中人与物的对立关系上。鲍德里亚在《物体系》中把"物"归于象征体系和功能体系这两种体系。在象征体系中，人与物之间具有亲密关系，物通过被人使用的方式，象征着人的生命和记忆。比如，人会在特定的、封闭的空间摆设家人的照片，表现出"物"围绕人建立起来的秩序，同时也通过对"物"的安排和处置体现出一种文化。在功能体系中，"物"被视作总体功能的一个要素，定位为抽象的功能，时尚"物"恰恰是在"物"的功能体系中，被消费主导，换言之，消费把"物"放置在一个开放的空间，各种"物"都是以消费为主导的环节，特别是时尚"物"，它们不需要与人的具体生活实践建立联系。比如，给汽车镀金，并不意味着汽车的主人要利用汽车的使用价值，更主要的是在消费过程中，镀金象征汽车主人的地位和审美趣味。在消费的主导下，时尚"物"被用作构建各种象征指向物体系的道具，时尚被消费设置好了位置和结构，时尚"物"具体执行不同象征意义的物体系的功能。

在以往的物质文化中，"物"代表了一种"返回"，通过使用价值固化了人与物之间的关系，而在消费驱动的物质文化视域中，时尚"物"代表了一种前瞻，人与物没有固定的关系，替换和更迭的速度让人与物的关系变得非常短暂。米勒的"再语境化"理论中和了鲍德里亚理论中人与物的对立关系，米勒认为再造的语境或许应被视作消费社会一个积极的后果，我们可以从他的理论中获得这样的启发，那就是时尚"物"在逐步失去其象征意义和特殊性的同时，人也会在这个漫长的再语境化过程中完成自己的身份构建和认同。

一、时尚的再生产性

通过福柯的著作《规训与惩罚》《性史》《知识考古学》等可以发现，福柯醉心于研究知识、权利与现代社会身体的共生关系。在福柯看来，知识的产生伴随着身体与物的分离。古式社会的身体是处于具体情境中的联系性的身体，人获取知识的方式是通过人与物的接触交往进行的，通过类比身体的体验来获得新知，实现知识的再生产，身体是实现体验的本源，而外在世界则是其摹本。身体与世界的类比又细分为两种：一种是认识事物同一性的交感；另一种是认识事物差异性的恶感。

交感更多的适用于古式社会，而恶感则更多地适用于现代社会。福柯指出："现代社会中，相似性成了最为粗糙的经验物。"❶ 世界是身体性的表征，知识是语言的、符号的，也是身体性的。当社会进入现代时期，知识不再以相似为基础，而是充斥在以区分为主的权利关系中。此时的身体成为研究的对象。因此，古式社会用以连接世界的身体被现代社会区分性的、分割的肉体慢慢取代。那么，知识、权利及时尚是怎样被联系起来的？

首先，知识体现了关于身体的权利关系，在对身体的区分上，有生命的身体被降级为与寻常物没有差异的客观之物。然而身体无论如何被区分，它都是处于具体情境中的，换言之，作为研究对象的身体不仅是物质性的，同时也是文化性的，身体承载和联系着复杂的文化和意识形态话语。正是伴随着身体被降级为肉体后，身体具有了"再生产性"，人在具体的情境中，会在权利的控制下形成身体意识，不断通过符号表征、改造身体。这样，机械的、流水线上的身体就被权利再生产出。

其次，权利即生产出整体的身体欲望，同时也生产出非理性的、压抑的身体需求。如果说欲望在弗洛伊德看来是紧缩的、内向的，那么，福柯所说的身体欲望则是外向的、生产的、具有创造性的。值得注意的是，身体的生产首先

---

❶ [法] 米歇尔·福柯. 词与物：人文学科的考古学 [M]. 莫伟民，译. 上海：上海三联书店，2016：71.

是对生命的生产，而非对身体的认知过程，原因是知识已经在身体权利的运作中被塑造出来，在这一点上，福柯和德勒兹都主张对身体的生产性进行考古学的清理，但是福柯和德勒兹的分野在于，德勒兹通过身体的布展来实现身体的生产、身体的诊断和身体的治疗这一过程去思考身体问题，而福柯则是通过对断裂的主体的思考来考察处于权利、欲望下的身体，他认为激发源源不断的缺失感是现代社会规训身体的秘密武器，也是身体"再生产"的诱因，而消费社会对身体隐秘的规训，则是通过连续不断产生缺失感和欲望来使身体趋于消费话语的统摄中。福柯说："当个性形成的历史——仪式机制转变成科学——规训机制、规范取代了血统、度量取代了身份、从而用可计量的人的个性取代了值得纪念的人的个性时，也正是一种的新的权利技巧和一种新的肉体政治学被应用的时候。"❶

最后，在福柯看来，作为人类交流与沟通工具的话语并不是自然产生，而是一种符号权利，通过符号、意义、语言的网络形成一种意识形态。时尚是一种话语，通过福柯的理论启示，时尚包孕于特定文化内涵的多元符号体系，在社会权利和意识形态的控制下运行。时尚借助知识的审美原则，在特定的情境中，通过时尚界的权力（意见领袖，即时尚权威人士、行业专家）支配，不断创造出时尚"物"，时尚被用作一种规范及调控社会管制的形式，在这种情况下，身体不仅是一个生物学实体，同时也表征了社会身份构建过程，是一种秩序的再现。

总之，时尚领域的权利，来自消费利益集团或者统治阶级意识形态的规训的预谋。社会不会只有一种类型的时尚，时尚或者维护权利文化的意识形态，总是通过或明或暗的方式与文化权力合谋。知识的生产和权力的非人格化都必须通过身体才能实现。福柯认为，是知识产生了主体，而不是主体支配知识的生产。

无须赘言，时尚界的意见领袖把时尚转换成具象的物质产品和精神产品，而话语作为人的社会行为，要表达说话者的立场和价值取向，经过主体意识的

---

❶ ［法］米歇尔·福柯. 规训与惩罚［M］. 刘北成，杨远婴，译. 北京：生活·读书·新知三联书店，2016：217.

筛选过滤后才能形成时尚话语。福柯所谓之话语不能脱离具体情境而生效，权利生产时尚的时候就已经行使了权利的规训法则。在构建时尚的知识话语体系中，知识作为媒介，而人以知识的名义去定义时尚。

时尚的话语通过消费成为追逐经济收益的手段。时尚"物"，不论是服饰还是艺术品，通过不断地生产时尚话语，形成时尚话语机制，对时尚符号进行不同的组合配对，对符号资源库不断扩充边界。所以，时尚话语使时尚"物"与具体的情境、人以及人的行为同时出场，时尚化身为象征符号。消费者不断追求被赋予新的意义的符号象征系统，通过消费来满足自身的形象价值，完成身份构建，而经济收益是时尚消费的根本目的。

不难看出，福柯对权利、知识以及时尚的推导颇具启发性，有助于我们对时尚和知识生产、权利的关系进行学理性的思考，但是福柯的研究总体而言还是基于个人化的，缺少对族群、集体的关注，过分强调权利的作用，过于偏颇。我们需要客观理性地援引他的思想理论。

二、时尚的代码性

鲍德里亚进一步指出时尚秩序具有"代码性"，装饰身体的时尚"物"表面上是"轻巧"符号，时尚的深层却是被"轻巧"时尚"物"所遮蔽的"沉重"符号——政治、道德、经济、文化等，人无不例外地受到时尚"物"的纠缠。

鲍德里亚断言，人对时尚"物"的需求"从来不是对某一物品的需求，而是对差异的'需求'（对社会意义的欲望），那我们就不会理解永远都不会有圆满的满足，因而也不会有需求的确定性"。[1] 由此可见，时尚是一个不断更迭，推陈出新的过程。既然时尚如此善变，是否能够找出时尚相对恒定的机制呢？鲍德里亚通过对时尚秩序"代码性"的分析，或许能给出一些启示。鲍德里亚认为时尚"物"的消费的功能不在于它的享受，而在于生产的功能。更进一步说，即时尚秩序赋予时尚"物"有表面和深层两套符号系统，一套

---

[1] [法]让·鲍德里亚. 消费社会[M]. 刘成富，全志钢，译. 南京：南京大学出版社，2016：59.

是"轻巧"的符号，是眼睛看得到、能触摸感觉到的符号体系，而另一套是不可见的"沉重"符号体系，它们与政治、道德、经济、文化等密切相关。时尚的生产性恰恰是由"沉重"符号和"轻巧"符号相互间的作用表现出来。

那么，时尚《物》如何影响人呢？鲍德里亚认为，人进入时尚秩序的同时也进入了一个全面的编码价值交换系统，在那里，所有的消费者都被时尚牵连在一起。时尚"物"并不是借助其使用价值（时尚"物"本身）来装饰身体，而是通过其符号性来达到一个表面的区分。他进一步指出，如果时尚"物"的特性在于它因其符号功能而相对丧失实用或客观功能，如果时尚"物"的特点是功能的无用性的话，那么摆设就是时尚"物"在消费中的真相，由游戏（Ludique）❶来决定。

列维-斯特劳斯对消费的符号化过程洞察更加犀利，他认为消费的社会事件的特性并不取决于天性（如满足、享受），而是它赖以摆脱天性的步骤（这一步骤为编码、制度及组织系统）。不论鲍德里亚还是列维-斯特劳斯都旨在说明，时尚"物"消费不是建立在需求享受上，而是建立在符号和区分的编码上。那么，通过对时尚"物"的消费，人所崇尚的"个性化差异"是否能把人对立起来呢？

鲍德里亚明确表示，差异的工业化生产和时尚联袂而行的时候，人们无论怎样进行自我区分，实际都是向某种范式趋同，换言之，都是通过某种时尚组合的形象的参照符号体系来确认和强化自己的身份。鲍德里亚揭示了时尚中盛行的个性化的逻辑，那就是个性化与文化化的功用相似，它们取消了人们之间的真实差别，通过"沉重"符号的影响，使人们及产品都同质化，也就是说，对差异的崇拜是建立在差别的消失的基础上的。

鲍德里亚意味深长地说："时尚的快乐是循环的幽灵世界的快乐。"❷ 正因为时尚的代码性特征，过去的形式作为有效的符号不断复活。时尚"物"承载的时尚符号不再有内在确定性，因此可以自由地、无限地替换、对调。因为时尚既可以被当成最浅薄的游戏，也可以被当成最深刻的社会形式。

---

    ❶ 鲍德里亚在《消费社会》中指出，游戏性（Ludique）是指物的用途和象征变化的一种组合无用性，是伪社会事件，是没有游戏者的游戏，人和物之间的关系就是着迷和操纵。

    ❷ ［法］让·鲍德里亚. 象征与交换死亡［M］. 车槿山，译. 南京：译林出版社，2006：23.

有趣的是鲍德里亚从风格、时间性等维度，通过对时尚和博物馆的异同进行了对比，表明时尚和博物馆是同时代的同谋，它们共同对抗以前的所有文化，这些文化是由非等值的符号和非兼容的风格构成的。

当然鲍德里亚对时尚的论述中，我们可以提炼出时尚循环的理论，他善于创造一些耳目一新的新词语去阐释他的理论，但是他对时尚的当代问题的把握还是与现实有不小的错位，对消费或物质文化作为现代文化形式的理论阐释不够明确。

三、时尚的后符号化

丹尼尔·米勒的"再语境化"理论糅合了福柯和鲍德里亚的重要观点，促使我们思考时尚的不同物质形式的决定因素，在消费方面，米勒延续鲍德里亚的研究路向，把时尚置于消费中加以探讨，在身体观上，不再像福柯将身体"升格"或"降格"，而是消除时尚"物"与身体的对立，灵活地实现再语境化，完成身份构建。

与福柯和鲍德里亚对时尚批判性的思考不同，米勒用较为缓和的态度，把时尚置于消费中加以考量，他主张消除时尚"物"与身体的对立，并从人类学的案例中得出一些结论。

米勒有个非常重要的论点是"事物的谦卑性"。何谓"事物的谦卑性"？米勒认为，物习惯性地屏蔽人们的注意力，却默默成了人们物质生活中不可或缺的背景。米勒以牛仔裤为例，分析牛仔裤无处不在，人们却视而不见，体现了"事物的谦卑性"。如果我们要研究牛仔裤，必须把它从谦卑的背景中抽离出来，当成"无法理解的事物来仔细端详"。❶ 在英国伦敦一片典型移民背景街区对牛仔裤进行民族志研究时，米勒发现，牛仔裤除了能够让人避免社交中的焦虑情绪，还能帮人实现"普通"的状态。按照米勒的观点，物质文化的基础是消费，米勒通过对牛仔裤在消费过程中经久不衰流行原因的研究得出两

---

❶ [英] 丹尼尔·米勒. 消费：理智还是疯狂 [M]. 张松萍，译. 北京：经济科学出版社，2013：109.

个结论：一是牛仔裤能够帮助人们保留个性，同时融入世界；二是牛仔裤能够帮人们摆脱社交产生的焦虑情绪。类似牛仔裤的个案，如果一种时尚的国际化的世界地位得到了确立，它就会开始进入本土化的进程中。在伦敦，移民的比例很高。身份意味着认同，所以移民总是不得不面对一个两难选择，是融入地方性文化，还是保留自己出生地的文化价值观。

牛仔裤在某种程度上解决了这一难题，这正是因为牛仔裤很"普通"，穿牛仔裤可以很好地融入当地社会。牛仔裤既时尚，又自然，舒服是牛仔裤的物理或者使用价值，而让人们感到轻松自在则是牛仔裤的社会价值或符号意义。从物质文化研究的视角来看，人们用了同一个单词"舒服"来指代牛仔裤的材料的特性和文化意涵，并将之混为一谈，那么问题来了：时尚"物"，特别是服饰的人类学研究应该起源于符号学，时尚"物"的差异是如何标识社会和文化差异的？

米勒对牛仔裤的个案研究证明，牛仔裤很可能是第一个"后符号化"的服饰，换言之，牛仔裤对穿它的人没有任何特别的符号意义，谁都可以穿。最终的结论就是，不管是牛仔裤的材料丹宁布，还是牛仔裤的染料靛青，本身都不能证实牛仔裤的舒服和百搭性。人们赋予牛仔裤舒服、百搭的特征，完全属于一种文化构建，这是因为蓝色牛仔裤已经后符号化并且中性了。它丧失了任何与其他时尚"物"搭配而产生冲突的能力。同理，正因为牛仔裤的后符号化特点，人们在正式场合就不会穿着牛仔裤，牛仔裤失去了象征性标识的能力。所以，牛仔裤作为一种物质文化，它的符号化意义就是无法象征任何事物。

四、结　语

在对时尚的理论探讨中，不论是福柯还是鲍德里亚，他们的学术传统是把研究的核心放在差异性和区分上。福柯从知识的生产引出了时尚话语，鲍德里亚则通过符号理论展现了一幅社会差异地图，时尚置身其中对抗旧的文化秩序，丹尼尔·米勒糅合并发展了福柯和鲍德里亚的观点，他从物质文化研究视角出发，拒绝通过类比物与人类之间的象征关系作为研究的基础，主张把物从谦卑的、肤浅的符号化背景中"升格"出来加以研究，他研究的出发点是：时尚"物"如何表达人与人之间的关系和价值。一个误区是时尚"物"是为了彰显差异，放大自我。通过梳理上述三位理论家对时尚"物"的分析，不难发现，时尚"物"不仅可以放大自我，为自己存在，同时也"具境"地缩小自我，为他人存在，通过这种辩证的方式，人才能获得身份认同。我们对时尚"物"的理论的追踪有助于我们更好地理解当今的时尚。

印度电影"贫民窟"之"赋比兴"演绎
——以《嗝嗝老师》为例

■ 韩 薇

摘要："赋比兴"是中国古典文学的表现形态与修辞手法，借助逻辑语言形成感性思维延伸。"蒙太奇"是影像序列的逻辑编排方式，借助感性思维引发逻辑思考。"电影赋比兴"用中国古典文论的批评话语对电影语言的声画结构进行理论探讨。本文以印度电影为例，借"贫民窟"这一印度城市化进程中普遍存在的社会现象和印度电影频繁出现的空间背景，进行印度电影叙事语言的东方美学解读。挖掘可供中国电影借鉴的，商业化与批判性共存的本土边缘文化叙事策略，也为东方美学解读世界艺术探索可能性。

关键词：赋比兴；电影美学；印度电影；贫民窟；边缘文化

电影自诞生以来，从实践到理论，无一不是长期被西方学派和话语把持的领域，逐渐形成以西方价值观与审美取向为准核的创作批评思路。东方电影为获得国际认可筹码，无可避免地带上了商业烙印与西方倾向。在文化互通背景下，西方文化达到了传输目的，而西方视域中的"东方文化"则离自己真实的本土渊源越来越远。印度电影在21世纪以不同于西方"同质化"话语体系的审美模式，在地域文化基础上实现崛起。这种"变形的文化抵抗"借助镜

---

* 作者简介：韩薇，西安电子科技大学讲师（兰州大学文学院在读博士），研究方向为文艺理论与影视传媒。

基金项目：国家社科基金重大项目"丝路审美文化中外互通问题研究"（项目编号：17ZDA272）；中央高校基本科研业务费专项资金资助"丝路沿线国家影像传播研究"（项目编号：RW180109）。

头、视点、光影、色彩、声音、节奏等手段所具有的象征性和符号性，将印度传统文化中的仪式感不断复现于镜头表述，并通过镜头的逻辑组接，完成省略、重复、列举、隐喻等文体修辞格的视觉化移植。"赋比兴"修辞手法的结构性关联，形成从"形象"到"意象"的艺术表达，使原本具象的语言含义有了游移空间，使感性思维与逻辑思维统一于影像，使印度传统文化价值观能够借电影媒介跨越不同文化壁垒，不断向海外市场推进，也为民族文化如何在世界影坛获得话语权提供了范本。

一、"赋比兴"解读电影美学

（一）"赋比兴"——情是灵魂

"赋比兴"作为中国古代诗歌修辞手法，自汉代提出以来，不断被赋予"政治、教化、美刺、讽喻、兴象"等不同释义且众口不一。经由魏晋南北朝、唐宋明清等历代学者深挖，"赋比兴"作为中国传统诗学的创作旨意和美学经验沿用至今。

根据当代美学家叶朗先生的解读，对"赋比兴"的释义"叶嘉莹最为精辟"。[1] 叶嘉莹认为"赋比兴"即诗作的三种方法，表现了"心"与"物"的关系。"赋"——即物即心；"比"——由心及物；"兴"——由物及心。其中，"赋"是直接叙述，"比"经过理性安排，"兴"是自然感发。"这三种表达方法，实质上也就是诗歌中情意与形象之间互相引发、互相结合的三种不同的关系。"[2] 叶嘉莹是将具体物象与抽象思维统一于"赋比兴"的结构性关联中。

对于"物"与"心"的统一，宋代李仲蒙亦有探索："叙物以言情谓之赋，情物尽者也；索物以托情谓之比，情附物者也；触物以起情谓之兴，物动情者也。"（胡寅《斐然集·与李叔易书》引）分别从"叙物""索物""触物"角度解释"赋、比、兴"手法如何将心与物统一于"情"。尤其"叙物"

---

[1] 叶朗. 中国美学史大纲 [M]. 上海：上海人民出版社，2007：85.
[2] 叶嘉莹. 叶嘉莹说诗讲稿 [M]. 北京：中华书局，2008：12-15.

即"赋",不仅是"铺陈其事",还要结合"言情",将主观情感付诸客观物象的叙事表达。

"叙物"以"言情",正是中国历代诗论的"开山纲领"——"诗言志"的灵魂所在。"赋"不只是"直言铺陈",更是内心志意之表达,再借"比""兴"之法使"赋"所述之情得以延展,产生"文已尽而意有余""文外之意,象外之旨"的审美价值,是中国传统艺术美学思维的根本体现。

(二) 情——民族文化以电影为媒介互通的基石

电影艺术之所以能够在文化传播中扮演重要的"文化使者"角色,形成跨国界、跨年龄、跨性别、跨种族的交流互通,达到对本土文化、意识形态、民族形象、精神内涵以及价值观念的全球化传播,其立足根基是直观影像传递出人类共通的基本情感所引发的共鸣,即是跨越地域文化差异的桥梁。

影片情感的传递不仅仅依托单一画面形象,更要借助镜头间的有机组合衍生出超越现实逻辑的新含义,形成新的意象。正如抒情话语往往在逻辑语言之外另有表意形象,影像同样在逻辑组合的镜头语言之外,通过具象的现实再现与感性世界各种形象对等物之间的同位、对立与并置关系,引发观众的创造性阐释。这个过程至少包含客观可见的形象(vision)、情感虚拟的想象(imagination)和最终构绘的意象(composition)。银幕的视觉形象构成从形到神、从象到意的中介,并引发受众意识情感的充分参与。

虽然影片的镜头组接以逻辑关系为依据,但其追求的是相似而非真实,因为其目的在于感动人,而非说服人,所以需要进行暗示,而非阐明。因此,主宰镜头的逻辑关系趋于感性,而非理性。镜头的组接逻辑,是通过画面空间的毗连性与物体意象的相似性等情感激发手段,引起观众深浅不一的直觉联想或意识反馈,用真实或虚拟的因果关系组织镜头语言,将影片叙事引向已然确定的情感表达,以此来获得观众可预见的参与、理解与共鸣。

因此,以电影为媒介进行民族文化的交流与传播,语言互通并非问题核心,立足点应在声画结合的镜头逻辑对人类共通情感的挖掘。如 1927 年拍摄的《柏林——大城市交响曲》没有任何语言,而是用纯粹的视觉形象结合德国最富盛誉的古典音乐,为观众构建了"柏林印象"。虽未有明言,但古典音乐与德国之间的空间毗连(音乐出自德国)使二者之间具有某种等值性,故以声载物，结合画面上的具象呈现，由此引发德国文化悠远雅正的感受，这源自"古典"与"积淀"在语义相似性上的联想。这种抽象电影的实验手法，是借镜头组接来刺激情感焕发意念，引起共鸣达到文化融通。无声电影通过肢体语言达到意义传输也是情感超越文化代沟的最好说明。

（三）东方理论解读电影美学

萨义德认为：东方主义的话语机制源于欧洲人的想象，是西方描述、殖民与统治东方的控制与重建方式。在被西方话语把持电影创作语境的情况下，东方电影中的传统文化不再是藏匿于漫长岁月流传下来的民族灵魂，而是存活于西方人"符号化"幻想中的"伪民俗"或"刻板印象"表达，如功夫、书法、围棋、翠竹。东方电影中空泛的概念和虚假的礼仪，好比唐人街上的广告，中华特色鲜明，却离真实的中国千山万里。东方电影仅仅关注语言、动作、场面、造型和理论研究等外在形式的模仿与总结，用被市场认可的演员来减少文化差异带来的理解障碍，用西方电影的创作理论来生搬硬套东方电影的创作实践，借此消解东西方文化的二元对立，最终将导致东方电影的民族性越来越模糊。

在电影全球化的时代，进行文明对话的前提是承认不同文化间的差异性、独立性与合理性，以及每一种文明的独立话语权和平等地位。虽然东方美学以审美意识表达见长，西方美学以逻辑体系建立为主，但正是这种东西方文化间的巨大差异，和彼此间的流动性、不确定性、不完整性才给了电影理论以生发空间。否则世界各国差异巨大的民俗文化都视西方美学为唯一标杆，只会造成多元文化走向枯竭，又何来文化互通与共荣？

"赋比兴"作为东方艺术创作的理论阐释，虽源自文学创作，但"诗中有画，画中有诗"，文字表意与视觉表情系统的结合，由象及意、象意一体的深厚意蕴是中国传统艺术的美学特征。电影作为视觉艺术，意象营造需借助视觉形象的逻辑组合实现，同样是感性与逻辑思维的统一体系。此外，诗歌可用"比""兴"将"赋"所不及之情进行衍生表达；电影也可借灯光、音响、场面调度等艺术手法对无法直言之情进行意境营造。同时，"情"是"赋比兴"的灵魂表达，同样也是异质文化借电影传播进行彼此解读的立足点所在。所以，用"赋比兴"解读电影创作，是基于对美的追求与情感共鸣是人类共同的文化价值观趋向所在，是文化互通的根基。

因此，如何在视觉意象中，借镜头组合的逻辑激发情感共鸣，潜移默化地完成东方美学的理念传输，并与西方观众达成共识，是东方电影应该探索的创作路径。借鉴中国诗歌创作的"赋比兴"修辞，对电影艺术创作手法进行解读，是世界文化丰富性交融的一种尝试。

二、《嗝嗝老师》的"赋比兴"修辞

《嗝嗝老师》是2018年10月在中国上映的一部印度电影，一如既往采用了娱乐爆米花式的外表和讽刺社会现实的内里，聚焦于印度诸多当代社会问题。讲述患有图雷特综合征的女教师奈娜带领由贫民窟孩子组成的全校垫底的9F班逆风翻盘的励志故事。在校园励志喜剧的包装下，影片实际关注了印度教育资源分配不均、弱势群体、父权表达，以及阶级固化、贫富差距所带来的矛盾激化等社会问题。但影片并没有过度渲染悲情逆境，而是传递了梦想、公平、赤诚、团结、善良、坚持、爱与希望等正能量的价值观。下文就影片的"赋比兴"修辞进行解析。

（一）"赋"——"摹象"与"喻象"

钟嵘《诗品序》中言："直书其事，寓言写物，赋也。"❶ 也就是说，"赋"中不仅有"直言"，还有"寓言"。"直言"是借"模仿"描述具体可感的"形"，"寓言"是借"转喻"塑造意味深长的"像"。电影的"赋"就是通过"摹象"对现实世界进行搬演，再借"喻象"填补细节，重塑一个"景"来触发受众的"情"，由此生成虚实相生、形神兼备、情景交融的审美"意象"。在"景"的塑造过程中，未必言情，却句句含情。王国维曾说"一切景语皆情语也"。❷ 又如金圣叹所言，《诗经》三百篇，虽草木虫鱼鸟兽毕收，而并无一句写景。景物的描摹写照，总能调动人的情绪意念。因为"赋"所铺陈的景物空间虽以视觉形象为中介，却超越了符号化的"立象见意"的视觉

---

❶ （梁）钟嵘著，曹旭集注. 诗品集注［M］. 上海：上海古籍出版社，2011：36.
❷ 王国维. 人间词话［M］. 上海：上海三联书店，2013：42.

体验，象（物）与空间环境的等值性会引发受众的临近性联想（意），经由情物相融，而以象贯之。正如叶朗所说："艺术是艺术家借助于某种感性媒介物进行构形（formative），从而创造出一个新的意象世界的活动。艺术不是任何一种自然情感的自发流溢，而是将情感纳入一个明确的艺术结构，从而把它符号化为一个'意象'。"❶ 所以在电影语言中，"赋"是通过"摹象"构成直观可感的影像，并借"喻象"对"摹象"不便直言之景进行填充，形成完整的故事框架和明确的艺术结构，以此刺激受众感知，完成从"形象"塑造到"意象"生成的过程。《嗝嗝老师》中的"摹象"和"喻象"主要靠"节奏叙事"和"密集细节"来构建故事的合理化。

1. "摹象"的叙事策略

关于"摹象"，由于逼真性是电影再现功能的基础，此间不再赘述。重点是影片采用了 3 分钟为一段落的叙事策略，每个段落包含完整的起承转合与矛盾因果。通过对叙事密度和时间的协调，来发挥审美力量，避免趋于死板。如此，每 3 分钟内形成缓急交错的叙事节奏，整部影片又保持相对稳定的时间切割，既满足了观众渴望变化的心理需求，又保证了影片叙事的节奏性韵律，使"赋"中的铺陈与情感相得益彰。

此外，全片音乐设计在传统印度古典音乐基础上，糅合了西方的摇滚、嘻哈、说唱、舞曲和爵士等各色音乐元素，再加上印度传统音乐注重的装饰音和颤音，形成独具本土特色又能遍及世界的音乐模式。旋律节奏与画面情绪的精准吻合，形成微妙的呼应关系。不仅满足不同文化背景下的观众群体对印度本土文化与民族特色的想象，同时也是一种"高度世界主义与中介（mediation）化的音乐类型，将视觉维度融入声音之中"，❷ 使音乐与画面彼此解释。"宝莱坞电影中的歌舞是电影文本的重要组成部分，它可以表达文本本身无法阐述的内容。"❸ 所以，音乐在印度电影中并不只是情绪的辅助，而是可以借助曲调之"赋"，达到意境之"兴"的重要叙事手段。

---

❶ 叶朗. 现代美学体系 [M]. 北京：北京大学出版社，1998：100.
❷ Jayson Beaster-Jones. Bollywood Sounds [M]. Oxford University Press, 2015：167.
❸ Rajinder Dudrah, Jigna Desai. The Bollywood Reader [M]. Open University Press, 2008：150.

2. "喻象"的情感构成

所谓"喻象",是创作主体以"自我"为体,以"世界"为自我的延伸,赋予客观世界的具体形象以抽象意义,以此形成的意象便是"喻象"。这种内在情感的符号化是出于自我表达的需要,借自我与世界、精神与物质之间的毗连性构建"象"与"意"的"转喻"关系。

例如,背景台词"微小的蚂蚁也能以沙石筑高墙",实则点明影片主旨:坚持是成就梦想的力量;莎士比亚名剧《裘力斯·凯撒》宣扬的个人价值实现,与影片主题相呼应,同时,凯撒的傲然与胜利者的自信也成为女主贯穿全片的精神气质;9A班的尖子生到9F班的差生,班级划分不仅暗示学习成绩的高低和家庭经济状况的天壤之别,同时用"class"(有阶级的意思)反映出印度社会的等级差异;课堂英语教学与贫民窟家长印地语的对比,不仅体现印度原属英殖民地的文化烙印,也显示出印度高知阶层与底层民众的割裂;家长会上的5个空咖啡杯暗示时间流逝和无效等待的焦急……

影片通过这些细节化的"喻象"不断为后续发展埋下伏笔。如《红楼梦》脂批本所言:"事则实事,然亦叙得有间架,有曲折,有顺逆,有映带,有隐有见,有正有闰,以至草蛇灰线……一击两鸣……千皴万染诸奇。"通过隐藏式的表达留下隐约可寻的线索和迹象,恰如象征主义诗学所提倡的"去暗示事物而不是清楚地陈述他们",❶ 从而营造朦胧幽邃的情绪与感觉。同时,"喻象"可以借具象的呈现,表达其背后的寓意,这种"赋"笔的使用,是借空间和语义的毗连性,把主体情感诉诸现实中具有接近关系的物象,引发观众的临近性联想,从而对现实矛盾进行转化,以较为间接的方式进行呈现。

(二)"比"——"物象"与"心象"

所谓"比",是在自然"物象"与主观"心象"之间借双方相似属性搭建共通桥梁。这种共通不仅是形态、结构、位置、关系等外在特征的相似,更是精神、气质等内在属性的同质,借"比"实现物性与心性的统一。"物象"之所以能激发"心象",基于"天地自然物象具有先天的真理性或人类情感、思

---

❶ [美]威尔逊. 阿科瑟尔的城堡[M]. 黄念欣,译. 江苏:江苏教育出版社,2006:30.

想的象征能力"，❶ 使外界万物不再是于人无意的客观"物象"，而是可以借人与自然共通之"道"，"以物象而明人事"。❷ 刘勰在《文心雕龙·物色》中曾言："春秋代序，阴阳惨舒，物色之动，心亦摇焉。……情以物迁，辞以情发……"这说明，自然"物象"与主观"心象"之间并非简单的相互比附，而是借"物象"的象征性与内心情愫达到统一，形成彼此的精神融通。

因此，"比的特质是：明言此物，实指它物，乃语言的选择替代，属相似性联想。同时，这种'相似性'具有较大弹性，甚至可以构成相反相似性。即'理疏趣合'者，虽内涵相悖，审美效果却可合而生发。"❸ 根据刘成汉先生在《电影赋比兴》中对"比"的类型划分，《嗝嗝老师》中出现的"比"主要有以下几类。

1. 明比

"明比"是指电影叙事符号中，本体和喻体之间有明确有效的相似性，使叙事更加鲜明浅近。

如"垃圾排入下水道，贫民窟孩子去市立学校"，用垃圾比喻贫民窟孩子，而用下水道比喻市立学校差强人意的教学质量；母亲用菠萝蜜形容儿子"外表强硬心肠软"；瓦迪亚将9F班比作"圣蒂克弗兰德的毒瘤"；水手靠手势寻找北极星指引方向，而迷失的学生把奈娜比作生命的灯塔……

2. 对比

"对比"即"相反相似性"，除画面语言的对比外，光影明暗、色调深浅、镜头快慢、音调高低都可以形成对比叙事。《嗝嗝老师》采用大量对比手法表现阶级冲突和贫富矛盾。如9A班学生个头普遍比9F班高；9A班家长衣着得体，关心教育，9F班家长忙于生计，无人现身家长会；上课时间，其他班级座无虚席，9F班空无一人；9A班学生上厕所有仆人伺候，9F班学生上厕所要排队30分钟；还有前后两次参赛模型，9A班学生制作的小区绿树环绕，楼房林立，干净整齐，人烟稀少，而9F班参与的作品，则是楼宇板房高低交错，

---

❶ 王利平，周建渝. "物象"象征化的美学机制考察 [J]. 外国哲学研究, 2018 (6)：41.
❷ (唐) 孔颖达. 周易正义 [M]. 北京：北京大学出版社, 2017：59.
❸ 张进. 论"赋比兴"的语言结构和修辞系统 [J]. 兰州大学学报（社会科学版），1998, 26 (2)：113.

有桥，有流水，有万家灯火，生活气息浓郁。两个不同作品似乎成为两种阶级的微缩展现。

除此类细节对比外，影片还通过两位教学理念相异的教师之间的冲突，和两个班级孩子的前后对比，来揭示教育真谛。奈娜春风化雨因材施教型，课堂轻松活泼旁征博引；瓦迪亚思想固执心存偏见，授课不苟言笑恪守大纲。以至于9A班学生认为自己虽幸运却不快乐。而9F班学生从最初违纪堕落、自我放弃，到后期直面差距、奋起直追，印证了奈娜教学理念的成功。

3. 借比

借比（Metonymy），指借用某一事物所特有的标志来比替某一事物。[1] 如"巾帼"借比"女子"，"须眉"借比"男子"。《嗝嗝老师》中，用级长徽章借比荣誉与责任；用赌博、补轮胎、睡地板、排队抢水来借比贫民窟无序混乱的生活；用孩子们手里的工具借比各自擅长的领域（扑克——速算小将，螺丝刀——物理专家，秋葵——化学神童）；歌词中的"他们是WiFi，我们是3G"，借比贫民窟孩子所面临的身份窘境。

片中最精彩的一段借比是奈娜对学生的激励教育（38m54s）。她用粉笔在黑板上划出尖锐的声音，借比17年前在生活中听到的各种嘲笑，和当下学生们的恶作剧，同时借比贫民窟学生对生活发出微弱的反抗之音，并解读他们渴望发声引人注意却又无能为力的纠结心理。然后掰掉一截粉笔尖使其不再尖锐，以此借比"人生只需要做出一点儿改变就可以不再忍受噪音"；并引申出：不要问"为什么"，而要问"为什么不"的深刻话题。

"借比"有"一语双关"之效，不仅表述当下事件，也使不易具象的形象思维可以借象征性意味进行多元化阐述。

4. 拟人

"拟人"就是把本来不具备人的动作和感情的事物人格化。比如奈娜认为自己与"图雷特综合征"可以互相迁就，彼此协调。再比如影片中一个很重要的意象——纸飞机，原本没有生命的一张纸，因拟人化的修辞，使其可以包裹恐惧，搭载梦想，助力未来。

---

[1] 刘成汉. 电影赋比兴［M］. 北京：中国传媒大学出版社，2011：18.

"拟人"的效用也许可从《庄子》中窥见一二。《庄子》所传之"道"的深奥与抽象在创造性的拟人表述中变成更易理解的哲学理念。赋予客观事物以人格化的情思,使原本只存在于形象思维的事物变得具象化。这种物化思维正是电影审美移情的心理基础,通过拟人化的表述,将主体情思移诸对象,山川河流都有了生命灵气。主体的精神状态在沉冥于外物的凝虑中达到自适,通过"物我互通,天人合一"的精神境界,形成忘我的心理超越,完成主客体的浑化与交流。这种充满想象力的修辞手法,使影片表达更具艺术情志。

5. 隐比

"隐比"顾名思义就是隐晦的比拟,按照刘成汉先生的理解,"隐比已经是比体中与兴极为接近的一种,隐比与兴往往更纠缠不清,难以分别。"❶《嗝嗝老师》中的隐比通过台词、画面组接、拍摄角度和场面调度等多种方式呈现。

(1h03m)奈娜带孩子们在天台放纸飞机,瓦迪亚从楼下经过。镜头低角度仰拍净化背景,用蓝天衬托孩子的纯净天真,用高角度俯拍隐比瓦迪亚与天台众人两种境界的思想高度之悬殊。

(1h09m)瓦迪亚恶语刺伤阿提什,并称其"知道如何修补"。用轮胎破洞隐比自尊心受损,暗讽阿提什从事轮胎修补工作的境况。

(1h23m)奈娜无力阻止9F班被停学,她独自走上天台,背景音乐缓慢哀伤,镜头逐渐拉远将女主一人锁定在景深处,隐比其孤立无援的处境。

(1h43m)被诬陷作弊后,奈娜与孩子们被迫离开学校,校工用水管冲洗操场上的粉笔公式,暗喻学校将清除9F班留下的所有痕迹。

陈汝东先生曾解释比拟的修辞:"运用比拟建构的话语较之平铺直叙的话语,其情感信息有显著增加……其动机就是为了更有效地传达出作者的情感信息,表现说写者的爱憎。"❷ 外界"物象"经过比喻、影射、联想、拟人、隐喻等修辞策略,逐渐脱离原有的具象特征,凸显其情感与哲理特征,并与"心象"结合,不断产生新的"能指",成为"意象"生发的动力与源头。

---

❶ 刘成汉. 电影赋比兴 [M]. 北京:中国传媒大学出版社,2011:22.
❷ 陈汝东. 当代汉语修辞学 [M]. 北京:北京大学出版社,2004:228-229.

(三)"兴"——"兴象"与"意象"

"兴象是一种非再现、非概念、非喻体的意象……主体以客观物象为触引,启动想象,感发情志而完成的一种意象世界的建构……所以兴象最主要的特点便是'自然天成'。"❶"赋比兴"中的"兴"就是典型创造"兴象"的方式。它不似"赋",基于主体理念与精神对"物象"进行摹写;也不似"比",基于相似性对"物象"与"心象"进行符号化的贯通。"兴象"在强调主体创造性的同时,又表现出主体的无为性,它是人与自然之间的相互感发,也是自我与自然的完全融合。所以在实际表述中,"赋比兴"三者虽常凝为一处,世人仍觉"兴体"最难把握。孔颖达在《毛诗正义》中言"赋直而兴微,比显而兴隐"。相对"赋体"直陈其事,"比体"鲜明浅近,"兴体"往往由于意超象外而不可言传。但"赋比兴"三者仍处于同一结构体系互相渗透,"舍比赋不能成兴,离比赋无以释兴,去兴则比赋无所归……兴是相似性(比)投射于毗连性(赋)而达成的诗学功能。这种投射包括能指和所指两个层面,一定程度上也包含毗连性向相似性的投射。"❷《嗝嗝老师》中的"兴"凝聚于几点"意象"。

1. 纸飞机

(1h02m)"纸飞机"是影片的重要意象之一。它承载着孩子们的恐惧:害怕孤单、害怕失去、害怕无能、害怕未来,怕努力了没成果,怕学乖了被人欺,怕信任别人被出卖,怕一辈子努力一辈子挣扎……这些惧怕随纸飞机抛出,它带走的不仅是贫民窟孩子对现实的恐惧,更是他们内心对贫穷的恐慌,对"尖子生"歧视的自卑,对教育不公的愤怒。同时"兴"起对未来的展望。

纸飞机的"抛出"与"丢掉""甩开""脱离"有语义上的相似性,抛出写满恐惧的飞机意味着"摆脱"过去而重生。同时,广阔天空与无限未来的语义毗连性,赋予纸飞机乘风飞翔与梦想远航之间的等值关联。

2. 灯塔

(1h26m)"北极星"为迷途的船只指引方向,老师是贫民窟孩子人生的

---

❶ 施旭升. 艺术即意象 [M]. 北京: 人民出版社, 2013: 66.
❷ 张进. 论"赋比兴"的语言结构和修辞系统 [J]. 兰州大学学报(社会科学版), 1998, 26 (2): 114.

"灯塔"。在所指层面，两个类比具有广阔的相似性。北极星和灯塔都具有照亮前路的指引作用，迷途的船只与迷茫的孩子之间是典型的替代关系。北极星高悬天空，奈娜老师境界高远，借语义毗连性，兴起转喻空间。

3. "方程式"

（1h49m）"大纲里的方程式没变，孩子们之间的方程式变了。"大纲里的方程式是数字之间的转换，孩子之间的方程式是人际交往之间的规则。大纲与社会群体，方程式与社交规则分别都有不同意象，但语义上的毗连性兴起二者转喻理解，同时激发其相似性——都是规则运行的模式。于是，彼此间的类同性激发了人们的隐喻理解。

4. "图雷特综合征"

（1h50m）"每个人都和自己的图雷特综合征交了朋友。图雷特综合征到底是什么，是抽搐，还是看待人生的方式？" "图雷特综合征"是一种疾病，与其他疾病、缺陷具有相似性，同时，一个病症给人生带来的障碍，与人生可能经历的其他艰难有广义类同性，都是主体与世界相处中的阻挠。但拟人化的"图雷特综合征"成为主体人格组成的一部分，与"图雷特综合征"的相处，也是自我与自我的对话，与病症交友是完全接纳自我融入自然的体现。相似性与毗连性共同作用，"兴"起影片"跨越障碍实现价值"的多重诗意含蕴。

三、印度电影"贫民窟"背景的演绎

《嗝嗝老师》中的"赋比兴"是不可割裂的整体，赋体构建框架，比体诉诸情感，兴体升华意蕴。借具体形象与感官意象的交融，对社会问题进行"美刺兴比"，恰是东方美学体系下审美理念的共同表达。

印度电影在21世纪异军突起，不再局限于神话故事与历史传说的歌舞片类型，而将叙述眼光转移到了教育平权、贫富差距、种姓隔离、宗教壁垒等尖锐的社会现实问题。印度社会长期拥有庞大的低收入人群和明确的社会分层，"贫民窟"作为印度城市化进程中不可避免的普遍现象，是电影中频繁出现的人设背景。而印度电影的魅力就在于，关怀社会、批判现实的同时，往往避免现代艺术理性精巧、冷静抽象的手法，代之以戏剧化的表达满足观众的期待视野,带领观众探索解决问题的途径,并通过对舆论的把控来引导价值观走向。这种特殊的审美创作模式,"能让观众产生某种情味(rasa)的共鸣,从而时悲时喜"。❶ 故有此说:印度流行电影是"贫民窟对印度政治和社会,以及连带对世界的看法"。❷

有些评论家认为印度电影这种类型化的手法是在粉饰太平,把严峻的问题覆盖在励志表象之下。对于明明能够猜到结局的故事,观众却依然可以被感动,正说明印度电影叙事策略对情感挖掘的成功。以娱乐化的方式直击生活痛点,以"大团圆"的结局解决社会矛盾,目的在于通过"赋比兴"的演绎,在嬉笑怒骂插科打诨中给予社会问题以讽喻与痛击。同时还传递出印度文明对于"真善美"的追求,这种正向价值观的引导更容易获得全球范围内不同文化背景中受众的共鸣,并营造一种优秀文化的感召力,扩大异族文明对印度文化的理解与支持,从而获得话语权。这种对苦难的故意消解是国产电影面对同类型题材时的表达缺失。

反观中国现实主义题材电影,大多带有浓重的政治色彩,侧重献礼主题;少数表现灰色地带边缘视角的影片,要么大肆渲染悲情赚取观众眼泪,要么偏爱自然主义的白描手法呼应冷酷现实。然而,一味抱怨或批判式的冷眼旁观势必难以触动观众心灵。且多数影片在突出展现极端苦难或偏激人性的同时,又故意模糊正向价值观对人性光明面的引导,一味将血淋淋的社会问题撕裂给人看,仿佛成了影片的噱头。对于底层民众的描述集中于打工族群、小偷、拐卖人口、性交易等素材的堆砌,但表述视角又往往侧重个人症结的呐喊,对于整体社会民众的集体记忆缺乏深层挖掘。这种极端化的个人体验所营造的文化奇观也许是国际电影节的敲门砖,却无法在更大范围内触动集体神经,获得观众的共鸣。

现实主义题材影片,客观、冷静的白描手法也许适合"赋体"表述,但缺乏情感投入和"比兴"意境的营造,很难在观众心理和视觉上形成冲击。一味宣扬信仰崩塌的精神状态,不断传递给观众怀疑、否定的负面情绪,除了

---

❶ 王志毅. 孟买之声[M]. 北京:海豚出版社,2016:56.
❷ [印]阿希斯·南迪. 印度流行电影:贫民窟视角下的政治[C]//[印]阿希什·拉贾德雅克萨. 你不属于:印度电影的过去与未来. 上海:上海人民出版社,2011:27.

导致对人性的绝望，并没有给予任何希望与动力。在当前娱乐至死的年代，过于严肃的悲情也许会沦为市场鸡肋，或艺术家的喃喃自语，无法在现实中荡起涟漪。即使观众因"共情"而为剧情哀恸，也仅仅止步于对苦难的悲悯，不同于印度电影的泪点，通常是为人性美好而动容。

口碑与票房双赢的《我不是药神》就尝试走了一条残酷又不失温情的路线。法律与人情的纠缠是现实生活的写照，影片的黑色幽默与浪漫英雄主义交织彰显，虽然现实满目疮痍，但真实的人性往往不失纯良。影片结尾将格列宁加入医保，与其说是变相的主旋律，不如说是惨烈伤口上的一剂创可贴，虽明显、刺眼，却带来了治愈的希望。也许这才是观众真正需要的，对本民族文化信仰的唤醒。

中国作为世界第二大经济体，应该在世界范围内拥有与之地位相称的话语权，这种话语权不仅是对内的凝聚力，也是对外的价值导向。话语权中价值观的建构反映了一个民族共同的价值追求和理想信仰，象征着中华文化绵延千年的传承与积淀，它是民众对自己国家传统文化的认同，也是多元文化碰撞中能够掌握主导权的前提。

四、结　语

苏珊·朗格说："艺术是人类情感符号形式的创造。"❶当情感以艺术形式传播时，它就不再是特定时空中艺术家纯粹个人的"心象"表达，也不再是单一文明的意象体现。原本虚无缥缈、不可言说、只可意会的情感，经过"象征化"的美学塑性，可以变成具体可感，联结广泛，意义丰富的现实"物象"，再赋予其特定的文化指向，会逐渐演变为一种抽象化的民族精神语言。

虽然多元文化彼此迥异，但"喜怒哀乐愁，欢愁悲欣忧"是全人类的共情点，而"美"的相通性与公共性，也已成为中外美学家的理论共识。当电影以"赋比兴"的形式，层层深挖人类共同的精神归属，并将其赋予"象征

---

❶ 蒋孔阳．二十世纪西方美学名著选（下卷）[M]．上海：复旦大学出版社，1988：45．

性"的意象时，它将打破人类不同文化的审美阻隔，成为具有共通性的审美意象。建立在情感基础上的美学表达，能够使商业化与批判性共存的影片，在不同文化介质中有效传导并引发共鸣，使创作者更容易在异质文化的博弈中获得话语主导权。

宗教性装饰睡莲纹样形成之探源[*]

■ 信 毅

摘要：作为宗教性装饰的睡莲纹样在丝路沿线国家和地区频繁出现，在以往的研究中往往认为这是来自印度佛教装饰图案，但追溯其形成的源头会发现，虽然睡莲在印度佛教中形成较为系统的纹样装饰体系，但真正第一次把睡莲引入宗教装饰图案领域的是古埃及人。从植物到典型的宗教性装饰，成为宗教崇拜象征的睡莲在这个过程中不断经历着意义的生产与增值。

关键词：睡莲；睡莲纹样；宗教性装饰；意义生产

人类学家阿尔弗雷德·C.哈登在《艺术的进化：图案的生命史解析》中曾说过，决定一种植物能否进入装饰艺术的关键性因素不在于其美观性，而在于其内部意义，只有当内部存在意义后，该植物才能被引入装饰艺术并且固定下来成为某种意义较为固着的纹样。[1] 他将植物进入装饰系统的过程总结为三个步骤，即宗教引入——象征建构——习惯保持。[2] 本文对睡莲在其原初文化语境中是如何进入宗教并成为典型的宗教性装饰进行研究时，哈登的理论是非常有力的依据。

当某种普通的植物，由于具有独特的生物特性，被人解读为与某一宗教教义甚至只是某一宗教教义的某一层面相吻合，那么它便有可能被引入宗教，并

---

[*] 作者简介：信毅，兰州大学文学院硕士研究生，研究方向为文学理论。
基金项目：国家社科基金重大项目"丝路审美文化中外互通问题研究"（项目编号：17ZDA272）。
[1] [英]阿尔弗雷德·C.哈登. 艺术的进化：图案的生命史解析[M]. 阿嘎佐诗，译. 桂林：广西师范大学出版社，2010：113.
[2] [英]阿尔弗雷德·C.哈登. 艺术的进化：图案的生命史解析[M]. 阿嘎佐诗，译. 桂林：广西师范大学出版社，2010：114.

成为宗教崇拜体系中的圣物。而成为宗教圣物的植物，在宗教体系中被赋予更多完备的象征义，针对该种圣物的宗教象征被建构起来，甚至逐渐压倒了植物本身的所指，在某种宗教文化和民众生活中固化下来，成为引发教徒产生教义联想的形象，甚至拥有了自己借助某种艺术手法的、独特的具象化表征。这看似是一个简单的植物的可感性从具象走向抽象的过程，实际上却指向了植物拥有意义的过程，换言之，便是植物意义的生产过程。从植物走向宗教性装饰睡莲纹样，睡莲也走过了这样一条意义生产与增值的道路。

一、古埃及睡莲崇拜的形成

睡莲是古埃及常见的植物，主要分布在湖泊沼泽等水域中，最早的埃及睡莲主要包括白睡莲和蓝睡莲两个品种，同时根据当代植物学家考证，埃及是睡莲的原产地，埃及白睡莲是世界上最古老的睡莲栽培种，如今的埃及人甚至把睡莲当作本国的国花。❶ 睡莲生命力极强，一般生长在沼泽水泊中，一旦沼泽干涸，睡莲便会呈现出枯萎的假死状态，而当沼泽中再次蓄水后，它便由枯萎状态转入继续生长状态，宛如受到神力眷顾而复活一般。而且，睡莲花朵随太阳升起而开放，日落西山便会闭合，其植物特性与太阳运动不谋而合。

作为埃及本土植物的睡莲，很早就已经从埃及传播出去，而它最早到达的目的地便是流淌着幼发拉底河和底格里斯河的两河流域。关于睡莲走出埃及的过程，《旧约》有一则传说透露了线索。❷《旧约》中记载了埃及公主收养摩西的故事：在古埃及法老屠婴时代，法老的女儿外出在尼罗河边游玩时发现并收养了一名弃婴，她为其取名为摩西，在希伯来语中意为"从水中拉上来"。后来摩西长大成人，成为希伯来人的先知，并带领他们离开埃及回到亚述的故乡，由此，睡莲便也跟随他们迁徙的脚步从埃及来到两河流域。这则传说是对两河流域睡莲之来历的最早猜想。虽是一则传说，但其内容在近些年得到了验证：在对于埃及和波斯的古迹留存考证中，专家们从物种学和植物学的角度证

---

❶ 温跃戈. 世界国花研究 [D]. 北京：北京林业大学，2013：122.
❷ 毛民. 榴花西来：丝绸之路上的植物 [M]. 北京：人民美术出版社，2005：95.

实了波斯的睡莲来自埃及。

当睡莲由埃及传出之后，很快便在古希腊学者们的著述中出现。古希腊历史学家希罗多德就曾详细记载了自己亲眼所见的生长在沼泽中的睡莲，他将睡莲称作"埃及本土睡莲"，❶ 无疑确证了睡莲的埃及身份。在著作中，他这样描述睡莲："当尼罗河水涨满泛滥至周边的平地时，这种睡莲就会大量生长。人们将收获的睡莲在太阳下晒干，然后从每个花朵中挑出结有果实的顶部，它看起来与罂粟头相似，再将这部分磨成粉，烘焙成面包"，❷睡莲的根部呈现圆形，"大小与苹果相似，也可食用，味甘甜"。❸与此同时，古希腊植物学之父特奥夫拉斯图斯在他所著的现存世界上最古老的植物专著中也描写到了睡莲，他将睡莲称作"莲花"，描述其样态为"花朵白色，花瓣细窄，与百合的花瓣相似"，❹ 而且这种植物开花时，许多花瓣密集地紧挨在一起，层叠生长，"当夕阳西下时，花瓣闭合，将顶部覆盖，而当太阳升起时，它们又重新开放，现身于水面上。这种植物一直重复着这样的花开花合，直到'顶部'成熟，而后花朵便会凋谢。幼发拉底河流域的人们描述道，'顶部'和花朵在夜晚时开始下沉入水直至午夜时分，那时已下沉到相当深的位置；即使人将手猛伸入水中也触及不到它们；此后，当黎明来临，它们随着天空泛白而上升，直至日出，此时便可在水面上看到它们"。❺通过传说和文献记载，可以明显看到睡莲从古埃及外传至地中海沿岸的线索。

在古埃及，睡莲是一种常见植物，但更是身份崇高的宗教圣物，它进入了古埃及的宗教崇拜体系并在古埃及信仰文化中固着。古埃及的宗教信仰主要在于灵魂不灭以及对来世的想象和对永生的期盼。古埃及人认为人的身体只是盛装灵魂的容器，人的死亡只是灵魂的暂时休憩，只要妥善保管好盛装灵魂的容器，那么灵魂总会在有朝一日被唤醒，再次回到身体中来，并从此获得永生。❻ 正是因为身体是灵魂的容器，所以在灵魂进行暂时休息的过程中，身体

---

❶❷❸ [英] 珍妮弗·波特. 改变世界的七种花 [M]. 赵丽杰, 刘佳, 译. 北京：生活·读书·新知三联书店, 2018：10.

❹❺ [英] 珍妮弗·波特. 改变世界的七种花 [M]. 赵丽杰, 刘佳, 译. 北京：生活·读书·新知三联书店, 2018：11.

❻ 南树华. 试论古埃及木乃伊与来世信仰 [J]. 内蒙古民族大学学报（社会科学版），2008（3）：9-12.

不能被损坏，不然灵魂被唤醒却找不到可以回归的身体，就会面临彻底消散的危险，所以古埃及人常常把尸体做成木乃伊以保存其完整性，等待灵魂归来。而通过考古发现，在古埃及，睡莲常常出现在葬礼之上和墓穴之中，被放置在木乃伊身旁或被木乃伊拿在手中，意为陪伴灵魂做短暂的安歇，同时也有着指引灵魂找到属于自己的身体的功能。❶ 古埃及地处非洲东北部尼罗河中下游地区，由于有大河滋养，加之气候温暖宜人，所以古埃及的植物种类也较为繁多，那么古埃及人在众多植物中唯独选择睡莲作为陪伴灵魂安歇的圣物的用意究竟何在？

其实前文中曾提到的睡莲与太阳运动相似的生物特性为这个问题提供了答案：由于生命力极强、随太阳升起落下而开花闭合，所以葬礼和墓穴中的睡莲意在希望死者的灵魂可以像睡莲一般经过休眠再次苏醒，最后得到永生。睡莲因其生物特征而被附加了复活的象征意义。正如哈登所言，正是因为"古埃及人强烈的宗教观念渗入了死亡的问题，并因憧憬不朽而得到升华。重生和未来的极乐世界乃是笃信的条款，而不只是一个虔诚的期望。无怪乎这个象征复活的花，在不朽的宗教观念下，会大量地出现在坟墓和其他的地方"。❷ 拥有了复活象征的睡莲已经从纯粹的植物进入宗教象征体系，成为宗教崇拜的象征，但它作为宗教崇拜象征的寓意没有到此结束。因随太阳的升落而开花闭合，睡莲与太阳发生关联；因为处于极端环境下也不会轻易死亡，一旦自然条件适合便会"复活"，睡莲与旺盛不息的生命力产生联系；又因为睡莲常常出现在墓穴之中，与人的死亡和灵魂的复活相关联……与太阳、生命力、死亡与复活的关联，终于可以使睡莲被"用来象征不朽了"。❸ 至此，睡莲作为一种古埃及的常见植物，由于自身生物特性之独特而被古埃及人给予特别关注，进而被引入宗教信仰系统，成为古埃及宗教信仰系统中"复活"和"不朽"的宗教象征。

---

❶ [英] 阿尔弗雷德·C. 哈登. 艺术的进化：图案的生命史解析 [M]. 阿嘎佐诗, 译. 桂林：广西师范大学出版社, 2010：120.
❷ [英] 阿尔弗雷德·C. 哈登. 艺术的进化：图案的生命史解析 [M]. 阿嘎佐诗, 译. 桂林：广西师范大学出版社, 2010：118.
❸ [英] 阿尔弗雷德·C. 哈登. 艺术的进化：图案的生命史解析 [M]. 阿嘎佐诗, 译. 桂林：广西师范大学出版社, 2010：117.

睡莲从植物变为宗教崇拜的象征，但它的象征身份并没有止步于古埃及，而是如同植物迁移一般向外传播开去。当"伊朗雅利安人在进入伊朗高原之后，接触到美索不达米亚文明，进而接触到古埃及文明之时"，❶伊朗雅利安人便对古埃及的睡莲象征产生了兴趣。由于古埃及文明中的睡莲形象十分符合伊朗人对于"水中灵光"的崇拜与想象，所以睡莲象征在内涵的范畴变化之后，身份依旧不变——它进入了伊朗雅利安人的宗教文化中，成为当地的宗教崇拜象征。于是，成为"复活"和"不朽"的宗教象征的睡莲从尼罗河沿岸出发来到美索不达米亚平原和伊朗高原，进而成为"复活""不朽""水中灵光"的宗教象征，在西亚和东北非地区，拥有了较为稳固的宗教象征身份，成为该地区典型的宗教崇拜象征。

二、古印度的宗教圣物睡莲

关于睡莲究竟是否是同种异源植物，至今在学术界还存在争议。有学者认为睡莲应当是同种异源植物，印度也是其起源地之一，❷但也有学者持不同意见，认为睡莲即使是同种异源植物，它的另一个源头也是在欧洲而非在印度。❸结合现有的种种植物学、考古学等证据，笔者较为赞同印度并非睡莲起源地的说法，主要原因有二。

首先，认为睡莲是印度本土植物的学者认为，关于亚历山大东征将睡莲带入印度的说法不可取信。因为亚历山大东征到达印度东北部地区的时间在公元前327年左右，这个时间远远晚于印度本土两大宗教印度教和佛教的创建时间，而无论佛教还是印度教都有以睡莲为原型的宗教崇拜象征，所以睡莲不可能是经由亚历山大东征从埃及带到印度来的，睡莲应当为印度的本土植物。但近年来的考古研究发现，在印度发掘出的古睡莲种子经过分析确实是来自埃

---

❶ 穆宏燕. 印度—伊朗"莲花崇拜"文化源流探析 [J]. 世界宗教文化，2017 (6)：2，61-70，158.

❷ 邢湘臣. 关于"莲的起源地"考证 [J]. 农业考古，1983 (2)：248-250.

❸ 倪学明，周远捷，於炳，等. 论睡莲目植物的地理分布 [J]. 武汉植物学研究，1995 (2)：137-146.

及，那么就存在一种可能性，即睡莲并非由亚历山大东征才被带到印度东北部地区，而是可能在很早以前就已经被亚述人带到了印度，甚至这个植物的迁移过程还发生在更早的没有文字和传说的时代。

其次，如果说上述的考古学证据尚且因存在一定猜想而存疑的话，那么植物学家的考证则更加证实了睡莲不可能是印度本土植物的说法。在《论睡莲目植物的地理分布》一文中，作者从植物学的专业视角提出，睡莲确实是一种同种异源植物，它应该是北非以及欧洲的本土植物，印度的气候虽然十分适合睡莲生长，但在印度出现的白睡莲和蓝睡莲，应当均为从埃及传出的品种。❶

综合以上两点原因，笔者较为倾向于睡莲是从西而来，从遥远的埃及传至印度的植物，而不是印度土生土长的植物。但由于印度的气候温热湿润，十分适合睡莲生长，所以当睡莲从古埃及传进印度之后，迅速在当地扎根并大量繁殖，很快融入当地植物体系，成为常见植物，甚至进入了当地的宗教信仰系统。

在印度本土宗教中，印度教和佛教是两大较有代表性的宗教。印度教的产生早于佛教，"印度教"一词是由研究印度宗教状况的西方学者所起，印度人本身并不这样称呼自己的宗教。有学者认为，印度教一词有广义和狭义两个层面的含义，"广义的印度教不仅包括婆罗门教，甚至可以包括吠陀教。狭义的印度教则仅指婆罗门教发展的最近一千五百年左右的阶段"，❷ 为了方便论述，本文所言印度教，均取其狭义的概念。古印度的领土面积大且地理位置十分优越，"印度是古代印度次大陆（亦称印巴次大陆或南亚次大陆）的总的地理概念，是这一地区各个部落或国家的统称。❸ 由于位于南亚季风影响区，古印度气候温暖宜人，物产众多，植物资源特别丰富，这也就造就了起源于古印度的宗教所具有的独特之处——常常将许多植物原型引入宗教文本，所以早早来到

---

❶ 倪学明，周远捷，於炳，等. 论睡莲目植物的地理分布 [J]. 武汉植物学研究，1995（2）：137-146.

❷ 欧东明. 略论印度教与印度佛教的关系 [J]. 南亚研究季刊，2004（4）：3，63-67.

❸ 崔连仲. 世界文化史知识：第一卷永恒之河——印度古典文明 [M]. 沈阳：辽宁大学出版社，1996：1.

印度的睡莲也不能例外地被带入印度的宗教信仰系统中，成为宗教崇拜中某方面的象征。

在印度教的教义圣典中，睡莲是常见的典型象征，主要作为女神的圣物而存在。象征智慧和勇气的梵天之妻、给予人后代的辩才天女，她手中的花朵便是白睡莲，代表着纯净和虔诚。❶ 象征幸福与财富的女性护法神吉祥天女的宝座是白睡莲，代表着从白睡莲中孕育出女神。❷ 从白睡莲在印度教中的反复出现，可以对印度教中的睡莲象征的意涵进行总结，主要包括以下几个方面：首先，睡莲是生命力的象征，是生殖崇拜的象征。睡莲生命力强，常常在滩涂或漫水低洼地成片生长，条件适合便可迅速且大量地繁殖。吉祥天女在创世之初，坐着睡莲宝座随水漂流而来的宗教想象便是对睡莲的植物特性进行了宗教化的升华。其次，睡莲长于淤泥沼泽之中却不染淤泥的植物特性，使宗教中的睡莲象征有了纯净的内涵。最后，睡莲常常是女性神的圣物，既有生殖崇拜的隐喻，又暗示着女神的特质与睡莲一样，美好而纯洁。

除了印度教之外，早期印度宗教体系中另一显学是佛教。印度佛教的诞生与印度教存在密不可分的关系：❸ 佛教创始人释迦牟尼属于刹帝利种姓，佛教的诞生本身就是逐渐拥有话语权的刹帝利等级要求政治上的最高地位的表现；印度教的神明也常常出现在佛经中以确证佛教存在的合法性；而且可以看出佛教对印度教存在一些哲学观念上的继承，如教义中的"轮回""业"等。于是已经被纳入印度教信仰体系且内涵丰富的睡莲象征又开始频繁出现于佛教经典中。

莲花是佛教经典中一种常见的象征，而莲花象征的原型应当为睡莲，主要原因有如下两点：首先，中国的植物学家徐仁在前往印度考察期间，曾专门到佛祖释迦牟尼讲学的圣地，从而得以亲眼所见，在该圣地附近的沼泽中生长的睡莲属植物都是睡莲，而且，佛教中的佛和菩萨的莲座，在形态上十分接近白睡莲。❹

---

❶ [德] 施勒伯格. 印度诸神的世界 [M]. 范晶晶, 译. 上海：中西书局, 2016：172.
❷ [德] 施勒伯格. 印度诸神的世界 [M]. 范晶晶, 译. 上海：中西书局, 2016：203.
❸ 欧东明. 略论印度教与印度佛教的关系 [J]. 南亚研究季刊, 2004 (4)：3, 63-67.
❹ 陈俊愉, 程绪珂. 中国花经 [M]. 上海：上海文化出版社, 1990：153.

其次，之所以得出佛经中的莲花应当为睡莲的结论，是因为一些学者根据佛教经典中出现的莲花名称和形貌特点进行反向考证，得出了这些莲花的品种。佛经中经常出现的四种莲花分别是波头摩花、拘物头花、分陀利花和泥卢钵罗花，前三种经考证分别对应红睡莲、红白相间的杂色白睡莲和纯白色睡莲，而作为文殊菩萨手持的泥卢钵罗花则为青睡莲。❶ 根据季羡林对吐火罗语的考证，泥卢钵罗花"在吐火罗语中是 nilupal［5b（1）］或 nilotpal［6a（2）］。这是一个梵文字，是 nila（蓝）和 utpala（蓝莲花）拼起来的，实际上只用一个字就可以了"，❷ 可见优钵罗花（泥卢钵罗花）应当为蓝睡莲。于是，基于现有考证结果，佛经中经常出现的莲花象征，其原型是睡莲的可能性极大，所以，即使佛经中没有出现"睡莲"两个字，但提到"莲""莲花"的部分，基本可以肯定就是在说睡莲。因此下文的论证中也将以睡莲象征指代佛经中的莲花象征，来具体分析佛经中的睡莲象征的意涵。

在汉译《佛所行赞经》中睡莲象征出现的次数不多，但往往出现在对人物特质的描写中，如：

> 执志安如地，心静若莲华。（生品第一）
> 圆体佣支节，色若莲花敷。（厌患品第三）
> 清净莲华目，从淤泥中生。（出城品第五）
> 空中莲花座，而为王说法。（父子相见品第十九）
> 莲花掌摩顶，如日照乌云。（守财醉象调伏品第二十一）❸

可见，在《佛所行赞经》中出现的睡莲象征主要有两种含义：一是以睡莲象征佛的完美形象与美好品质；二是将睡莲象征作为佛教中的"净"观念的表征。

而在汉译《佛本行集经》中睡莲象征的出现较为频繁，且形象更为具体，如：

---

❶ 陈俊愉，程绪珂. 中国花经 [M]. 上海：上海文化出版社，1990：153.
❷ 季羡林. 新疆的甘蔗种植和沙糖应用 [J]. 文物，1998（2）：39-45，63.
❸ 黄宝生译注：梵汉对勘佛所行赞 [M]. 北京：中国社会科学出版社，2015：13，56，115，433，445.

虽受利养，而心无染，犹如莲华不着于水。（发心供养品第一）

阿难，彼梵德如来复授一菩萨记：次当作佛，号青莲花如来。（发心供养品第一）

彼壍甚深，八功德水，湛然盈满，种种名花，所谓优钵罗花，波头摩花，拘勿头花，分陀利花，弥覆水上。（发心供养品中）

亦发此心，即生一大清净莲花，然灯童子于其华上，结加趺坐，坐已莲华即自还合，犹如象莲。（发心供养品中）❶

阿难，彼莲花上，佛初生时，两足蹈地，其地处处皆生莲花，面行七步，东西南北所践之处，悉有莲花，故号此佛为莲花上。（受决定记品下）❷

可见，在《佛本行集经》中睡莲象征主要有三个方面的意涵：一是象征祥瑞之物；二是将其视作佛的化身或佛的神迹显灵的象征；三是佛教"净"观念的象征。

除去以上佛教经典外，在其他许多佛经中也常有睡莲象征出现，它们大多具有以下含义：第一，佛教中的睡莲常被用来象征佛的化身以及佛显灵的标志，这是由于早期佛教提倡偶像崇拜；第二，睡莲象征佛教的"净"，即"无烦恼之染污"，这是佛教徒们由睡莲自淤泥中生长却不染淤泥的特性引发联想而带来的意涵。事实上，由于早期佛教反偶像崇拜的倾向，佛寺中没有神明的塑像，从而在视觉上无法给予教徒以巩固信仰的直观冲击，所以佛寺更注意将教义在佛寺的基本建筑形态中进行重现，如在释迦牟尼佛讲经说法的遗址附近，沼泽中种植着大片的睡莲，这是典型的将教义置于空间中并将其重现的行为。早期佛教的信徒被置于佛寺的空间体系内，即使佛寺中没有神明的雕塑等具象化的宗教表征，他们也能通过空间中的植物分布感受宗教氛围。所以，选择哪种植物作为佛祖的化身就显得尤为重要，这种植物最好满足以下条件：首先，它最好常见且易栽培，因为只有容易见到才能时时

---

❶ "永乐北藏"整理委员会. 永乐北藏 第64册 [Z]. 北京：线装书局，1440：763，777，784，789.

❷ 碛砂大藏经62（影印宋元版）[M]. 北京：线装书局，2005：15.

刻刻提醒信徒的宗教信仰；其次，这种植物最好有基于其独特的生物特征而具有的美好意义，而且该种美好意义最好与宗教教义相关联。因此，佛教将睡莲作为佛祖的化身并不是贸然的选择，完全满足以上两个条件的睡莲自然成为佛教宗教崇拜的象征。

<h3 style="text-align:center;">三、宗教性装饰睡莲纹样的形成</h3>

无论是在古埃及还是在古印度，睡莲都被引入了当地的宗教信仰体系之中，成为意涵相对固定的宗教象征符号，至此，睡莲走过了植物纹样形成的准备阶段。接下来，作为宗教象征符号的睡莲开始被表征出来，成为典型的宗教性装饰纹样。

在古埃及有着"复活""不朽"的睡莲象征，经过哈登所说的"宗教引入—象征建构—习惯保持"三个阶段后很快被表征化，以睡莲为原型绘制的图案诞生了。不过，以睡莲为原型创作的图案在诞生之初并非出于审美目的，而是为了渲染睡莲的永生崇拜，将"复活""不朽"的宗教信仰表征化，这从一开始出现在古埃及的睡莲图案大多都被绘制在墓室的墙壁及天花板上就可以看出。此时的睡莲图案仍旧与宗教崇拜紧密相连，在意指上追求对"复活""不朽"等宗教信仰的高度表达，在形式上追求与睡莲原物的高度相似（见图1、图2）。

图 1　睡莲与花蕊，绘在底比斯墓地一具木乃伊棺木上

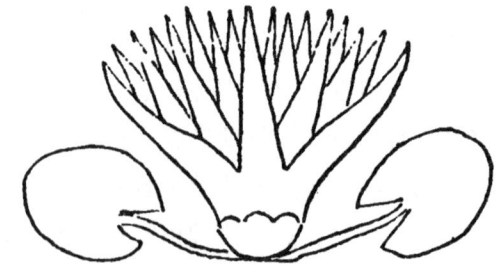

图 2　两叶睡莲，孟斐斯墓地的花瓶，第四、第五王朝

在拟形的睡莲形象出现在古埃及的墓地后，这种高度追求形似的图案很快

便转化为一种带有圆形曲线的、呈现旋涡状盘旋的图案（见图3），哈登将其称作圆形花饰。❶

图3　底比斯第33号墓室天花板图案，第十七王朝至第二十王朝

关于睡莲装饰图案是如何从象形变为抽象的，不同学者有不同解释。弗莱德尔斯·派特❷（Flinders Petrie）认为，卷曲图案本来在古埃及就在较长的一个时期内存在，它最早应用在圣甲虫雕刻中，作为填补性图案出现，只不过后来这种卷曲风格影响到了睡莲图案。但还有一些学者认为，卷曲线本身非常具有爱琴海风格的装饰手法，所以卷曲形的睡莲图案很可能与拟形的睡莲图案不同，它不是起源于古埃及，而是来自亚述。雷亚德❸认为，很可能这些圆形花饰的原型根本不是睡莲，而是红色郁金香，因为在美索不达米亚平原的春天，红色郁金香是一种十分常见的植物，而且根据这种图案最早出现在"最晚近的亚述纪念碑上"，所以它应当是大约公元前8世纪到公元前7世纪亚述国王入侵腓尼基并占领埃及期间被传入埃及的。与雷亚德观点相似的还有佩若特

---

❶　[英]阿尔弗雷德·C.哈登.艺术的进化：图案的生命史解析[M].阿嘎佐诗，译.桂林：广西师范大学出版社，2010：120.

❷　[英]阿尔弗雷德·C.哈登.艺术的进化：图案的生命史解析[M].阿嘎佐诗，译.桂林：广西师范大学出版社，2010：121.

❸　A. H. Layard. Discoveries in the Ruins of Nineveh and Babylon [M]. Cambrige Univ Pro, 2010：184.

（Perrot）和奇皮兹（Chipiez）❶ 等人，他们认为圆形花饰是"模仿美索不达米亚的器物、首饰、家具、陶器上的图案"，正是由于腓尼基人将美索不达米亚地区的器物、首饰、家具和陶器上的图案引入埃及，埃及才出现"充满连续的波浪线条、构图极为优雅的"、富有地中海风格的圆形花饰，虽然如此，但在更古老的浅浮雕上出现的睡莲图案应该是模仿自然而来的。但也有学者持完全不同的看法。古德耶尔（W. H. Goodyear）在其著作《莲花语法》❷（*The Grammar of the Lotus*）中指出，在公元前12世纪之前的亚述和迦勒底地区，没有发现圆形花饰，它最早出现在埃及第四王朝，即约公元前3998～前3721年，所以圆形花饰并非经由战争被从亚述带到埃及，而应当是从埃及被带到亚述，只不过亚述人接受借鉴了古埃及的圆形花饰后，制作出了形态更精致完美的圆形花饰。结合睡莲的埃及本土身份以及圆形花饰出现的最早时期与地点，笔者更赞同古德耶尔的说法。而本文之所以要对圆形花饰究竟是从亚述传入埃及，还是从埃及传入亚述进行追溯，主要原因在于，这个传播过程的流向对圆形花饰的身份有直接的决定作用，即它是作为宗教性装饰外传，还是仅仅是一种一般性装饰被埃及人引入。如果是前者，那么圆形花饰虽具有一定的审美意义，但仍然依附于宗教而存在；如果是后者，那么圆形花饰已经具备了独立的审美价值。很显然，古埃及的圆形花饰在古埃及境内无疑还是一种宗教性装饰。

至此，古埃及的睡莲纹样形成源头的线索便得到了清晰的梳理，它基本完全遵循了哈登提出的植物进入艺术表征的三个步骤：首先，宗教将作为植物的睡莲引入宗教象征体系，成为古埃及永生崇拜的象征；其次，睡莲象征在古埃及宗教文化中固化保持下来甚至发生了外传；最后，睡莲象征演化为一种颇具宗教意味的装饰图案——圆形花饰。

睡莲在古印度的图案化过程与古埃及存在微妙的不同。早期印度宗教有反偶像崇拜的倾向，尤其是佛教，所以尽管睡莲早早就进入了佛教的宗教崇拜体系，成为典型的宗教象征，但在现今对早期印度佛教的考察中很少能见到对睡

---

❶ [英]阿尔弗雷德·C.哈登.艺术的进化：图案的生命史解析 [M].阿嘎佐诗，译.桂林：广西师范大学出版社，2010：123.

❷ W. H. Goodyear. The Grammar of the Lotus [M]. Cambridge University Press, 1891：228-229.

莲的表征。随着佛教的发展和亚历山大东征，这一情况发生改变，作为宗教圣物的睡莲开始频繁出现在表征佛教信仰的场合。

大约在公元前4世纪中后期，马其顿王亚历山大在平息希腊内乱之后，集结军队自希腊出发，开始东征。目前史学界认为，亚历山大东征是一种掠夺式的战争行为，虽然此次东征对沿线国家的经济和文化造成一定程度的破坏，但客观上促进了亚欧大陆内部的文化交流，尤其是亚历山大将希腊的雕塑艺术推广到了西亚、中亚和南亚地区。❶亚历山大东征也曾到达印度西北部地区，将古希腊对雕像的偏好和审美趣味带到了印度，由此，古希腊艺术开始影响印度佛像和佛教圣物的表现形式，超越文本的具象化形塑开始出现。

据史料记载，大约公元前325年，亚历山大撤兵印度河流域，同时在旁遮普设立了总督并驻军，试图借此巩固自己对北部印度的控制。约公元前317年，摩揭陀国一位名叫旃陀罗笈多的刹帝利种姓青年揭竿而起，率领当地人民击败驻扎在北印度的马其顿人部队，争取了印度自由。之后他推翻了难陀王朝的统治并建立孔雀王朝。旃陀罗笈多晚年笃信耆那教，后来让位出家并遵循耆那教的教义绝食而死。他死后，其子宾头娑罗（约公元前300~前273年）继位，继续保持了孔雀帝国在北印度地区的强力统治。宾头娑罗死，其子阿育王继位。❷阿育王是孔雀王朝的第三位帝王，他早年铁血铁腕，热爱战争与杀戮，晚年自认为杀孽太重而笃信佛教。为了消除佛教不同教派间的辩争，阿育王曾邀请著名高僧目犍连子帝须长老，并在华氏城召集比丘千人，举行佛教的大结集。此次佛教大集结驱除外道，整理经典，编撰《论事》，为佛教在印度的发展扫清了障碍，因此在阿育王治下，佛教在孔雀王朝一度达到鼎盛。阿育王还特别喜爱在全国各地兴建佛教建筑，据说总共兴建了八万四千多座奉祀佛骨的佛舍利塔，还有遍布各地、总数三十余根的阿育王石柱。如今在阿育王石柱柱头上，可以清楚地看到以睡莲为原型的雕刻（见图4）。

从图4可以看到，该石柱柱头底部的上半部分雕刻着狮子与法轮，下半部

---

❶ ［日］宫治昭. 犍陀罗美术寻踪［M］. 李萍, 译. 北京：人民美术出版社, 2006：5.
❷ ［印］师觉月. 印度与中国：千年文化关系［M］. 北京：北京大学出版社, 2014：10.

图4 阿育王竖立的双狮法轮石柱，拉合尔博物馆

分为倒垂钟形莲花雕刻，❶ 狮子、莲花和法轮均是佛法的象征，意味着阿育王以佛法治理天下，教化四方。有专家根据花瓣细窄且尖的形态特征，判断该倒垂钟形莲花的创作原型应当为睡莲。而且其对睡莲雕刻的塑造并不是简单直白的象形刻画，而是在原形的基础上进行了一定的改造和处理。由于从孔雀王朝往前追溯几乎很难看到还有其他形貌的睡莲雕刻，因此学术界一般认为阿育王石柱柱头上的佛教一系列圣物，如狮子、法轮和睡莲的具象化，是深受古希腊雕刻艺术的影响。阿育王石柱上的睡莲形雕刻意味着在古印度的睡莲也基本完成了从植物进入宗教体系成为宗教崇拜的象征，进而形成宗教性装饰的历程。

笔者曾在本文的开头提到，作为宗教性装饰的睡莲纹样的形成过程实际上是睡莲的意义生产过程，而在本文对睡莲如何进入宗教崇拜体系，如何成为宗教崇拜象征，又是如何成为宗教性装饰的论述过程中，不难看出在原初文化语境中，睡莲的意义是怎样被生产的。首先，无论是在古埃及还是古印度，睡莲能进入某种宗教的大前提便是它是一种真实存在的而非依靠想象或传说而来的植物，而且这种植物习见习闻，触手可及，这是它意义得以生产的物质性基础。其次，作为物的睡莲，它所具有的独特的生物性特征暗中与宗教教义相符合，这使得它拥有了被纳入宗教隐喻体系的可能性，即获得宗教意义生产的可

---

❶ 尚永琪. 莲花上的狮子——内陆欧亚的物种、图像与传说 [M]. 北京：商务印书馆，2014：21.

能性。最后，进入宗教崇拜体系内，拥有了宗教象征义的睡莲，被表征为睡莲图案，这是其在宗教义的基础上，意义发生的进一步增值，即开始拥有了初步的审美意义，即使这种审美意义在当时是依附于宗教义而存在的。就这样，在原初文化语境中的睡莲，从植物变成了宗教性装饰纹样，宗教象征义被生产的同时，增值了其审美意义，宗教性装饰纹样形成的背后，是意义生产与增值的运动在作用。

丝绸之路话语的影像政治学[*]
——以中、日、美等国的丝路纪录片为例

■ 蒲 睿

摘要：中国、日本、美国、英国以及印度五国对丝绸之路的名称、路线、地点的命名均有不同之处；在中、日、美、英四国的纪录片中，面对同一事件，其表述的方式和维度各有差异；同时，四国纪录片在叙事手法上也存在差异。这些差异中蕴含的是各国对丝绸之路上话语与影像符号的协商与争夺。各国的政治诉求在纪录片中以审美的形式表现了出来。

关键词：丝绸之路；话语；影像；政治

"自我"和"他者"的表征共同建构了丝绸之路的话语和影像符号。丝绸之路的命名掺杂了各国政治诉求，在这一过程中，各国一起参与了丝路命名权的协商与争夺。在国家政治诉求渗透丝路话语的同时，不同的丝路话语也在相互碰撞交融，同时不断强化其中的政治诉求。丝路话语正是在这样的环境下被共同建构，并处于不断被建构的过程中。一旦失去表征丝绸之路的话语权，文化资源就会失守。各国对丝路不同的影像表征共同汇集成丝路影像符号，政治诉求同样渗透其中，参与了影像符号的建构过程。在这场影像表征权的协商与争夺过程中，情感/审美的维度始终在场，并时刻占据着重要的地位，因为情感/审美的认同是最深层、最持久稳固的。要维护和加强在丝绸之路上的合法性地位，话语和影像符号是不可忽视的维度。

---

[*] 作者简介：蒲睿，兰州大学文学院硕士研究生，研究方向为文艺理论及美学。
　基金项目：国家社科基金重大项目"丝路审美文化中外互通问题研究"（项目编号：17ZDA272）。

一、命名权的协商与争夺

除英国广播公司（BBC）于2001年推出的《香料之路》外，四国关于丝绸之路的纪录片均以"丝绸之路"为名，如中、日两国分别于1980年和2005年合拍，但各自剪辑的《丝绸之路》《新丝绸之路》；[1] 中国中央新影集团、中国国际电视总公司和广州市委宣传部2016年联合出品的《穿越海上丝绸之路》；中国上海广播电视台2002年推出的《海上丝绸之路》；日本NHK1988年推出的《海上丝绸之路》；美国有线电视新闻网（CNN）2017年推出的《丝绸之路：昨天，今天，明天》；英国BBC2016年推出的《丝绸之路》等。

西方古代对丝绸之路的探索源于他们对"丝绸"这一物品的向往。"丝绸的大量外销，使西方世界习惯以来源于'丝'字的国名称呼中国。古希腊、罗马人将'丝'字音译为'赛尔'（Ser），称中国为'赛里斯'（Seres），意为'丝国'。"[2] 古希腊地理学家马利奴斯记录下了一条西方商人为贩运丝绸而前往丝国的"赛里斯之路"，成为后来"丝绸之路"一词的基础。"丝绸之路"一词出现时间较晚，最早由德国地理学家李希霍芬提出。他在《中国——亲身旅行和据此所做研究的成果》一书中首次提出"丝绸之路"的概念，用于指"中国长安与中亚之间的交通往来路线"。1910年，德国历史学家阿尔伯特·赫尔曼（Albert Herrmann）在其著作《汉代绢缯贸易路考》中首次使用了"丝绸之路"一词，并将丝绸之路向西延伸到叙利亚。[3] 1936年，李希霍芬的学生斯文·赫定在瑞典出版了《丝绸之路》一书，并对"丝绸之路"的定义进行了扩展：在时间上取消了李希霍芬将其限制在汉代的主张；在意义上认为"丝绸之路"是"穿越整个旧世界的最长的路……是联结地球上存在过的各民

---

[1] 中方纪录片由中国中央电视台（简称CCTV，为方便行文，后文中各国媒体均采用英文缩写）拍摄，日方由日本放送协会（NHK）拍摄。
[2] 王冀青. 关于"丝绸之路"一词的词源 [J]. 敦煌学辑刊, 2015 (2).
[3] 刘进宝. "丝绸之路"概念的形成及其在中国的传播 [J]. 中国社会科学, 2018 (11).

族和各大陆最重要的纽带"。❶ 此书的出版与译文在欧洲各国的广泛传播使"丝绸之路"这一概念进入欧洲大众的视野。《泰晤士报》报道称"丝绸之路"是"从中国边境到欧洲的诸多道路"。❷ 1942 年,法国科学院东方学家格鲁塞在其著作《中国史》第四版中设专章讨论"丝绸之路",证明这一概念开始受到西方学术界的认同并被逐步使用。❸

命名行为之所以能承担"以言行事"的功能,不仅在于言语本身的"述行性",更在于命名者本身所具有的社会权力。它既需要在权威的指导下进行,受社会共识的支配,同时也是权力的体现和巩固。"命名行为帮助说话人确立了现代社会的复杂结构:他们无一例外,都渴望在其创建世界的语言应用中添加自己的力量"。❹ 它能够把"语音层面的象征权威转换为社会认可的力量","强加一种不可违抗的社会共识"。❺ 李希霍芬基于文献和地理学的知识提出丝绸之路,并在此基础上绘制出了历史上第一幅"丝绸之路地图",一方面在于一个地理学家对知识的探索,另一方面在于便利其在中国的探险之旅。在其后的时间中,"丝绸之路"这一概念逐渐得到欧洲学术界和公众的认可与接受,从而使欧洲具有了表征这一道路的话语权。

对丝路命名的行为蕴含了西方国家强烈的政治欲望。国际政治在 19 世纪发生了符号学转向,帝国列强与一些主权国家会聚一堂,以人为的法令规定符号的意义。❻ 西方国家对丝路的命名及其意义的规定,目的在于使符号标准化,利于其控制和管理。在这一过程中,西方诸国占据主体位置,并构想了他者的位置,令他者臣服于自己;同时,这一行为也使印欧语系赢得"主体"身份。当时的欧洲语文学家认为,只有日耳曼人和不列颠这样的民族,才有天赋创造出高级的语言形式,而其他民族的语言低劣、僵化,证明他们的智力没

---

❶ [瑞典]斯文·赫定. 丝绸之路 [M]. 江红, 李佩娟, 译. 乌鲁木齐: 新疆人民出版社, 2013: 206.

❷ [美]芮乐伟·韩森. 丝绸之路新史 [M]. 张湛, 译. 北京: 北京联合出版公司, 2015: 9.

❸ 鲍志成. 跨文化视域下丝绸之路的起源和历史贡献 [J]. 丝绸, 2016 (1).

❹ Pierre Bourdieu. Language and Symbolic Power [M]. Ed. John Thompson. MA: Harvard UP, 1991: 105.

❺ 赵一凡. 西方文论关键词: 象征权力 [J]. 外国文学, 2010 (1).

❻ [美]刘禾. 帝国的话语政治: 从近代中西冲突看现代世界秩序的形成 [M]. 杨立华, 等译. 北京: 生活·读书·新知三联书店, 2009: 9.

有向前发展。❶ 因而，在他们眼中，只有他们才有为丝路命名的权力。反之，这一行为也是其权力的彰显。日本自明治维新以后，勃兴"脱亚入欧"思潮，"学术研究亦极力追踪西方研究之法"。❷ 它很早就开始了对丝路的研究与翻译，并在 20 世纪中后期达到高潮。日本通过这一方式配合了西方国家彰显权力的行为，并试图加入丝路话语权的协商与争夺中。

自两汉以来，中国史籍对"丝绸之路"就记载繁多，名称各异。中国学者在 20 世纪 30~50 年代并未接受"丝绸之路"这一说法，而是采用了中国古籍中记录的名称。究其原因，首先，中国古籍中的记载和学者的探索更注重中西方政治和文化的交流，❸ 不同于李希霍芬及西方学者一开始对双方贸易的侧重；其次，在中国民族与文化由来问题中，李希霍芬持中国文化外来说的观点受到国内学者的反驳。而到了五六十年代，中国文化外来说被逐渐否定，"丝绸之路"这一概念才逐渐被国内学者使用。如 1980 年，陈振江在《丝绸之路》一书中写道："近几十年来，在东起长安，西至地中海东岸的广大地区，陆续发现了大批我国古代的丝织物。这不仅反映了东西上路的繁荣景象，而且说明，把这条陆路交通要道称之为丝绸之路，是十分明确的。"❹

中国政府在 20 世纪三四十年代已经开始使用"丝绸之路"，只是频率较低，而在五六十年代政府对外友好交往中，这一名称开始较多地出现。中国政府对丝路命名的接受一方面源于这一名称被各国普遍使用，另一方面则源于它符合中国希望与丝路沿线的其他国家进行政治、经济、文化交流的政治诉求，且"丝绸"这一产物本身就源自中国古代，有利于加强中国在与其他各国交流中的地位。在丝路概念的提出以及被中国的完全接受这一事件中，中国与欧洲各国处于权力的合谋关系中。

中国在接受丝路命名的同时不断修改和丰富它的概念。1988 年，杨建新、芦苇在《丝绸之路》再版序言中分析道："近若干年来，又有不少学者研究认

---

❶ [美] 刘禾. 帝国的话语政治：从近代中西冲突看现代世界秩序的形成 [M]. 杨立华，等译. 北京：生活·读书·新知三联书店，2009：253.
❷ 张绪山. 中国与拜占庭帝国关系研究 [M]. 北京：中华书局，2012：XIII.
❸ 向达. 中外交通小史 [M]. 北京：商务印书馆，1932；向达. 中外交通史 [M]. 北京：中华书局，1934.
❹ 陈振江. 丝绸之路 [M]. 北京：中华书局，1980：12.

为，古代中国的丝绸之路不仅通过陆路远运亚欧，还通过海上交通远运各地，所以又把从中国东南沿海到日本、东南亚和南亚等地的海上航线，称为海上丝绸之路"。❶ 1999 年，《辞海》在解释"丝绸之路"一词时，第一次指明李希霍芬是该词最初使用者，并明确指出丝绸之路包括陆上、海上两类以及草原之路、绿洲之路和海上丝路三大干线。CCTV 纪录片还对位于中国境内丝路上的不同路段进行了细致的命名，如《新丝绸之路》第八集中提到的"东起阴山，中经居延，西至天山"的居延路。在这一概念变动过程中，"丝绸之路"成为一个"衍指符号"。❷ 通过不断赋予丝路新的含义，中国试图与西方各国争夺丝路的话语权，增强自己在丝路中的权力地位。

中国上海广播电视台推出的《海上丝绸之路》虽承认曾经有"香料之路"这一称呼，但对这一路线的整体命名是"海上丝绸之路"；相似的是，BBC 虽拍摄了《香料之路》纪录片，却不是对丝路的重新命名。"丝绸之路"一词已经成为一个被世界广泛接受的共识，而印度官方仍提出"香料之路"这一概念，用于指印度历史上与亚洲、欧洲 31 个国家和地区进行的贸易路线，以区别于"丝绸之路"这一名称。这一"偷窃历史"❸ 的行为，实质上是印度试图参与到丝路话语权的协商与争夺中的表现。与中国提出的"一带一路"（丝绸之路经济带和 21 世纪海上丝绸之路）倡议相似，印度的"香料之路"计划也是希望借助历史上与这 31 个国家和地区的贸易联系，促进自己与它们的贸易和经济关系。中国"一带一路"倡议近来愈加受到各国重视的现状给印度造成一定的压力，使后者在丝路上的地位难以彰显。印度政府对这一道路进行重

---

❶ 杨建新，芦苇. 丝绸之路 [M]. 兰州：甘肃人民出版社，1988：2.
❷ "衍指符号指的不是个别词语，而是异质文化之间产生的意义链，它同时跨域两种或多种语言的语义场，对人们可辨认的那些语词单位的意义构成直接的影响。"[美] 刘禾. 帝国的话语政治：从近代中西冲突看现代世界秩序的形成 [M]. 杨立华，等译. 北京：生活·读书·新知三联书店，2009：13.
❸ "偷窃历史"这一概念来自杰克·古迪所著《偷窃历史》一书。他在导论中解释到："这个标题是指历史被西方接管，也就是说，历史被概念化，并且以发生在偏狭的欧洲范围，通常是西欧范围内的时间加以呈现，继而，这种模式又被强加到世界其他地区。"在此情况下，欧洲不仅忽略或削弱了世界其他地方的历史，也误解了自己的历史。[英] 杰克·古迪. 偷窃历史 [M]. 张正萍，译. 杭州：浙江大学出版社，2009：2-10. 此处所用"偷窃历史"概念是对古迪所用概念的引申，指印度对历史共识的强加以及对自己历史的误解。

新命名并赋予新的含义，其目的在于争夺更多丝路象征符号资本，加强自己在丝路上的权力地位。印度作为香料出口的重要国家，如果沿用"丝绸之路"这一命名，在与周边国家的交往中，其香料大国的地位就无法得到凸显。

丝绸之路的命名掺杂了各国的政治诉求，在这一过程中，它们一起参与了丝路命名权的协商。话语并非仅仅单向、机械地受意识形态的控制或批判意识形态，在话语实践之间也存在关联互动以及它本身对权力的巩固与配合。国家的政治诉求在控制丝路话语的同时，不同的丝路话语也在相互碰撞交融，同时不断强化其中的政治诉求。丝路话语正是在这样的环境下被共同建构，并处于不断被建构的过程中。

二、同一事件的不同表征

国家的政治诉求不仅掺杂在语言和文字当中，同样也渗透在影像符号中。在四国的纪录片中，存在许多对同一历史事件的不同表征方式，这一现象的实质是各国对丝路影像符号的争夺。在这些纪录片中，中（CCTV）日（NHK）两国合拍、各自剪辑的《新丝绸之路》（2005年版）在历史表述的差异方面较为典型（见表1）。

表1　中日两国合拍、各自剪辑的《新丝绸之路》历史表述差异

	CCTV	NHK
第三集	依据考古发现，证明突厥民族（现新疆维吾尔族的祖先）是阿尔泰语系中第一个有明确文字传世的草原民族。它吸收了中国北方农耕地交错地带的马镫技术，完成了对这一技术的改进，并通过北方游牧民族将其带到了西方，客观上刺激了欧洲封建制的产生，使欧洲出现了骑士阶层。后来蒙古人占领了突厥族的领地，通过战争的方式带去中国四大发明	简单描述了突厥对马镫的改进使突厥有了更强大的军事战斗力，并未提及突厥和蒙古人对西方文明的影响

续表

	CCTV	NHK
第六集	侧重于讲述莫高窟中壁画之精美，并不断展示其当时不仅是一个佛教中心，也是一个世界文化相互交融的场所	花费近30分钟（中国纪录片45分钟，日本加长版90分钟）时长讲述唐王朝在向西扩张的过程中，在敦煌农村征兵，给当地村民带来巨大的灾难，并以《天宝六载籍》中出现的"士镇"和"卫士"等文字来证明这段历史。对村民来说，征兵不是唯一的苦难，还有严峻的赋税；并列举文书中记载的一个例子：一个名叫"庆德"的7岁男孩因家里不能还清债务而将其卖为奴隶
第八集	将黑水城的覆灭归因于西夏王朝与蒙古军的战争。言明在这场战争之后，黑水城近两百年的历史悄然消失，而这场战争至今没有详细记载	根据日本的"综合地球环境学研究"所推进的"绿洲项目"的调研，得出哈拉浩特（蒙古语，汉语黑水城之意）的消失与黑水河水源的枯竭密切相关；并着力讲述这一地区沙漠化的严重，宣称这一带也是刮到日本的黄沙的发源地。同时对当地村民在政府的强制要求下无奈搬离家园，难以维持生活的现状进行了详细叙述
第十集	详细介绍了唐朝时期，日本留学生和留学僧多次（派出19次，到达15次）来长安学习中国文化。其中留学僧吉备真备在长安苦读17年，回国后担任日本政府的右大臣，采用汉字楷体偏旁，创造了片假名，成为日本新体文字；留学僧空海和尚是日本佛学界入唐八家之一，在青龙寺学习密宗，回国后开创了日本真言宗密宗，根据汉字草体创造了平假名，也成为日本新体文字。归国时携带的中国书籍多达1.6万卷，大约占唐朝官方藏书总数的1/4	宏观简述中国对日本的影响，没有提及汉字对日本文字的影响

  这两部纪录片是中日两国处于关系"蜜月期"合拍的，虽然立足于同样的地点、同样的历史事实，但存在对历史的差异表述，其中无疑掺杂着政治权力的因素。新历史主义者认为，历史不仅是既成的，"更是一个开放的对话过程，延续至今并影响人们的认知和行为，而当今人们的实践也在发展阐释着历史并赋予历史以新的价值和意义"。❶ 不管是中国还是日本的纪录片中对历史的记录都只是对历史事实的一种表述，是对历史的重构，而非历史的真实，因为谁都无法真正回到当时的历史当中。表述是关于我们如何看待自己、看待他者，以及如何被他者所看待的。在对敦煌、三道海子草原以及长安的讲述中，

---

❶ 张进. 历史诗学通论 [M]. 广州：暨南大学出版社，2013：69.

CCTV 的纪录片将目光聚焦于这些地方在历史上的伟大成果以及这些成果对世界文明所产生的巨大影响。而 NHK 的纪录片基本上只客观地描述了历史的事实，在这些历史对世界的影响方面只是简单带过，没有详细说明。这一事实并非要证明日本纪录片在否认历史，而是两国在对同一历史的表述中，注重了历史的不同侧面。

丝路对中国来说相当于文化上的"自我"，中方拍摄丝路纪录片是对自己文化的记录、溯源、挖掘、展示与反思。丝路是中国古代辉煌的证明，因此 CCTV 在记录历史时，更多注重对国家辉煌的展现以及对世界文明的贡献，从而证明中国历史上在世界上占有重要的政治、文化地位，以显示传统大国的权威。在历史影响的表述中不乏对自我历史影响的夸大现象，如第三集讲述马镫以及蒙古人西征对西方的影响时，纪录片中的旁白表述道："有专家指出，正是来自东方的文明为欧洲文明史上文艺复兴这本宏著积累了必要的纸张和资料。就连最终打败游牧民族的火炮也是因为蒙古人西征时将中国的火器技术传入阿拉伯世界后才在西方世界形成的。世界文明的发展离不开亚欧大陆游牧民族的迁徙。东方文明的西传为欧洲新时代的出现起到了极大的推动作用。""有专家指出……"这样的表述使这一影响缺乏必要的论据。"就连……才……""离不开""极大"这些语词带有决定性色彩，有较为浓重的主观性在其中。

丝路对日本来说相当于文化上的"他者"，日本方拍摄丝路纪录片是对他者文化的记录和描述。在 NHK 所拍摄的丝路纪录片中，有对中国历史影响的省略，如表 1 中中方提到的中国汉字对日本汉字的影响并未出现在日方纪录片中；有对中国环境问题的突出，如第八集中详细描述黑水河流域的沙漠化问题；同时还有对自己历史的美化，如第二集讲述日本探险队员对柏孜克里克石窟中的文献和壁画的盗取行为时，纪录片描述如下："大谷光瑞在伦敦留学中，看到世界各探险队不断向西域出发的情况，想到作为佛教徒的自己亲手调查佛教传承之道。"于是他们"分头进入丝路，将贵重的经典、佛教壁画等带回日本"。"调查佛教传承之物""带回"等表述明显具有掩饰和美化其强盗行为的意图。日本方作为"他者"观看中国时，并未强调中国在历史上的成就以及对世界文明的贡献，却较多关注中国历史上曾出现的问题，以及对自我形象的美化。其目的在于削弱中国在丝路上的历史地位，突出现代中国政府管理方面的过失。

与日本相似，英国在历史上并非丝路上的重要国家，因此BBC的纪录片也是以"他者"的视角在记录丝路。BBC 2001年推出的《香料之路》在表述这一路线的形成上与中国上海广播电视台2002年推出的《海上丝绸之路》有所出入。《香料之路》强调了西方国家对香料之路的贡献：1498年葡萄牙人达伽马及其船队利用季风首航到达印度，其后船队第二次到达香料群岛，并在随后的一个世纪中垄断了香料贸易之路。这一行为促使欧洲可以直接与印度、香料群岛进行贸易。《海上丝绸之路》则主要讲述了中国对这一路线的贡献：汉武帝时期，陆上交通易受匈奴等部族影响，故下令开通海上对外贸易通道，与东南亚、南亚地区通航通商。唐代中叶以后陆上丝绸之路战乱不断而趋于衰退，海上丝绸之路随中国经济重心的南移而兴起，至宋元更是进入了鼎盛时期。中国沿海上丝绸之路，将茶叶、丝绸、陶瓷源源不断运往西方，阿拉伯、印度、东非和南洋诸国则向中国大量输入香料，因此这条路又被称为"香料之路""香瓷之路"。丝路上的交往是双向的，而两国的纪录片都仅从自我的角度，讲述对丝路的贡献。对历史的"隐"和"显"无疑透露出两国都试图占据主体的位置，从而占有更多控制丝路的权力。相似的例子还有，BBC拍摄的《丝绸之路》在对长安的记述中，一开始就将镜头对准了路边的食物和清真寺。这些食物大多并非中国菜，而是来自中亚和欧洲，如羊肉串（土耳其菜）；相应的其中做菜的人也并非汉人，其中有许多穆斯林以及他们兴建的清真寺。不管是食物还是建筑，都充满了异域色彩，这些都是丝路带来的。CCTV《新丝绸之路》在记录长安时，主要侧重唐王朝为丝路上其他国家带去的文明。

相比起日本和英国，美国与丝路的关联更为微弱，后者甚至并非丝路沿线上的国家。美国与其他三国在丝路的影像表征中最大的区别在于，后三者都在一定程度上注重对历史的讲述，而美国则几乎没有历史的回顾。CNN拍摄的纪录片虽命名为《丝绸之路：昨天、今天、明天》，但重点基本放在了"今天"，尤其注重对丝路沿线各国工业现状的表征。如第一集首先就将镜头对准了"丝绸之都"杭州的丝绸产业。在丝绸批发市场，人造丝随处可见，价格便宜，被大量销售到世界各地。随后镜头以 TL 丝绸制造厂为例，讲述真丝的生产周期长，需要的人工量大，在以大机器生产为主的时代容易走向衰落，并抛出未来人造丝是否会逐渐代替真丝这一问题。美国作为仅有 200 多年历史的国家，在历史上并未与丝绸之路有多大关联，讲述丝路的历史只会突出本国历史并不久远的缺点。而在现代，美国已经成为世界第一经济大国、工农业发达、机械化程度高。从产业方面来记录丝路沿线各国，"扬长避短"，既回避了历史的缺陷，也凸显了目前的经济实力。即使它并非丝路沿线上的国家，但仍想通过影像表征的方式进入丝路权力的争夺中，并试图在其中占据重要的位置。

　　中国与其他三国在纪录片的地点选择方面也有很大的不同。前者除《海上丝绸之路》中有少量对他国的实地记录外，其他纪录片都仅选择了中国境内的各个地点；而后三者则仅将中国作为丝路沿线上的一点，对沿线上的其他国家也进行了较多的记录。如 NHK 2007 年推出的《新丝绸之路：动荡的大地纪行》描绘了正在发生巨大变化的中亚、南俄和中近东地区的历史和现状；BBC《丝绸之路》（共三集）仅第一集选择的地点在中国境内；CNN《丝绸之路：昨天、今天、明天》（共八集）也仅有第一集在中国境内拍摄。地域、技术和经济等因素暂且不提，其中重要的原因在于身份上的差异。中国是对自我的想象，而其他三国是对他者的想象，因而记录的重点各不相同。中国几乎将所有的镜头都对准了自我的国境之内，想要突出它在丝路上不可替代的地位；其他三国仅将中国视为丝路沿线上的一个点，过分凸显中国在其中的位置只会使中国在丝路上占据更大的主导权，这与它们表征丝路的政治诉求相违背。BBC 在表述丝绸在中国的起源时，援引科学家的观点，认为丝绸的制造大约有 5000 年的历史，而中国人更愿意相信它是源于公元 2000 年前"丝母"的创造（中国纪录片对此并无提及）。其中暗含着英国对中国的想象。即使在有科学根据的情况下，中国人仍愿意相信传说，这看起来似乎显得愚昧。在这样的想象中，英国人理性、科学的特点与之形成对比，前者再次得以占据主体地位。新历史主义者认为，"正是我们如何被表述的这种事情，形成了我们的社会、政治和文化环境"。❶ 各国对丝路不同的影像表征共同汇集成了丝路影像符号,政治诉求同样渗透其中,参与了影像符号的建构过程。

三、叙事手法的差异

纪录片作为影像符号的一种,对个人具有强大的魔力,它和现代人的内心获得有"某种奇怪的、难以割舍的联系"。❷ 各国在拍摄丝路纪录片时,均以审美形式为手段,以经济利益为目的。更多的经济利益实现在一定程度上代表获得了更多观众的审美认同。各国的政治诉求正是在实现观众审美认同的同时隐晦地作用到了现代人的心灵之上。在审美资本主义时代,审美已经成为促进经济增长的主要动力。❸ 因此,纪录片的审美特性是各国传递政治诉求的关键因素。四国纪录片在主题、叙事主体、地点/人物等方面都存在差异(见表2),这是它们实现观影者审美认同的不同策略。

表2 中日美英纪录片存在的差异

	中国	日本	美国	英国
主题	追忆/复兴	考证/生存现状	工业发展	贸易交流
叙事主体	第三人称为主,第一人称为辅	第三人称和第一人称交替	第三人称与第一人称交替(主持人)	第一人称为主,第三人称为辅(主持人)
地点/人物	考古遗迹/科研者	考古遗迹/科研者;市井/普通人	工厂/工人和管理者	遗迹和市井/普通人

"真实"是纪录片重要的特质,但"真实"又不能"局限于简单地记录生活,而是通过对镜头的选择、剪接和配加字幕等方式赋予生活素材以特定的含义,从而引导观众达到明确的思想结论"。❹ 三个国家都在一定程度上做到了

---

❶ John Brannigan. New Historicism and Cutural Materialism [M]. London: Macmillan Press Ltd., 1998: 17.

❷ [美] 刘禾. 帝国的话语政治:从近代中西冲突看现代世界秩序的形成 [M]. 杨立华, 等译. 北京:生活・读书・新知三联书店, 2009: 289.

❸ [法] 阿苏利. 审美资本主义:品味的工业化 [M]. 黄琰, 译. 上海:华东师范大学出版社, 2013.

❹ 刘昶. 欧洲优秀电视节目模式解析 [M]. 北京:中国广播电视出版社, 2010: 12.

对丝路沿线上各地点真实的记录，CCTV 在这方面尤为重视。CCTV 版的丝绸之路纪录片主要以第三人称视角为叙事主体，从上帝的视角，全知全能地为观众讲述历史的变迁。纪录片对历史上中国在丝绸之路上的辉煌成就进行讲述，并以具体、客观的证据不断证明这一历史事实的真实性。作为丝路历史上的重镇，中国以客观的方式讲述自己的历史，不仅能满足观众对真实性的追求，同时也能彰显自己的历史贡献，引起观众的崇敬。其他三国作为丝路上的"他者"，在追求客观性的同时，也注重对沿途各地异域文化的记录，满足观众对异域文化的猎奇心态。

不同于英、美两国，中、日方在纪录片中还运用了"情景再现"的叙事方式。情景再现是情节纪录片[1]中的一种创作手法，指以真人扮演、搬演的方式表现客观世界已经发生的事件或人物。这一创作手法弥补了纪录片叙事单一、情节单调等缺点。CCTV 版和 NHK 版在对客观描述历史事实中，夹杂着历史人物、场景的再现，使观众身临其境，仿佛成为历史中的一员，正在体验着历史的发展。同时，在历史人物的重现中，观众实现了与他们的认同。观众与主人公认同的互动模式可以分为：联想式、钦慕式、同情式、净化式和反讽式。[2] 五种模式并非分成等级的系列，而是可以被不断中断交替的。中国在《新丝绸之路》第四集《一个人的龟兹》中，直接将鸠摩罗什本人展现在镜头当中，并以他的口吻说道："母亲，我不再埋怨你了，心开始如水平静，从前那些欢乐的回忆，已经不再时时诱惑着我。一个新的世界，像海一样辽阔，等待我去遨游。"年仅 7 岁的鸠摩罗什没有埋怨母亲从小对他的严厉培养，并开始对佛教文化产生浓烈的向往。面对 7 岁进入克孜尔千佛洞修行，20 岁成为龟兹国师并首次将佛教经典翻译并传入中国的鸠摩罗什，观众与历史人物的距离被拉开，实现了与主人公的钦慕式认同。在接下来的 17 年中，鸠摩罗什经历了牢狱之灾，但在被关押的同时仍坚持传经。倾慕与怜悯总是相互伴随，伟大人物的悲惨遭遇更容易引发观众的怜悯。

---

[1] 情节纪录片是指将戏剧性与纪实性相结合的一种纪录片类型。
[2] ［德］姚斯. 审美经验与文学解释学 [M]. 上海：上海译文出版社，1997：235. 姚斯划分的五种认同模式是基于戏剧这一表演艺术，而情节纪录片作为戏剧性与纪实性相结合的艺术，可以运用戏剧分析的方法论。

在历史人物再现方面，日本的纪录片较之于中国，使用这种方式的频率更高，其中的人物冲突更为明显。中国的纪录片虽然有历史人物的再现，但他们的主体性被弱化了，侧重对人物的静态呈现，旁白的介绍代替了人物的冲突。同样讲述鸠摩罗什，CCTV版将其塑造得十分安静。这位僧人传奇的一生被平淡地描述了出来，"龟兹王把自己的妹妹罗什，嫁给了这个叫鸠摩炎的人，他们为出世的儿子取名鸠摩罗什。……老师和学生的辩论持续了一个月，最终鸠摩罗什胜出"。不管是出生还是20岁就获得国师的荣誉，纪录片始终都以客观、平静的方式将其表现了出来，甚至当他被押解，被迫结婚时，画面中的鸠摩罗什仍然安静地坐在案卷旁，口念佛经，双眼紧闭。纪录片并没有表现出激烈的冲突，而是在平淡的描述中表达了发人深省的韵味。中国传统儒、释、道三教文化都重"静"的观念，淡泊名利，不骄不躁。因此，不管是多么激烈的戏剧冲突，在纪录片中依然只是以舒缓的方式被表现出来。而日本在这方面则突出了人物之间的冲突，详细地展现人物复杂的内心活动，将人物塑造得有血有肉。如鸠摩罗什在被迫结婚，内心承受着巨大痛苦的时候，纪录片中低沉的语调展现出他的心理活动："我的人生可谓波澜万丈，充满屈辱的经历与长期禁闭的生活，300多卷佛典被我传到了中国，这是佛教在中国开始被人理解的时代。"NHK描述中的鸠摩罗什并非一直心如止水，而是心中充满着屈辱、哀伤与豪气，他的形象被立体地展现了出来。

NHK在历史人物重现方面还运用了古今交融的表现手法。第十集《长安——不朽之都》，纪录片描述唐代日本留学生井真成，❶ 身穿唐装，穿越到2005年的西安，以两个时代的视角在看待长安。"我生活于此，也埋骨于此。……波涛汹涌的大海，当时的航海真是九死一生，谁也不能保证能活着回来，但是，想去，想去学习。想在世界巅峰的大唐帝国，想在梦幻的都城，学习。……这是2005年的城墙，据说是后世的明代修建的。"（井真成语）诗意的话语，梦幻的场景，在将观众带入历史现场的同时，又与现实生活接轨，将观众对主人公的倾慕与联想交织缠绕在一起。

在关注历史人物的同时，NHK版还将镜头转向了普通人日常生活中的困

---

❶ 西安东郊的浐河河堤发现的墓志上记录此人的名字和生平。

苦。在《哈拉浩特——消失在沙漠中的西夏》一集中，纪录片详细记录了额济纳政府为保护生态环境，让村民迁到城镇时，村民们对未来生活的担忧，"可以叫我们搬，可我们以后靠什么生活？没了家畜，以后在那里怎么过？"（村民语）在这样的叙事中，主人公不再是历史上伟大的人物，而是与我们在日常生活中随时可能见到的平凡之人，观众的情感与受难的主人公休戚相关。观影者在同情村民被迫搬迁，生活难以自保的同时，也同时升起保护环境以及关心日常人生存的道德心。而日本纪录片对这一现象的关注将更能得到观众的审美认同。

BBC与CNN在纪录片中则直接以主持人自我体验的方式将观众带入丝路沿线的情境中，将观影者的体验替换成主持人的体验。观众在其中更多形成的是联想式认同，并满足对异域文化的猎奇心态。如BBC在第一集描述长安时，镜头中主持人一开始就将目光朝向了长安街上的美食和建筑。观众如同旅游一般，跟随主持人游览了长安的古街，并"品尝"了街上的美食。CNN在介绍杭州的丝绸产业时，主持人来到丝绸批发市场，直接与其中的商贩交流丝织物（人造丝）的价格。观众仿佛直接置身于嘈杂的批发市场，正在其中"购买"商品。BBC和CNN同样也注重真实记录各地的历史和工业状况，主持人在体验当地文化时，也不时跳出当时的情景，对它们进行详细的讲解。

四、结　语

影像与当代人的关联愈加密切，它已经成为各国政治诉求作用于当代人的重要媒介。通过拍摄纪录片的方式，各国的政治诉求掺杂在审美形式中，并以获得经济利益的方式传达给观影者。在丝路影像表征空间中，审美/情感因素始终是其中的重要维度。

《丝路花雨》：丝路审美文化的中外互通和多元叠合[*]

■ 刘 晨

摘要：《丝路花雨》广泛汲取丝路审美文化资源，以共享的审美物质载体沟通多元的文化要素，从而促进丝绸之路文化群体的互通和交流，呈现共生并存的审美经验。在多元的审美文化交流中诸文化经验相互叠合，通过舞蹈、图像和音乐刺激视听觉，多元的文化熔铸为一体的审美艺术品，最终在审美文化的交融中生发熔铸为全人类的"审美共同体"。"审美共同体"既以其共通性承载文化交流，也以原生性艺术的再生化而适应当代文化的经济化与经济的审美化趋势，通过专业化的改造而参与经济领域。

关键词：《丝路花雨》；文化交流；审美共同体

丝绸之路审美文化是根植于丝路文化交流而熔铸生发的审美文化共同体，其容纳多元的文化经验于一体，既具有丰富性、特殊性，也具有整一性和融贯性。《丝路花雨》作为丝路审美文化中外互通的艺术载体，深度挖掘丝路的审美文化资源，以共通共享为创作准则，选取为诸文化群体共有的审美文化资源，以其为根基而沟通中外审美经验于同一文化框架中展开，从而以中国的审美文化走向世界，展开诸文化间的交流与对话。通过以舞蹈、图像和音乐刺激视听觉，将多元的审美文化资源组织为一体，从而型塑为整一的审美艺术品，其审美经验以中外的多元文化的交融互渗而呈现为叠合的形态，多种文化元素

---

[*] 作者简介：刘晨，兰州大学文学院硕士研究生，研究方向为当代文论与美学。
基金项目：国家社科基金重大项目"丝路审美文化中外互通问题研究"（项目编号：17ZDA272）。

相互衔接构成从而生成熔融的审美经验，在审美经验的交融中被熔铸为囊括多民族审美文化要素的"审美共同体"。《丝路花雨》以丝路审美文化带动中外文化互通而呈现出叠合互渗的审美形态，也适应于当代文化的经济化与经济的审美化，注重原生态的民族艺术的再生式转化，适应于当代文化与经济相互渗透、彼此共生的趋势，探索原生性艺术在当代的再生性改造机制，以贴合文化创意产业的市场化逻辑，探索审美文化于商业化、产业化下的新形态，通过对服饰、演员、灯光、道具和故事剧本的专业化、舞台化的技术处理，容纳多元异质的民族化的审美经验，从而脱语境地适应于不同文化群体的审美消费需求，完成舞剧从民族化向世界化，从文化自律转向文化与经济的共融共生，以文化经济的聚合物而参与社会实践。

一、丝路审美文化的中外互通

　　《丝路花雨》是以舞蹈、音乐和道具容纳多元的文化要素沟通中外文化交流的审美场域，由此将丝绸之路广袤的地理空间转换为异质性的文化交流空间。审美文化的交流依托共享的审美物质载体，舞剧以特定的审美物质、审美图像和审美艺术为载体，以物的属性为中介贯通异质性的文化元素。其舞蹈源于敦煌莫高窟的石壁彩绘，特殊的地理位置决定其成为中原文化、西域文化和印度文化互通、交汇的产物，石壁的舞蹈形态即体现了中外文化的交流性和互鉴性。舞剧中的琵琶作为审美符号更是联通丝路文化群、维系中外文化交流的枢纽，其沿丝路由西域传入中原，在流传的过程中根据中原文化的审美惯习而不断变化，琵琶所负载的审美文化要素的流变史即是中外文化互通互鉴的交流史。舞剧一经成型就作为当代中国与世界交流互通的载体而广泛地在世界各地巡回演出，以多元异质又共享的审美物质载体沟通丝路沿线国家乃至全世界共通的审美经验，在共享共生的审美经验中促进中外文化的交流互通。

　　舞蹈作为沟通中外文化交流互通的审美文化资源，以其所渗透的文化元素的多样性、交融性和历史生成性而条理化地组织中外异质性的文化元素于一体。舞剧的第二幕的荷花童子舞大量借鉴中国古代柘枝舞的舞蹈元素。柘枝舞源于西域石国，石国在《魏书·西域传》中被称为者石，《通典》的记载更加具体地描述了其地理位置,"石国隋时通焉。居于药杀水,都柘枝城,方十余里,本汉大宛北鄙之地。东与北至西突厥,西至波腊界,西南至康居界",❶即位于塔里木河南岸,在今乌兹别克斯坦的塔什干市,可见石国至迟于南北朝时期已与中原文化展开交流,至隋唐时期文化交流达到顶峰。❷ 其舞姿婉转曼妙、富丽华贵,柘枝舞原为女子身着西域的民族服装,足穿锦靴的独舞。白居易在《柘枝妓》以"红蜡烛移桃叶起,紫罗衫动柘枝来。带垂钿胯花腰重,帽转金铃雪面回"描写其艳丽奢华的舞蹈风格,舞者身着华丽罗衫翩翩起舞,舞动间全身的金饰光耀炫目,目不暇接。柘枝舞传入唐朝后经过本土审美文化的改造演变为柔婉清丽的女子双人舞"屈柘枝",《乐苑》有"羽调有柘枝曲,商调有《屈柘枝》。此舞因曲为名,用二女童,帽施金铃。转有声,其来也,于二莲花中藏,花坼而后见。对舞相占,实舞中雅妙者也"❸的记载,可见柘枝舞由胡入唐时,其舞蹈动作风格、表现形式等都发生了变化,莲花意象成为舞蹈的重要元素,舞蹈风格偏于清丽脱俗,在唐开元年间的兴福寺残碑石刻中有两位女童于莲花上表演屈柘枝的形象,❹在张祜的《周员外席上观柘枝》中也有"小娥双换舞衣裳"的对舞形式,可见柘枝舞传入中原后经过审美变形,其舞蹈语汇带有原生性的西域文化也渗透着浓郁的中原文化,从而融汇为中外文化互通的产物。

舞剧第四幕的"飞天舞"更是以其多元融合性有力地维系中外文化的互通交流。"飞天舞"源自敦煌壁画的飞天造型,其最早出现于东魏《洛阳伽蓝记》,有"有金像辇,去地三尺,施宝盖,四面垂金玲七宝珠,飞天伎乐,望之云表"❺的记载,于十六国时期作为佛教文化的载体传入河西地区,至南北朝时期愈发深入与中原文化相交融生发,飞天图像的形制特点不断演变,从而成为西域文化、中原文化和印度文化交流互通的审美文化空间。郑汝中先生把飞天形象的历史变化分为早、中、盛和晚四个阶段,早期的飞天图像存在于北凉、北魏和西魏,其造型特征多为对西域飞天的模仿,以身材短粗矫健的男性

---

❶ (唐) 杜佑. 通典·边防九. 石国卷 197 [M]. 上海:上海人民出版社,2008:1043.

❷❸❹ 吴洁. 从丝绸之路上的乐器、乐舞看我国汉唐时期胡、俗乐的融合 [D]. 上海:上海音乐学院,2017.

❺ (北魏) 杨衒之. 洛阳伽蓝记 [M]. 尚荣,注释. 北京:中华书局,2012:118.

为主，目深鼻硕，脸形浑圆，北魏和西魏时期一定程度上开始飞天图像的本土化进程，表现为女性飞天的出现，身姿柔美，体态轻盈。至北周和隋代飞天形象以佛国飞天和中原飞天两种而并置出现，隋代的中原飞天融入大量本土文化元素，姿态千面，不一而足，或奏乐，或散花，或礼拜，风格或丰肌丽脂，眉目传情，或面容清癯，纤腰玉臂。唐代是飞天形象的鼎盛时期，正式开启飞天形象的中原化、世俗化的过程，多以宫廷仕女为人物，造型生活化、世俗化，所负载的原生性的佛教思想隐而不显，人物面相转为中原风格，五官丰满，朱唇轻启，衣裙飘带，瑞气浮现，风格富丽柔美，更偏重表现人物翱翔于云端间的轻盈的体态之美。飞天形象的流变也受道教羽人飞仙文化的影响，女娲、伏羲和仙禽异兽出现于飞天造型中，同时出现束发髻、戴道冠，身材修长，面瘦颈长，额宽颐窄，眉细疏朗的道士飞天图。❶ 舞剧的飞天舞融合了多时期的飞天造型，英娘的飞天造型飘带飞舞，手持琵琶，饰以唐朝宫廷仕女的妆容，伴舞演员的造型上身大面积裸露，脑后饰以佛光，具有印度飞天的造型元素，以释迦牟尼于佛国讲经为背景，而故事则讲述神笔张与英娘父女之间深厚的亲情，体现出飞天形象世俗化与宗教化、西域、印度与中国文化交融相生、和谐共处的互通性。

剧中的四弦曲颈琵琶作为审美符号也是联通丝路文化交流的物质枢纽。其最早见于刘熙《释名·释乐器》中，"批把本出于胡中，马上所鼓也。推手前曰批，引手却曰把，象其鼓时，因以为名也。"❷ 是3世纪左右中国与西域民族商业贸易、文化交流中传入的乐器，据考证其最初源于公元1世纪阿富汗犍陀罗的浮雕上的梨型琉特，在3世纪流传至波斯萨珊王朝演变为乐器乌德，后传入天山南麓的于阗古国，最后广泛流行于中原，❸ 原为中亚游牧民族在马背上弹奏的乐器，传入中原后进入宫廷成为雅乐，也广泛流行于民间，风格婉转悠扬，声音清澈明亮，白居易即有"犹抱琵琶半遮面""大珠小珠落玉盘"的诗句形容琵琶柔媚婉转的音色。舞剧中琵琶作为审美意象参与故事线索的编织和人物性格的塑造，第二幕的"反弹琵琶"中，琵琶的多元杂糅的文化意象

---

❶ 郑汝中. 飞翔的精灵［M］. 上海：华东师范大学出版社，2010：46.
❷ 李捷，李昆丽. 琵琶艺术中的文化意蕴解读［J］. 黄河之声，2012（15）：1.
❸ 赵维平. 丝绸之路上的琵琶乐器史［J］. 中国音乐学，2003（4）：35.

既为英娘优雅的舞姿增添柔美,又以矫健热烈的西域胡风丰富了英娘的人物性格;第三幕伊努斯访问大唐将遣唐文书藏于宝石琵琶的内部,英娘的发簪是打开宝石琵琶的钥匙;第五幕市令垂涎宝石琵琶,唆使强盗窦虎拦截波斯商队抢夺宝物,神笔张牺牲即由此而起;第六幕市令贪图权力把宝石琵琶献给节度使,后英娘以发簪钥匙取出内藏的遣唐文书而揭穿其阴谋,正义战胜邪恶。宝石琵琶的流转更迭承载着丝绸之路上中外文化交流的线索,并最终在文化的交流互通中升华为全剧的精神内核,成为负载丝绸之路文化群体乃至为全人类所普遍共享的价值取向,即正义、友谊、和平的主题。

舞剧以共享共通的丝路审美文化资源带动中外文化的交流,从而获得丝路沿线国家的审美认同。舞剧的传演过程也就是中外文化在当代相互交流,相互借鉴的过程。伊格尔顿以"和解"形容审美经验促进交流,汇聚共同体的功能,"和解之梦——梦想个体能在无损于个性的前提下紧密联系起来,梦想抽象的总体性能充溢着个体生命的真切的实在性。"❶《丝路花雨》作为容纳异质性文化元素的共通的艺术框架,是承载丝绸之路沿线国家展开审美交流、文化交流的审美物质载体。舞剧于我国香港等地区以及朝鲜、日本、意大利、泰国、法国、拉脱维亚等国家演出共 1800 多场,加深了中外文化的交融和对话。法兰克福孔子学院德方院长克里斯汀娜说道,"它不像我们常看到的京剧、昆曲等传统中国艺术,《丝路花雨》的表达方式非常现代、极富诗意。没有一句语言,艺术家借用舞蹈,向观众展现了一个富有开放、包容等现代意识的中国,一个并未引起西方人足够了解和重视的中国。"❷ 德国《图片报》评价道:"演员们在舞台上的肢体表现令人惊讶,他们融合了古典芭蕾和杂技的舞蹈艺术语汇,通过细节的动作和丰富的表情感染了全体观众。"❸ 舞剧的创作秉持中国走向世界,包容开放的文化理念,其作为审美交流的载体彰显中国"解放思想,改革开放"的决心,同时也契合"民心相通"的理念,以审美文化的交流而带动"民心相通"是连接国家间、文化间和族群间的互通的纽带。

---

❶ [英] 特里·伊格尔顿. 审美意识形态 [M]. 王杰,等译. 桂林:广西师范大学出版社,2001:14.

❷❸ 赵珊珊.《丝路花雨》阔别 32 年回归讲述独一无二的"中国故事" [EB/OL]. (2014-02-06)[2019-03-10]. http://culture.people.com.cn/n2014/02061c87423-24284064.html.

中外文化交流贯通于丝绸之路的历史中，漫长的文化交融过程赋予丝路的审美文化资源以交流性、互鉴性和融贯性的形态，《丝路花雨》充分汲取共通的丝路审美文化资源，以其共享共通又多元异质的形态调动丝路的文化交流。共通共享的审美文化负载着丝路民族性、地方性的审美经验，其所包孕的"各美其美，美人之美"的特殊化的审美经验是文化交流的根基。通过在共同的文化框架中促成异质文化的交流，以共通的审美物质载体作为基质调和异质性的经验，从而使"各美其美"的审美经验融通为"美美与共，天下大同"的审美趣味，在文化交流中熔铸生发为新的审美形态，即一种于差异中连缀为一体，在多元中叠合的审美共同体。

二、丝路审美文化的多元叠合

《丝路花雨》以共享共通的审美文化资源沟通中外文化的交流，建基于共识性的审美物质载体上而贯通文化间的区隔，审美文化交流的产物是审美文化资源的叠合互渗。姚斯就以审美主体与审美对象之间的审美距离诠释异质性审美经验相交融的审美经验，"接受美学的观点是在被动接受与积极理解、标准经验的形成和新经验的产生之间进行调节。"[1] 舞剧第二幕英娘的"反弹琵琶舞"则是审美文化资源相渗透的聚生性的审美形象，其舞蹈、音乐携带多元的文化要素，包含丝绸之路诸文明群体的审美记忆，舞蹈的意境又具有中国古典美学的柔美，从而将多元异质的审美经验组织为有机的矛盾统一体，以叠合态的审美经验赋予观者多层次的审美感受。

舞剧中的"反弹琵琶舞"以视听觉沟通诸文化要素叠合为一体。"琵琶舞"的道具琵琶如本文第一部分所述源于西域波斯，是带有浓郁的西域文化的物质载体，"反弹琵琶"的舞蹈动作中舞者身体大幅前倾，左手反绕脖颈拨弹琵琶，右臂以舒展的姿态弹奏琵琶，右腿抬起形成钝角，小腿微微端平，脚板勾起，左腿绷直，跨步向斜后推出，歪头、拧腰、出胯、屈膝和勾腿组成四个小"S"形动作，四个小"S"形组成身体的大"S"形体态是西域波斯舞

---

[1] ［德］姚斯. 接受美学与接受理论［M］. 周宁, 金元浦, 译. 沈阳：辽宁人民出版社, 1987：24.

蹈的基本特征;"反弹琵琶"的"S"形曲线也带有吐蕃的舞蹈文化特色,吐蕃对敦煌的文化影响力可追溯至中晚唐时期的"安史之乱",唐王朝疲于内部的政治斗争,对敦煌的文化影响下降。吐蕃文化乘势进入河西走廊地区,为莫高窟的舞蹈造型注入新的文化元素,"吐蕃藏地艺术粉本的传入,大大丰富了敦煌艺术"。❶拉萨大昭寺佛堂木座内尚保存一只高80厘米的银瓶,❷其所饰的两位男性舞者相对立舞蹈,一手抚弦,一手反绕颈后弹拨,一腿为支点微屈站立,一腿成直角弯曲悬于空中,其"S"形的舞蹈体态与西藏地区的"反弹三弦"极为相似,据考证定日地区现在仍有反弹四弦琴起舞的形式。❸"反弹琵琶"的造型似乎难以在中原舞蹈中找到原型,但琵琶从西域传入中原经由审美变形,由起初西域旅者马背上弹奏的乐器进入中原宫廷,昂扬热烈的情感转化为婉转含蓄的柔美,白居易有"千呼万唤始出来,犹抱琵琶半遮面"的诗句,苏轼在《诉衷情·琵琶女》中以"分明绣阁幽恨,都向曲中传"描述琵琶所勾起的柔婉的情感,这正与"反弹琵琶舞"的柔美的舞蹈风格相契合。

"反弹琵琶舞"的舞蹈风格和意境褪去原生艺术的宗教色彩而呈现中原式的柔美,这由舞台的光影效果、舞蹈服饰和演员的身体语言所塑造。低亮度的蓝色泛光灯与高亮度的白色聚光灯的组合,营造出茫茫黑夜溶溶月色下少女逐月亮而翩翩舞动的场景,配合特殊的舞美道具以特定的文化语法赋予观者婉约柔和的美感。柔美是中国基本的审美经验,在《易传》中就有阳刚之美和阴柔之美的区分,清代刘熙载以优美和壮美的互渗总结中国的美学思考。"文,经纬天地者也,其道惟阴阳刚柔可以该之。"(《经义概》)月亮在中国是柔美的意象,《诗经》有"月出皎兮,佼人僚兮,舒窈纠兮,劳心悄兮"的描述,王维有"深林人不知,明月来相照",描述了月光下独居竹林的温馨和雅致。舞者上身着短装,露出臂膊和肚脐,下身着短裙和喇叭裤,裤子在膝盖处收紧裤腿处加宽,全身饰以流苏和亮片点缀,加宽、加长的裤腿、流苏和短裙使得舞蹈动作流动自然而不滞涩,上身的短装减少演员的身体负担,便于完成轻盈

---

❶ 沙武田. 吐蕃统治时期敦煌石窟研究综述 [J]. 西藏研究,2011 (3):87.
❷ 阿米·海勒,杨清凡. 拉萨大昭寺藏银瓶——吐蕃帝国 (7~9世纪) 银器及服饰考察 [J]. 藏学学刊——吐蕃与丝绸之路研究专辑,2007 (3):216.
❸ 王克芬,柴剑虹. 箫管霓裳敦煌乐舞 [M]. 兰州:甘肃教育出版社,2007:26.

的舞蹈动作；轻纱为材质的短装短裙在蹁跹舞动中具有轻柔、流动的飘逸，而轻纱的透光性在幽微的舞台灯光下又有朦胧的意境；而中国文化中女性与月光的意象、柔美的风格紧密联系，月亮与女性两相对应，前者是后者主观情感映射的物质载体而成为女性的象征物。《礼记·祭器》以"大明生于东，月生于西，此阴阳之分，夫妇之位也"的记载说明月亮与女性的文化联系，《淮南子·览冥训》中"羿请不死之药于西王母，娥窃以奔月，怅然有丧，无以续之"的嫦娥奔月的神话更是家喻户晓，月亮和女性所蕴含的婉约的柔美是中国式的审美体验。

"反弹琵琶舞"的音乐配器也营造出叠合的审美经验。其在民族乐器的基础上大量加入西洋管弦乐，第二幕英娘独舞的音乐伴奏的曲调源于中国古代传统的琵琶大套文曲，主要描述月亮东升西沉的过程，曲调婉转缠绵，古朴动人，赋予舞蹈柔和自然的意境。在传统的琵琶独奏中加入西洋弦乐形成弦乐器的重奏，丰富了舞曲细腻哀婉的曲调，提高了舞曲的艺术感染力，在不失民族乐细腻温柔的风格时，呈现更大气磅礴的特质，从而给予观众强烈的震撼力；第二幕神笔张与英娘的对舞也融合多种音乐元素，起初用传统民乐京胡明亮清越的音描述神笔张淳朴善良的性格，渲染与父女相聚时的喜悦欢欣，后以单簧管低沉的音色渲染英娘被市令强征后神笔张的愤懑和压抑，明亮清越和压抑低沉的音色将神笔张的人物性格渲染得更丰满动人。全剧《驼铃舞》《刺绣舞》《反弹琵琶舞》和《飞天舞》多种舞曲的有机组合，琵琶、古筝、提琴、单簧管、双簧管等多种乐器的巧妙配合囊括民族乐和西洋乐的音乐风格一体，从而构造出相互交织、相互叠合的"丝路花雨"式的音乐风格。

《丝路花雨》以视觉、听觉而沟通中外文化元素于一体，以审美文化经验的渗透叠合而型塑熔融态的审美经验，整一的艺术形式则将其熔铸为新的共通性的审美形态，由此丝路的审美文化群体被组织为审美文化的共同体。"反弹琵琶舞"以舞蹈、音乐和舞美道具囊括多种文化元素，它们相互组合而共同型构出统一的审美情感。通过多种审美经验的多重叠合，舞剧不再隅于民族性的审美情感的呈现，而是在特殊性的交融中熔铸为共通共享的审美情感。通过月光下英娘与神笔张对舞的场景，观众起先为父女二人深厚的亲情所感染，此后又痛恨于市令垂涎女色滥用职权强行拆散父女的恶行，父女二人刚团聚又分离的坎坷经历感动在场所有观众，多种审美文化经验在叠合中被凝练为统一的审美艺术品，从而以共通的艺术载体勾连文化间的审美趣味为一体。正如朗西埃对某件当代艺术的评论，"空的空间是为一个人群的共同体预设的，在这个共同体中，每个人都有能力独处。作品表明，共同体的成员每个人都平等地具有成为'我'的能力。"❶ 从而以整一的审美艺术品形成多元叠合的"歧感"共同体。民族性、特殊化的元素上升为共通的价值取向，即正义、友谊、和平的主题，由此丝路的文化群体在互通互鉴中融贯为一体。《丝路花雨》作为中国与世界展开文化交流的艺术载体，其在尊重诸文化地位的基础上探索融贯一体的文化形态，广泛汲取共享的审美文化资源叠合为整一的审美艺术品，由此型构出融汇交融的审美共同体。

三、丝路审美文化的原生与再生

当代社会的经济生产日益转型，文化的经济化与经济的审美化相伴相生，审美在持守自身文化逻辑的同时，日益渗透于经济生产领域，经济理性与审美文化的交融共生成为当今社会发展的趋势，审美文化成为经济生产的多重面相之一，这既重塑了经济的内在逻辑，催生了新的社会生产空间，也使得文化广泛而深刻地参与社会实践。阿苏利在审美品位与资本主义发展中讨论审美愉悦如何参与工业社会的生产消费，他以"审美愉悦的工业化"指认后福特主义时代经济的内驱力，"一个服从于审美判断的吸引力和排斥力的审美空间"。❷ 审美因其具有创造社会需求的潜力而催生出聚焦于审美愉悦的消费模式，《丝路花雨》适应文化创意时代而呈现出新的形态，贴合文化逻辑与经济逻辑的交融共生的趋势，通过对原生性敦煌艺术的再生式改造，以文化产业的形态参与市场经济的竞争博弈，其蕴含的审美文化资源在满足市场的精神文化需求时，以符号价值的形式适应于文化经济生产而呈现出专业化、舞台化的特点，

---

❶ Davis Oliver. Key Contemporary Thinkers: Jacques Ranciere [M]. London: Polity Press, 2010: 187-192.

❷ [法]阿苏利. 审美资本主义：品味的工业化 [M]. 黄琰，译. 上海：华东师范大学出版社，2013: 201.

从而成为甘肃着力打造的文化名片带动省域经济的发展,更被商业文化公司诠释为中国走向世界的文化品牌。

《丝路花雨》以其"非物质性"的审美愉悦满足观众的情感需求而推动经济发展。对于不同的目标消费群体,舞剧所传达的审美愉悦和审美情感具有不同的属性,对于中国本土的内地观众,它以民族经验的审美表达触及了国人朴素真切的审美情感,以鲜明的中国式的文化符号标识文化全球化下中国人的精神指向;对于海外的华人华侨,它以中国文化为处于异文化社群中不断漂泊的华侨赋予自我的归属和心灵的安宁;对于外国观众,它所承载的中国式经验满足了其对作为"他者"的遥远神秘的东方古国的想象,对此拉什以"符号经济"形容其后现代社会中消费的非物质性,"增加生产的不是物质客体,而是符号"。❶《丝路花雨》以非物质性、符号化而脱离传统商品的实用属性,紧密地与自我归属、社会地位和审美愉悦相缠绕,正如某商业支付网站的宣传标语,"《丝路花雨》作为舞剧经典,在丝绸之路上的要塞兰州为大家传播千年文明,让游客在西北之旅中,与丝绸之路孕育出的文化艺术相伴,留下美好的回忆"。作为提供审美愉悦和情感体验的文化服务产业,其以文化产品的形式深度参与于社会经济,2017 年,敦煌国际文化发展有限责任公司、敦煌欢乐盛典文化旅游发展有限公司和甘肃省歌舞剧院三方联合编排创作了旅游驻场版的《丝路花雨》,接待观众 9 万人次,票房收入突破亿元。❷ 2011 年,中国文化交流集团则把《丝路花雨》作为"中华风韵"的对外文化品牌推向国际市场。❸《丝路花雨》作为满足人们精神感性需要的形象符码,对其符号价值的发掘为敦煌的文化旅游和演艺市场的繁荣发展增添动力,同时也以中国文化名片的形式参与全球的文化经济生产。

---

❶ [英] 斯科特·拉什,[美] 约翰·厄里. 符号经济与空间经济 [M]. 王之光,商正,译. 北京:商务印书馆,2006:6.

❷ 吴冬妮. 我市文化演艺市场再创佳绩 [EB/OL]. (2018-10-30) [2019-03-10]. http://www.dunhuang.gov.cn/zhuanti/wenhualvyou/20181030/170325611794e.htm.

❸ "相约北京"艺术节公号."中华风韵"推送舞剧《沙湾往事》登上美国国家大剧院 [EB/OL]. (2018-02-03) [2019-03-10]. http://www.caeg.cn/whjtgs/jtdt/201802/746e50e520674578966dd555b33e4ceb.shtml. 大型民族舞剧《丝路花雨》首登澳大利亚舞台 [EB/OL]. http:///www.caeg.cn/whjtgs/jtdt/201810/00adcd4e87fd48adcee86444.shtml,2018-02-03/2019-04-20.

《丝路花雨》适应于文化创意时代下文化的经济化与经济的审美化，在以艺术自律而持守自身的文化逻辑时，也自觉地以审美资本的形态适应于市场经济的逻辑，通过对原生性艺术的再生式创作以适应于当代的文化与经济交互叠合的形态。审美艺术转变为文化产业必须具备一定的条件，即流水线式的工业化、标准化的生产，以及以市场营销的角度预测消费者的需要，最大限度地兼容多个消费群体的要求，使其可在当代脱语境地为不同文化消费群体所接受，阿苏利即以"中庸的品位"指出审美生产为适应消费需求而导致的"品位的工业化"。《丝路花雨》商业化的即是其剧本设计、舞蹈演员和舞美道具的专业化、舞台化的过程，从而兼顾不同民族文化的审美需求。舞剧在考虑到观众的审美疲劳度和市场推广性的诸多因素后将演出时间从120分钟删减为90分钟，而舞剧的叙事性较弱，为在短时间内确保剧本的完整性和故事性，故事线索偏重程式化、简单化为主，人物性格偏于功能化和固定化。全剧以起因、发展、高潮和结局的顺序为结构，包括"伊努斯被困沙漠，英娘父女相救""英娘沦为歌妓，伊努斯搭救父女重聚""神笔张创作壁画，英娘出走波斯""伊努斯遭唐，英娘重返中原""神笔张神游天外，梦醒急奔塞外""商队遭劫，神笔张牺牲"和"英娘陈情事实，丝路恢复和平"七个回合，以丝路文化间的交流与冲突结构为核心，故事主题明确，人物关系清晰且稳定。以英娘、神笔张、伊努斯与市令、窦虎二元对立的正义邪恶贯穿全剧，叙事结构是平衡与不平衡的动态变化的单线关系，每一幕自身也是平衡、不平衡的小的叙事结构，程式化、结构化的故事情节可脱语境地于适应于不同文化的审美需求。舞剧的故事背景囊括广袤的空间延展和大尺度的时间跨越，人物矛盾错综复杂，以第三人称的全知的叙述视角展开，其视野清晰全面，利于观众从宏观角度完整、整体地把握故事的主体脉络，同时对剧本的时间背景、文明设定做模糊化处理，总体以古代中外文化交流的主题贯穿，原剧本的盛唐背景设定在后续版本不断被淡化处理，文明的交流被设定为中国与西域民族的交流、对话，西域自汉以来成为对玉门关、阳关以西地区的总称，包括亚洲中、西部，印度半岛，欧洲东部和非洲北部的广大地域，模糊化的处理利于外国观众对故事的整体把握。选择人物功能性的行动予以展现，淡化细微的故事线索，即能让观众"看懂"，方便"讲故事"；人物关系以英娘、神笔张、伊努斯与市令、窦虎二元对立的人物关系项贯穿，其正义与邪恶的二元对立结构项简单易懂。跌宕起伏、一波三折的情节，具有强烈的吸引性，同时清晰的故事脉络、二元对立的人物关系和功能性的人物性格是多种文化群体的最大公约数，方便观众的解读，便于舞剧的广泛传播。

专业化的舞台演员也是舞剧再生式创作的重要手段。《丝路花雨》的演员以专业化的舞蹈艺术者组成，在成员选择上力求贴合当代的诸文化群体共同的审美惯习。原生的敦煌壁画中的唐朝女性是以额宽、脸圆、体胖为特点的"丰肥浓丽、热烈放姿"的体态美，辅以细长的眼和单眼皮，此丰腴的体态美是中国特定历史文化语境下的产物而难以被共同鉴赏，舞剧在对原生性艺术的再创作中再加再生改进，演员的身材曼妙轻柔，体态纤细修长，以瓜子脸、悬胆鼻、柳叶眉、大眼睛和双眼皮为主要的脸部特征，以完美地再现飞天仙子灵动飘逸的气质，该剧的舞蹈编导许琪在采访中坦言，选择史敏作为第三代英娘的扮演者，其相貌是重要原因。而舞剧中的敦煌舞作为融合胡腾舞、胡旋舞、清商舞、土耳其舞蹈、波斯舞蹈等多种舞蹈元素而生的融合性舞种，其兼顾的多种文化审美元素赋予舞蹈极高的技术表现难度，要求舞蹈的演绎以专业化的舞蹈艺术家艰苦的训练为条件，第一代英娘的扮演者贺燕云在参演前已是担任过《小刀会》《骄阳颂》和《红色娘子军》等剧的主角，拥有出色的舞蹈技艺工和扎实的艺术功底，而她在纪录片《舞动敦煌》也提到敦煌舞的难度之高令人望而却步，每天以十多个小时的艰苦训练才能熟练掌握。

现代化的舞美道具也是敦煌原生艺术的再生式创作的条件，第五场英娘在仙宫中飘逸灵动的"飞天舞"所采用的"舞绸"是经过特殊制作的道具并不是真正的绸缎，《七进敦煌》中编剧许琪解释到传统的绸缎质地过于厚重，舞者的力量难以通过波浪形、"8"字形、圆圈形的舞动达到飘逸轻盈的美感，并且在之后的版本中为展现敦煌壁画中飞天仙子的轻盈，舞绸的长度从最初的几米加长到十数米，为保证舞剧应有的艺术表现力，舞蹈道具经过特殊制作，以轻纱为主要质地减轻重量，展现灵动的美感，其上缀以医用的橡皮管剪裁的片段增加一定重量方便舞动。舞剧后续的商业版本配以先进的灯光道具，迎合现代的舞台美术理念，以抽象的色彩和模块化的垂幕，减少写实的布景道具从而以特殊的光影效果延展舞台的视觉空间，增强观众的审美体验，其大色块、强反差、缤纷华丽的舞美效果是舞剧对敦煌原生艺术的再生性的现代改造,从而适应现代观众的审美经验,同时舞台灯光也成为叙事手段,以明暗、变幻、摇曳、追踪辅助故事线索的展开。

《丝路花雨》作为对敦煌莫高窟壁画原生性艺术的再创作,并未一味地追求纯净的原生态艺术,"原生"艺术的本身产生于特定的文化语境,在文化创意时代文化的经济化与经济的审美化的语境下,文化产品的"走出去"以"守正创新"的理念为核心,对"原生"艺术的"再生"性创作必须兼顾商业化的考量,适应现代的审美经验,兼顾多种文化群体的消费需求,以专业化、舞台化的技术处理而传递脱语境化、去地方化的适合所有人欣赏的审美经验。在当代,文化的经济化内化为消费社会中经济运行的逻辑,文化作为一种满足人类审美精神需求的产品参与到社会生产的过程中,文化与纯粹感官愉悦的联系早已随着符号消费形式的出现而割裂,彼得·墨菲"兴趣的价值"指认审美文化的商品价值,"构成资本主义最明显特征的是,当某物被卖出的时候,被卖的并不仅仅是物本身、产品或商品,而是对它的使用同样暗示着参与拥有它的人们的集体想象。"❶《丝路花雨》作为汲取丝路审美文化的再生性艺术,其自身在以多元叠合的形态熔铸为丝路的审美文化共同体时,也与经济展开广泛的联系而具有多维的审美面相,根植于当代的文化语境的《丝路花雨》在以文化交流走向世界的过程中,也不可避免地呈现出文化、经济融合聚生的趋势,其以审美的经济化脱离"卡里斯马意识形态"的面纱,而广泛地参与社会生活实践中新生为审美与经济的聚合体。

四、结　语

《丝路花雨》是丝路审美文化中外互通的艺术载体,其以共通共享的审美物质资源囊括多元的文化要素,以共享的文化框架促成文化间的交流对话,从而将多种文化元素组织为交错互渗的审美艺术品,其兼蓄多民族的审美经验而

---

❶ [澳] 彼得·墨菲, [澳] 爱德华多·德·拉·富恩特. 审美资本主义是什么 [J]. 徐欢, 译. 上海艺术评论, 2016 (2): 47.

熔铸为一体，在统一的框架下的异文化的审美交流生发新的群体性的审美经验，从而将多元的丝路审美文化连缀为"审美共同体"的形态。《丝路花雨》是内生于文化逻辑的审美艺术，也是经济的审美化和文化的经济化的再生性艺术，通过对舞剧剧本、演员、灯光道具的再生性改造，适应于当代文化产品的商业化需求，在文化、经济相互渗透、交融中聚合一体，从而深刻地探索当代原生性艺术的再生性创造所应秉持的准则和向度。

审美交流·审美变形·审美需要：飞天图像再生产的文化机制

■ 陈晓彤

摘要：经由文化表征和符号学的相关理论，飞天图像不仅是幻象创造的问题，也是文化再生产的问题。历史层累特征及特殊类型的出现说明飞天图像有诗学和政治学的一面，在这套意指系统中，飞天既作为世俗权力的象征物也作为丝绸之路多元文化交流共生的审美场域。在现代语境中，随着传播媒介的改变与发展，飞天形象经由图像、影像、声像三种审美变形机制已然成为构建审美共通感的审美符号，同时也说明审美变形的再生产机制与文化紧密相关。在文化经济时代，或者说审美资本主义时代，飞天形象作为审美经济符号介入创意产业领域，说明当代消费者审美需要的改变，同时经历由符号消费转变为审美消费的过程。但这催生一些新的问题，这些问题的存在说明当代美学发展新的审美需要理论的迫切性。

关键词：审美交流；审美变形；审美需要；飞天图像；再生产；文化机制

飞天图像作为丝路审美文化宝贵的图像审美资源，在体现多元文化融通性、互鉴性的同时更体现出共生性，飞天在经历多阶段的审美再生产后逐渐成为构建审美共通感的审美符号，同时介入文化创意产业的生产与消费过程，在这个过程中，飞天图像的一系列审美产品不仅反映当代消费者的审美趣味，也体现出文化经济时代审美公众的审美理想。对敦煌壁画飞天形象的形成过程进

---

* 作者简介：陈晓彤，兰州大学文学院硕士研究生，研究方向为当代文论与美学。
基金项目：国家社科基金重大项目"丝路审美文化中外互通问题研究"（项目编号：17ZDA272）。

行历史考察和分析可以深刻理解幻象生产的文化机制。其中，飞天图像及其审美变形都是特定社会结构中具体审美关系的反映。通过考察飞天壁画的历史层累过程，可知飞天在面貌、造型上呈现由西域转至中原、由神圣到世俗的变化趋势，这种改变与敦煌各个历史时期的政治文化紧密相关，说明飞天图像既是世俗权力的象征，也是多元文化融汇叠合的审美交流场域。随着文化传播媒介与传播方式的发展，飞天图像经历多重机制的审美变形后生产出不同的飞天幻象，这种艺术变形不仅是技艺、风格等形式领域的问题，更是具有社会性内涵的文化问题，通过梳理分析飞天形象图像的、影像的、声像的三种再生产类型后发现，飞天形象在现代语境中已然成为表征文化认同、构建审美共通感的视觉符号。而在文化经济时代，或者说审美资本主义时代，飞天形象的符号化转变过程意味着飞天艺术形象具有产生文化价值的潜能，它可以作为审美经济符号以不同的方式介入生产领域。在飞天相关创意产业中，当代的审美需要已经发生一系列改变，而这与生产和消费结构的变化密切关联。其中消费者与文化产品的生产呈现双向制约，这也说明消费者正在经历转型，即由符号消费者转变为审美消费者，这种消费倾向促使产业结构进行相关调整。但这同时催生一些新问题。就飞天创意产业来看，再生产的飞天形象如何准确地把握不同群体的"情感结构"而使其真正成为可以构建"审美共通感"的审美符号。同时，创意产业的信条是满足消费者的审美需要，但这种满足如何区分于消费社会中"符号消费"带来的那种虚假满足？这些问题的存在说明发展新的审美需要理论的迫切性。

一、飞天图像：政治、文化互通的审美交流场域

一般来说，图像作为视觉符号可用来反映现实世界或具体事件，但是"在马克思看来，在审美活动中通过幻想创造出来的对象物，不仅是欲望的对象化和现实化，而且也是社会关系的表征和物化"。[1] 就如罗兰·巴特所认为的，图像不纯然是再现性质的符号，而是作为意指系统，这个系统包含表达和

---

[1] 王杰. 审美幻象研究：现代美学导论 [M]. 北京：北京大学出版社，2012：77.

内容两个平面，两个平面之间的关系由意指行为呈现，符号在这里充当的就是"把能指和所指结成一体"的意指行为。❶ 因而视觉图像所产生的意义必须回归"能指与所指之间的关系"，并且这种关系"仍然——甚至毫无动机地——至少是完全地历史性的"。❷ 飞天图像作为视觉艺术有其创作的具体语境，语境是绘画事件发生的起点，同时，构成飞天图像的各种元素以具象形式对社会历史事件进行记录，但这种记录并非自然主义式的反映，在飞天图像的画面中隐藏着无数看不见的"力"，正是这些"力"形构了飞天的"含蓄意指"层，使其不只是静观的纯粹艺术形式。具体说来，原生飞天形象的"力"主要表现在其构建了一个政治、文化和感知相互渗透的审美交流场域。主要表现在两个方面：其一，原生飞天图像作为视觉文化具有层累性质，在这个历史过程中，政治权力、宗教文化是飞天图像再生产的"主力"；其二，原生飞天图像的类型特征、色彩构成都是特定历史时期宗教、乐舞、物质文化审美交流的具体表征。

天，佛教语，是对神明的敬称，"飞天"一词最早出现于东魏《洛阳伽蓝记》一书："有金像辇，去地三尺，施宝盖，四面垂金铃七宝珠，飞天伎乐，望之云表。"❸ 飞天作为佛教造型艺术经由丝绸之路随佛教传播，在约公元1世纪时进入中国，是时儒家思想为正统，佛教影响力有限，在汉朝衰落、儒学价值观念崩塌之际，佛教于政局较为稳定的河西地区扎根落户，并东传至长安、江南地区，河西也因其作为首要中转站成为佛教思想传播的中心之一。在魏晋时期敦煌就已有胡僧于此地学习汉语、翻译佛经，此时兴起开窟造像的风潮，因此，飞天从西域传至中国历经千年发展衍变，这其中敦煌飞天因其系统性与完整性而成为飞天形象的典型代表，就其发展而言，可大致分为早、中、盛、晚四个时期，❹ 在不同的时期，飞天图像呈现不同特征，这与当时社会的文化政治、审美习俗紧密相关。

---

❶ [法] 罗兰·巴特. 符号学原理 [M]. 李幼蒸，译. 北京：生活·读书·新知三联书店，1988：140.
❷ [法] 罗兰·巴特. 显义与晦义 [M]. 怀宇，译. 天津：百花文艺出版社，2005：15.
❸ （北魏）杨衒之. 洛阳伽蓝记 [M]. 尚荣，注释. 北京：中华书局，2012：118.
❹ 郑汝中. 飞翔的精灵 [M]. 上海：华东师范大学出版社，2010：46.

飞天面相与造型的变化最为直观，其中飞天面相由西域风转至中原风且呈现出神圣到世俗的趋势。在北凉、北魏、西魏三个朝代，敦煌画师们对飞天的造型并不熟悉，因此处于模仿西域飞天的阶段，这也说明处于萌发期的飞天为何在面相、造型特征上与西域飞天并无二致。北凉时飞天多为男性，身形粗短厚重，身姿矫健，面相丰圆、目深鼻硕、大嘴大耳、束圆髻或戴"印度式五珠宝冠"，造型简朴，身着羊肠群、腰系围裙、肩披布巾，体态僵硬，动作笨拙，成"U"字形作飞舞态。在北魏时期，飞天数量增多且出现中原风格，飞天面相由椭圆转为长条丰满，眉目平顺秀丽，小嘴高鼻，五官匀称不似北凉夸张，身材由短小转至修长，身着花裙小袄，飘带对称翻飞如翼，飞舞姿态多变但仍显拘束，中原之风显著也表现在飞天性别由男性开始转为女性，北魏部分飞天体态娟秀、长裙裹足，腰肢柔软、飞翔有动感，展示出明显的女性特质。西魏时期，飞天形象的中原化特征得到巩固，面相清瘦舒朗，神情俊爽，最大的变化则在于飞天形象的"三位一体"上，此时期并存三类飞天：西域飞天，中原飞天，道教羽人、飞仙。至北周和隋朝，可谓飞天艺术形象的创意时代。北周通好西域，飞天形象就以西域飞天为主，但不同于北凉，其采用中原人物画技法，飞天面相消瘦、明丽爽朗，不似北凉阴郁厚重，服饰多变，着僧服、中原阔袍者皆有，飞舞姿态轻快、生机勃勃。隋代飞天最具独创性，普遍为女性，姿态千面，不一而足，或面相清瘦、娉婷袅娜，或丰肌丽质、蛾眉曼睩，飞舞姿态不拘一格且以"花团锦簇"的群体形象呈现。到了唐朝、五代时期，飞天形象艺术创造达到鼎盛时期，最明显的变化是飞天形象的世俗化，也就是人物画出现一种"备得人情"的境界，造型上极其生活化，有时以宫娥舞姬的形象出现，有时则以当时最时尚的女性形象出现，完全成为中国化的仕女图，极具民族特色，其中脸型已然为中原风格，西域之风荡然无存，飞舞姿态流畅有力，似随风舒展。中唐时飞天数量骤减，飞天出现吐蕃形象元素，面相宽硕，鼻梁高耸，眉眼细长。晚唐、五代时期的飞天世俗性加强，犹如当时女性形象的写照，其面庞丰秀，朱唇微点，头梳单髻，衣饰纹理清晰可辨，但不如盛唐富丽，渐趋程序化。到宋、西夏、元朝时，飞天艺术形象的塑造不可避免地走向衰落。宋朝飞天简洁雅致，面相庄重，身形苗条，造型多为线描，简洁流畅但飞动感不足。回鹘、西夏时的飞天极具本族特色，人物体健腿短，其中童子飞天穿红色短靴,系红色腰带,有明显的游牧民族特性。元代飞天具有代表性的是观音经变图上方的两身飞天,黑发双髻,眼大鼻挺,体态丰腴,面相均为中亚细亚民族脸形,造型写实,反映了地方文化特征。❶

在飞天图像的意指系统中,作为多阶段审美再生产的产物,基于其历史属性,上述变化说明存在一种审美意识形态的争夺,也就是在审美场域中统治阶层为了展示自己的权力和统治意图而攫取艺术表征权的权力斗争行为,因而在飞天形象的艺术生产场域中,画师的自主性受到权力场与宗教场的双重制约。最具代表性的就是西魏东阳王元荣与隋文帝杨坚对飞天形象审美变化的直接影响。元荣尊奉佛教,其任瓜州刺史时斥巨资在敦煌开窟造像,并将中原壁画、佛教雕塑的相关形式传至敦煌,形成一股风潮,从而突破了飞天的西域模式而使中原风格得以强化,同时元荣也发展了中原的道教文化,因此在西魏时期才会出现道教飞仙和印度佛教飞天融合的飞天形象。隋文帝杨坚自幼受佛教文化熏陶且深谙宗教劝善化民、资助王化的政治功用,因此大力推进佛教的传播并广修佛寺,飞天艺术因此迎来其繁荣期,呈群体形式出现、中原风格定型且情调积极活泼。与之相反,五代时期,朝廷衰微,曹议金家族掌权敦煌,开凿洞窟,绘制家族供养图,以夸示财力雄厚,致使五代时期飞天数量骤减且进入衰落期。宋朝民力凋敝,统治者营建石窟财力锐减,佛教密宗兴起推崇弥勒、观音信仰而少有飞天,曹氏政权依尊北宋宫廷制度建立画院,飞天形象塑造由此程式化日趋严重且情调低沉。从飞天形象的历史生成性来看,其价值产生并非全部来自艺术家,更多来自"作为信仰空间的生产场",飞天形象成为布迪厄所言的"有价值的象征物",❷该象征物在历史过程中被人熟悉、获得承认且由统治阶层体制化,尤其是在少数民族掌权敦煌的时期,使飞天形象再现本民族的文化特征成为其构建民族文化认同的审美手段,飞天的艺术形式在审美交流场域中通过博弈与协商由神圣的信仰象征转而成为世俗权力的象征。

飞天图像的绘制对艺术创作者来说亦是对历史事件的一种感觉的审美记

---

❶ 每个历史阶段飞天面貌、造型的变化在《飞翔的精灵》一书中已有细致的描绘与分析,笔者于此选取历代飞天形象变化的典型特征,以此作出大致的梳理与概括。

❷ [法]皮埃尔·布迪厄.艺术的法则:文学场的生成和结构[M].刘晖,译.北京:中央编译出版社,2001:276.

录，如德勒兹所认为的，绘画空间凝聚的是"感觉""力""事实"和"事件"，绘画绘制出了那种使不可见的力可见的感觉，而这些感觉恰是通过具象的绘画元素表现的"事实"，事实有其发生地点，有其表达方式，因而成为事件。绘画在这个意义上是对"事件"的感觉的记录。❶ 本土文化与他者文化的相互融合这一事件在飞天形象的审美绘制中得到展现。敦煌飞天从艺术形象来说是多种文化的复合体，在上述分析中，有几类特殊的飞天形象在体现世俗性时也反映出丝绸之路文化融通与交流状况，其中有宗教文化、乐舞文化以及物质文化的交流。

体现多元宗教文化的飞天类型当属西魏时期莫高窟第285窟中的飞仙、羽人和印度飞天融合而生的飞天形象（见图1）。西魏时期中原道教文化经元荣传入敦煌地区，第285窟的壁画中夹杂着非佛教的元素，主要是神仙世界中的形象，如女娲、伏羲、西王母、羽人、禽鸟异兽等，在这种神仙文化的影响下，该窟飞天造型独特：道教飞仙失去羽翅，裸露上身，着长裙彩带，而一直延续的印度飞天造型也发生改变，其中束发髻、戴道冠替换了之前的印度宝冠与头光，飞天形象别具一格，有"魏晋风度"。可见，中原道教文化、印度天人、西域佛教文化的相互融合促生了此类飞天形象。

图1 莫高窟第285窟

---

❶ Constantin v. Boundas. The Deleuze Reader [M]. New York: Columbia University Press, 1993: 187-192.

伎乐飞天因其音乐性和舞蹈性成为众飞天的形象大使,这两个显义性特征揭示了伎乐飞天的文化复合性,表明不同地域审美习俗对其造型的影响。就其所持乐器来看,来自印度犍陀罗文化的有:法螺、横笛(见图2、图3)、五弦琵琶(见图3、图4),腰鼓(见图5);来自西亚文化的乐器有:亚述的竖箜篌(见图6、图7),铜拨(见图8),波斯的四弦琵琶;来自西域少数民族文化的有:龟兹之筚篥,狄、戎之角(见图9)。❶ 伎乐飞天所持乐器甚众,这里不一一赘述,可见中国古典乐器是多文化融通、共生的产物,源于印度、西亚、西域的各类乐器经汉代丝绸之路初入中原,在南北朝时期已经占据中原舞台,并对隋唐燕乐形成不可估量的影响,这种影响在盛唐窟的伎乐飞天所持乐器中尤为明显。

图 2　西魏,敦煌第 249 窟(法螺)　　图 3　北周,敦煌第 428 窟(横笛、五弦琵琶)

除此之外,伎乐飞天的舞蹈造型也是多元文化的产物。中亚系的胡旋舞、胡腾舞、柘枝舞渗入中原舞蹈文化。❷ 其中,源于粟特的胡旋舞、石国的胡腾舞在初唐敦煌第 220 窟的飞天造型上有所表现,在两组对称的飞天舞者中,一

---

❶ 吴洁. 从丝绸之路上的乐器、乐舞看我国汉唐时期胡、俗乐的融合[D]. 上海:上海音乐学院,2017:16-57.

❷ 吴洁. 从丝绸之路上的乐器、乐舞看我国汉唐时期胡、俗乐的融合[D]. 上海:上海音乐学院,2017:79-81.

审美交流·审美变形·审美需要：飞天图像再生产的文化机制　227

图 4　晚唐，敦煌第 85 窟
（五弦、四弦琵琶）

图 5　西魏，敦煌第 288 窟
（腰鼓）

图 6　北魏，敦煌第 431 窟（竖箜篌）

图 7　西魏，敦煌第 285 窟（竖箜篌）

对着裙衫飘带，展双臂呈旋转状，旋转时裙饰绕躯，巾带飘扬，另一对手舞巾带，掷臂踩脚，分别为胡旋舞和胡腾舞的姿态。柘枝舞与胡腾舞于北周时经西域边地传入中原，同出乌兹别克斯坦一带，因舞蹈姿态华丽、服饰精美而风行唐朝，诗文多有描述，白居易《柘枝妓》中"平铺一合锦筵开/连击三声画鼓催/红蜡烛移桃叶起/紫罗衫动柘枝来"可谓恰如其分的描述，在中唐敦煌第197 窟（见图 10）中有一飞天左腿单立、微屈，右腿屈膝侧提，是典型的柘

图8 西魏，敦煌第288窟（铜拨）

图9 隋，敦煌第302窟（长节铜角）

枝舞姿。再者，受波斯、印度传入的乐器影响，伎乐飞天因其所持器具呈现不同舞姿，这其中反弹琵琶与手持腰鼓明显受波斯文化、印度文化东渐的影响，中唐敦煌第112窟、第159窟以及五代第98窟中均有飞天持琵琶舞蹈（见图11、图12），造型一致，均呈现屈膝勾腿、提胯扭腰的"S"形，在中唐敦煌第360窟中则有飞天持鼓而舞（见图13）。❶

作为绘画艺术，不同的色彩组合成为飞天图像的独特表达语言，矿物颜料作为这种表达的物质性载体体现出丝绸之路上物质文化交流的特征。就敦煌石窟壁画使用的颜料而言，有三种来源，其一是加工敦煌一带的矿石而制作，其二是从中原内地运输过来的矿物颜料如朱砂、蛤粉，其三是加工经丝绸之路从西域流入的矿石颜料，如青金石和红赭石。❷ 其中白色无机颜料铅粉随佛教的传播一同流入中国，佛寺、壁画多以其为铺成底色，在飞天图像中多有祥云缭绕，其中就以铅粉着色，如众多于白云中飞行散花的藻井飞天图；红色无机颜料中的红赭石来自伊朗、印度等地，敦煌壁画魏晋南北朝窟中的飞天衣裙以此

---

❶ 对舞蹈姿态的详细考察可参看敦煌研究院. 敦煌石窟全集（舞蹈画卷）[M]. 香港：香港商务印书馆，2002.

❷ 徐勇. 敦煌壁画的材料研究 [D]. 兰州：兰州大学历史文化学院，2007：33-55.

图 10　中唐，敦煌第 197 窟
（飞天柘枝舞）

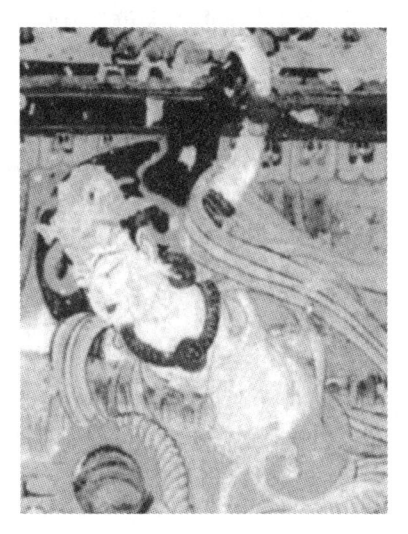

图 11　中唐，敦煌第 112 窟
（飞天琵琶舞）

图 12　中唐，敦煌第 159 窟
（飞天琵琶舞）

图 13　五代，敦煌第 98 窟
（飞天腰鼓舞）

红作为底色；青色无机颜料中的青金石在古代谓之碧琉璃，产于阿富汗东北地区巴达山的关山等地，十分名贵，在东西交流活跃的隋唐时期属于西域贡品，飞天图中的青绿色多用此进行调制，也有用有机颜料配制而成的青绿色系，在盛唐窟的"穿楼飞天群"中,飞天飘带鲜明的青绿色使其飞舞姿态愈发轻盈明澈。

经由上述两方面的分析,原生飞天图像并不只是纯粹的艺术杰作,作为历史再生成的产物,飞天图像表现出诗学和政治学的一面,在作为世俗权力象征的同时也是多元文化融汇叠合的审美交流场域。

二、飞天幻象的再生产:审美变形的文化机制

随着文化传播媒介与传播方式的发展,飞天图像经历多重机制的审美变形后生产出不同的飞天幻象,再生飞天形象的能指符号说明时代审美交流形式已发生改变,这种艺术变形不仅是技艺、风格等形式领域的问题,而且是"具有社会性内涵的文化问题",审美变形就是"探寻被遮蔽着的现实社会关系"的一个切口。❶ 审美交流的基本对象是经由审美变形产生的审美幻象,大致来看,飞天形象有图像、影像、声像三种不同类型的审美幻象。幻象生产主要依托审美变形的基本媒介,这些物质媒介拥有变形潜力,也有其局限,因此,通过分析这些媒介的基本特性可深刻了解再生飞天形象与社会文化之间的具体关系。

近现代飞天图像的再生产主要以两种形式进行:摄影和绘画。飞天第一次"飞出"敦煌壁画的时间点是在 1908 年,也就是伯希和带领的法国考察团进入敦煌的时间,在考察期间,伯希和共计拍摄莫高窟外景、洞窟彩塑、壁画等照片 368 张,先后发表于 1922~1924 年巴黎出版的《伯希和敦煌石窟图录》,共六大本。❷ 在其所摄的飞天图册中,由于是单色图版,黑、白和浓度不一的灰构成飞天的主色调,致使飞天全然丧失壁画中的鲜明亮澈,滞重有余而飞动不足。同时,摄影将飞天形象从其所属的壁画整体中剥离出来而丧失了完整感,大型的飞天群成为孤立的个体,形式上更为疏离,加之照片本身边框所限,飞天服饰的飘逸飞动就被生硬切割,从而无法体现飞动

---

❶ 王杰. 审美幻象研究:现代美学导论 [M]. 北京:北京大学出版社,2012:114.

❷ 数字统计参看网站:数字丝绸之路(Digital Silk Road),网址 http://dsr.nii.ac.jp/reference/pelliot/index.html.zh。

的艺术特质，泯然壁画中的普通角色。凭借摄影媒介，飞天于21世纪之初在照片上完成了第一次飞行，那它传递出了怎样的讯息呢？罗兰·巴特认为所有的模仿性"艺术"（图画、绘画、电影、戏剧）都包含两种讯息，"一种是外延的，即相似物本身，另一种是内涵的，它是社会在一定程度上借以让人解读它所想象事物的方式。"❶ "复制风格"是飞天形象的照片首先传达出的讯息，这主要由于拍摄者显在的目的是"历史纪实"，在伯希和甚或当代观众来看，这些照片虽然不是实在的壁画中的飞天，但至少是其完美的相似物。巴特在这种"完美的相似性"中分析出摄影讯息是一种连续的无编码讯息，"连续"就在于照片的所指或是审美的，或是意识形态的，同时这个所指也反映接受这个讯息的社会的文化。就摄制者伯希和来说，作为处于社会中等阶层的汉学学者，他不仅是目的性极强的探险家，也是"摄影纪实家"，而桑塔格认为社会纪实类照片尤能反映中产阶级的态度，看似人道主义，实则充斥猎取异国情调的好奇和淡漠，并且最能反映中产阶级社会的冒险主义特征，"摄影之眼的贪婪"也由此体现出来。❷ 就当代观看者而言，这组飞天图片的社会功能、意识形态功能弱化，它体现出一种"忧伤的物性"，是用以缅怀的遗物，表征已经消失在黑白中的真相和远去的历史，观者在感受"时间的创伤"时徒有唏嘘。

　　飞天图像的审美变形除摄影照片外，也出现在近现代、当代的绘画作品中。1943~1957年，一批学者、艺术家因敦煌壁画的艺术魅力和艺术价值聚集在敦煌地区并创办敦煌研究院，其中临摹壁画是分析敦煌壁画的一个步骤，常书鸿、张大千等人则是主要临摹者，但是临摹作品不多，在二人后来的艺术作品中，飞天是主要的绘画元素。其中常书鸿先生于1979年为日中文化交流协会留念而作《飞天》一幅，是壁画中怀抱琵琶弹拨的伎乐飞天典型形象，飞天半裸上身，着赭红花裙，松绿飘带空中翻飞，面形圆润、眉眼细长，有盛唐飞天风；先生关于飞天的画作还有一组于1985~1988年绘于四折屏风上的《丝绸之路飞天》和《敦煌飞天舞乐》，为东京枣寺、奈良法隆寺所作（见图

---

❶ [法]罗兰·巴特. 显义与晦义 [M]. 怀宇, 译. 天津：百花文艺出版社, 2005：5.
❷ [美]苏珊·桑塔格. 论摄影 [M]. 黄灿然, 译. 上海：上海译文出版社, 2010：56.

14)。此外还有张大千、徐悲鸿、张孝友等人的飞天画作（见图 15）。在当代飞天艺术绘画中，飞天形象发生巨大改变，不似近现代艺术家的古典风格，转而成为抽象派、印象派风格。以甘肃画家靳春岱为代表，其创作的"当代飞天"系列作品于 2014 年在北京参展，油画作品"一带一路飞天"系列于 2017 年在津巴布韦旅游部参展（见图 16）。在他的作品中已然无法辨认近现代画家中的古典飞天形象，画作色块鲜明，呈现旋转流动的趋势，飞天在这里只作为艺术意象出现，不同色块要表现的就是飞天意象的音乐性、流动性以及生命的欢畅感。具象化飞天元素的消失表明当代飞天形象已成为一种审美意识形态的抽象符号。抽象化也表现在消费文化中，商业消费品如兰州香烟上的飞天以线描轮廓为其标识，酒店、建筑则直接以"飞天"字符命名。飞天形象经由摄影、绘画的审美变形后，逐渐成为抽象的能指符号。就飞天绘画作品的形式、风格来看，艺术家们选择飞天作为主要描绘对象除了传承中国古典画技艺、延续绘画传统、继承中国独有的艺术意象外，更多是由于飞天本身极具艺术美感，其宗教意蕴不似其他形象浓厚，作为丝绸之路审美文化交流的产物，"飞天"是典型东方文化的符号。王杰教授认为，"在文化再生产的过程中，视点的确定是文化认同的基本前提，往往在图像的内容、风格、表现手段等方面得

图 14　常书鸿　敦煌舞乐飞天

到确定,在具体的文化模式中,图像的特殊风格通过传统的延续而再生产出来。"❶ 壁画中的飞天原型是"飞天"图像审美变形的基源性存在,同时也是审美认同、文化认同发生的一个确定的共同视点,由于这个视点的存在,不管是具象的还是抽象的飞天形象,都具有使观者心理产生投射的共同文化元素,个体与民族的信念、价值和欲望都在飞天图像的审美变形中得到表征。

图 15　张大千　飞天图

图 16　靳春岱当　代飞天系列

---

❶ 王杰. 审美幻象研究:现代美学导论 [M]. 北京:北京大学出版社,2012:136.

以影像方式再生产的飞天形象最具代表性的则是中国在 1982 年由西安电影制片厂拍摄的舞蹈电影《丝路花雨》，这部影片基于 1979 年的舞剧《丝路花雨》。电影叙述了为敦煌石窟绘制壁画的父亲神笔张与女儿艺伎英娘的悲欢离合，贯穿的主题则是"反弹琵琶伎乐飞天"的创作、形成过程。英娘的舞蹈是父亲创作众多飞天造型的灵感来源，飞天在这里被还原到它的生产场景，这就说明原生飞天形象的世俗性以及文化生产机制。影片播出后获得极高赞誉，第一代飞天演员的经典形象深入人心，获得认可，英娘的扮演者贺燕云也被视为真人版飞天形象的代言人，在后续改编的舞剧中，人们依据贺燕云的英娘形象来衡量所有的飞天扮演者。显然，经典的英娘形象已经成为飞天以及丝路文化的表征符号（见图17）。霍尔认为"同一文化中的成员必须共享各种系列的概念、形象和观念，后者使他们能以大致相似的方法去思考、感受世界，从而解释世界。直言之，他们必须共享相同的文化信码"。[1] 英娘就是这样一个"文化信码"，通过这个信码，飞天形象的抽象能指得到了具象化的表现，飞天精灵般的灵动与曼妙及其所象征的丝绸之路上的和平与友谊皆在这一信码中得到揭示；同时，这个信码也反映出我们的思想与情感，电影镜头的叙事语言已经创制出一套文化表征系统，"我们的概念、形象和情感就在这系统中，代表和表征着那些在世上的或也许'在世外'的事物。同样，为了将这些意义传达给他人，任何意义交流的参与者必须能够使用同一'语言信码'。"[2] 可见，情感认同、文化认同以及民族认同的发生就在于表征系统的双向建构，"英娘—飞天—丝路"的影像符号编码意味着意义的生产，这种意义不必然得到完全的解码，但它提供了对话和理解的机会。

飞天形象以声像形式存在也是飞天形象再生产的典型机制。代表性的音乐作品均冠以"飞天"之名，其中有歌手含笑于 1995 年发行的单曲《飞天》、2013 年歌手谭晶的新曲《飞天》、2018 年韩红携手方文山创作的《遇见飞天》，以及 2018 年由制作人李盾携手关山、三宝创作的音乐剧《飞天》，上述四部作品均为填词歌曲，除此之外，也有一些无词的、以"飞天"为名的轻

---

[1][2] ［英］霍尔. 表征：文化表象与意指实践［M］. 徐亮，陆兴华，译. 北京：商务印书馆，2003：4.

审美交流·审美变形·审美需要：飞天图像再生产的文化机制　235

图17　贺燕云饰演的英娘形象

音乐。这些作品共同构成独特的"飞天声音景观"。原生飞天形象的显著特征在于其音乐性和舞蹈性，影视、舞剧主要在视觉方面再生了飞天的舞蹈性，这些独立音乐则在听觉方面以不同形式表现飞天的音乐性。音乐性首先体现在飞天所持的乐器上，其中以琵琶为主，现代音乐凭借琵琶这一音乐媒介，从其特有的音色出发营造飞天神圣、悠远空灵的幻象。其次，飞天的音乐性还在于它的故事性特征，方文山阐述《遇见飞天》的创作理念时说："我完全按照历史的典故去撰写，让歌词有画面感，有时空的想象画面跟寄托。"关山的音乐剧《飞天》也是依托飞天的神话故事，以紧那罗（天乐神）和乾闼婆（天歌神）的神话故事为线索进行创作，这在其他填词的音乐文本故事中均有体现。飞天的世俗性在声像生产中愈发浓烈，其一度成为"爱情"的能指符号，这同时体现出飞天的多文化特征，在印度神话中，飞天就是一对形影不离的恩爱夫妻。乐声总是"看不见摸不着、悬在半空"，在器物、人及其栖居的文化中却留下丰富的痕迹，经由音乐，飞天的声像生产扩展了视觉飞天的审美张力，为观者提供了亦真亦幻的审美想象，同时，这种生产也说明其已经是获得人们审美认同的一个审美符号。

通过分析飞天审美变形的三种路径，可以看出其背后种种复杂的生产机制，作为一种由物质与精神、具象与抽象、空间与时间、视觉与听觉、现实与理想之间彼此交织而产生的虚幻征象，飞天的意识形态材料在审美变形中被激活，"获得了充满激情的特殊表达"，同时，"由于审美变形穿透了主体及其对象之间的屏障，在主体方面，内在的欲望获得了具体的投射对象，在对象方面，物质性的材料转变为表征现实关系的形象，从而建立起个体欲望与外在现实世界的深层联系"，❶这种联系不仅是认同的文化机制，也是审美变形的文化再生产机制。

三、创意产业中的飞天形象："审美需要"的当代性

飞天图像、影像、声像的审美再生产说明其已成为表征民族文化认同、构建丝路沿线人民审美共通感的关键信码。同时符号化的转变过程意味着飞天艺术形象具有产生文化价值的潜能，在文化经济时代，或者说审美资本主义时代，它可以作为审美经济符号以不同的方式介入生产领域，从而进行"飞天文化"的再生产并获得相应的符号利益。"符号代表其他东西，这是审美资本主义中'审美'一词的核心"，❷在晚期资本主义的文化逻辑中，美感已然被纳入商品生产的过程之中，而在美学融入日常生活的文化经济时代，"文化产业的出现直接转向了对大众审美欲望的满足与开发"，❸消费产品在满足消费者物质需要的同时被要求在消费的过程中使消费者产生强烈的共通感，也就是满足其审美需要，这种审美需要的满足是人们付出相应的金钱所获得的接触文化知识和情感体验的权力，与传统美学意义上审美需要的获得和满足有本质区别。

经过考察后会发现飞天形象在创意产业中是重要的审美生产符号。例如，在游戏产业中，腾讯公司携手敦煌研究院为大型网络游戏《王者荣耀》设计的一款飞天游戏皮肤（见图18），皮肤在发布当天引起轰动，获得众多玩家喜爱。在讲究文化跨界和联名的现今，腾讯网络公司和敦煌文化研究院的合作在文化产业中很有示范性，这其中还包括联名制作敦煌主题的中秋月饼，举办敦煌主题的音乐会，设计敦煌景区的智慧小程序，探索AI修复受损壁画等一系列合作场景。❹在这些场景中，飞天都是进行再生产的必备元

---

❶ 王杰. 审美幻象研究：现代美学导论[M]. 北京：北京大学出版社, 2012：116.
❷ Peter Murphy, Eduardo de la Fuente, Koninklijke Brill nv, Leiden. Aesthetic Capitalism[M]. The Netherlands, 2014：5.
❸ [法]奥利维耶·阿苏利. 审美资本主义：品味的工业化[M]. 黄琰, 译. 上海：华东师范大学出版社, 2013：165.
❹ 详细报告见网页 https://www.ifanr.com/1133838.

素。数字时代的特色就是应用软件的开发，在一些美图软件中时时可见飞天形象，飞天的造型、服饰、妆容等经过复制、变形可呈现在软件使用者面前，受到女性消费者的追捧。除此之外，漫画等文创产业也对"飞天"进行了一系列的艺术生产，极具时代特色，著名漫画家文那以敦煌壁画为主题创作的飞天形象结合了日本浮世绘与中国年画形式对原生飞天进行了夸张与变形（见图19），漫画推出时销量可观。从飞天的创意生产可以看出，建立起一个谋取审美愉悦感的系统是文化经济时代创意产业的核心，这也是墨菲所言的审美资本主义的核心中符号的他性含义，符号不只是用以消费的区分性客体，它也具有"共谋"属性，前者作为经济符号，后者则是审美文化符号，共谋就体现在审美愉悦成为生产与消费的共同目的，无功利的、纯粹的感官享受的消费成为显在现象。

图18 飞天游戏皮肤

飞天形象在创意产业中获得的成功主要在于满足了当代消费者的审美需要，这种审美需要的发生与完成显然不同于传统审美心理学所分析的审美需要。审美心理学中审美需要是对"高高挂起的欲望"的研究，忽视了社会机体与物质生产之间的复杂关系。❶ 马克思提示我们："如果说，生产在外部提供消费对象是显而易见的，那么，同样显而易见的是，消费在观念上提出生产

---

❶ 王杰. 审美幻象研究：现代美学导论[M]. 北京：北京大学出版社，2012：66.

图 19　文那飞天漫画形象

的对象,把它作为内心的图像。作为需要、作为动力和目的提出来。消费创造出还是在主观形式上的生产对象。没有需要,就没有生产。而消费则把需要再生产出来。"❶ 马克思意在指明审美需要在生产和消费的过程中有其物质属性和文化属性,物质属性指向审美需要的对象化生产,文化属性说明审美需要的非个体特征。在创意产业中,飞天形象的文化产品同时满足了审美需要的这两个维度,对消费者个体来说审美产品"并非仅仅承载欲望和信仰,而是在个人身上烙下集体感官的共同印记",❷ 在消费飞天文创产品时,消费者获得的是飞天这一形象所承载的文化记忆和审美意蕴,这种审美感受更能加深消费者所属文化的认同感,这是审美需要的文化"共谋"之面。

再者,飞天创意产品也使消费者不再是普通的商品消费者,而是审美消费者,因为飞天的艺术魅力被"灌注到一件工业产品中并变化出多种人造产品",这其实就是文化产业经济所谓的"文化创新",是阿苏利所言的"艺术的工业演绎"。商品的审美艺术品格再生产出审美的公众。如果说消费时代回应的是"符号性的欲望",文化经济时代的创意产业则力图使人们相信"它能

---

❶ 中共中央马克思恩格斯列宁斯大林著作编译局编译. 马克思恩格斯全集(第 30 卷)[M]. 北京:人民出版社,1995:32-33.

❷ [法]奥利维耶·阿苏利. 审美资本主义:品味的工业化[M]. 黄琰,译. 上海:华东师范大学出版社,2013:72.

够以艺术的模式培养非功利性的欲望",❶ 这种目的在文化产业的相关政策中比比皆是,审美消费者的审美满足被视为社会和谐的决定性因素。以飞天创意产业来说,一款飞天游戏皮肤的设计理念侧重的是游戏玩家的美学要求,而原生飞天的艺术特质恰好能够满足这种审美需求,在这个意义上,有品位的公众是文化产业的主要推动力。

创意产业中的飞天文化产品使我们思考当代审美需要问题的复杂性。"在当代社会,随着创意经济和消费经济的发展,整个社会的生产方式,包括审美关系也随着社会关系的变化发生了一系列重要变化。它的基本力量特征是:在社会系统中,审美和艺术从一种异质性的文化存在,转变成为当代社会结构的基本构成原则之一,也就是说,是它的本质规定之一。"❷ 这其中,审美已然成为一种结构性的资本,而不仅仅是各种艺术类型的文化形式,审美由批判资本的否定性力量逐渐转变为文化经济社会的建构性力量,这种转变在带来社会中审美活动世俗化与普遍化的同时也产生其他问题。就飞天形象的再生产来说,如何在文化创意中不损害其原有艺术特征的同时又能使年轻群体更容易接受这种文化上的转变,以及再生产的飞天形象如何准确地把握不同群体的"情感结构"而使其真正成为可以构建"审美共通感"的审美符号。这些问题广泛存在于一些戏仿飞天的文化生产中,文化产品中严肃性的消失并不必然意味着消费群的扩展或审美距离的消失,可能更多的是消费社会沉渣的反映。

---

❶ [法] 奥利维耶·阿苏利. 审美资本主义: 品味的工业化 [M]. 黄琰, 译. 上海: 华东师范大学出版社, 2013: 81.
❷ 王杰. 文化经济时代的马克思主义美学 [J]. 中山大学学报, 2018 (2).

《又见敦煌》：文化创意时代敦煌形象的多重表征*

■ 邵思源

摘要：《又见敦煌》为古老的敦煌文化的呈现提供了一个新的视角。全新的观看空间既包含古老敦煌的文化意涵，又以对话的形式激活观众的情感记忆。典型的视觉符号凝练着丝路精神，戏剧情境中包含敦煌文化的诸多元素，以事件和人物为故事载体，故事化地表达丝路审美意涵。情境体验这一戏剧形式重塑了观众的感知方式，个体的情感与演出空间相连，个体的审美经验被编织在承载着物质文化与精神文化的创意空间中，观众经由体验产生对敦煌文化的审美认同，属于敦煌的集体文化记忆受到询唤。《又见敦煌》作为文化产品发挥着文化交流的作用，敦煌形象也在创意空间的多重表征之下获得新的生命力。

关键词：《又见敦煌》；表征；敦煌；审美认同；丝路精神

丝绸之路作为一个多国度、多民族、多地域文化汇聚融合的文化地理空间，[1] 其包含的审美文化内容是复杂的。对丝绸之路原生的审美文化进行的艺术再创作，催生了一系列的"再生文化"，再生文化试图与既有的文化情感建立联系。敦煌文化和艺术是古丝绸之路艺术的典范。大型实景演出《又见敦煌》是敦煌再生文化的一个样本——它构建了一个全新的观演空间，通过情

---

* 作者简介：邵思源，兰州大学文学院硕士研究生，研究方向为戏剧影视、艺术理论。
基金项目：国家社科基金重大项目"丝路审美文化中外互通问题研究"（项目编号：17ZDA272）。
[1] 程金城．丝绸之路艺术的意义与价值——兼及"丝绸之路艺术学"刍议［J］．兰州大学学报（社会科学版），2017（2）：63-68.

境体验激活了观众关于敦煌的文化记忆。《又见敦煌》点缀在丝绸之路的文化创意空间中。宗教的、神圣的、世俗的敦煌在创意空间中被重新表达,敦煌的形象被诸多符号重新表征,敦煌深厚的文化意蕴也获得了新的书写方式,被个体重新记忆。

在《又见敦煌》的创意空间中,人的情感以及感知方式被重新塑造与改写,通过体验与对话中,观众被编织在戏剧情境中,成为历史的参与者,构建起观众与敦煌之间的情感联系,观众的身份借助叙事的帮助而得以赋形。敦煌不论是在地理位置上,还是在其他艺术作品的呈现中,都是距离日常极其遥远的"远方",情境体验式戏剧引领观众"浸入"戏剧情境,虚拟的戏剧情境拓展了人们的生活空间,不论是在物理空间还是在心理空间的层面上都拉近了敦煌与个体之间的距离。在戏剧情境❶中,物质敦煌携带着观众的文化记忆共同参与此次情境体验,经由体验,情感参与了参观者的个体经验,敦煌此时与个体相关,在个体经验上留下了鲜明的烙印。敦煌因在创意空间中的多重表征被赋予了新的生命力,在文化创意时代,敦煌文化与丝路精神以情境体验的方式得以重新书写。

一、时空造境:《又见敦煌》的表达范式

"地点可以超越集体遗忘的时间段和保存一个记忆,在流传断裂的间隙之后,朝圣者和怀古的游客又会回到对他们深具意义的地方,寻访一处景致、纪念碑或者废墟。这时就会发生'复活'现象,不但地点把回忆重新激活,回忆也使地点重获新生。"❷ 在戏剧开始时,张骞、常书鸿等人踏着象征丝绸之路的 T 形舞台走向观众,在数声"请问这里是敦煌吗?"的询唤中,回溯观众对敦煌的原初情感。记忆是抵达过去的通道,原初的情感被一个艺术激发得由

---

❶ 戏剧情境是指在戏剧作品中,以人物心理为依据,联系前史,围绕人物孕育深刻的矛盾冲突,并因之产生未来规定动作,从而揭示剧作主旨的具有假定性的、与人物情绪相互作用的特殊具体的动态环境。

❷ [德] 阿莱德·阿斯曼. 回忆空间:文化记忆的形式和变迁 [M]. 潘璐,译. 北京:北京大学出版社,2016:4.

沉思和想象创造的情感所取代，成为一个消逝的过去的替代物。这里对敦煌的询唤意在以一个艺术性的敦煌对既有的物质敦煌进行一次感性的重构。敦煌这一地点的物质性在戏剧情境的渲染下，激发了观众关于敦煌的文化记忆，在不同的视角获得了不同的解读。观众的情感结构与文化记忆相互叠，消融了遗忘与回忆之间的界限。"地点作为记忆媒介显示出不可移动的坚固性的特点，它为逝去的回忆提供了一个感性的牢固的倚靠，是一个没有此时的此地，它既不描绘也不想象任何东西，而是把一个不在场的东西的痕迹带着或多或少的激情标志出来。"❶ 在戏剧情境中，观众既有的文化记忆被激活，敦煌作为地点的物质性偕同湖蓝剧场成为观众对敦煌既有的厚重历史与在戏剧情境中的情感认同的记忆标识。

《又见敦煌》属于敦煌文化的一次自我表述，意在利用既有的敦煌文化的审美资源，将古老敦煌带入一个当代审美视域中，表征携带着敦煌文化元素的物质敦煌、被不断阐释的文化敦煌共同构建的创意敦煌，发挥可感性力量，通过对观众集体记忆的询唤引发对古老敦煌的追忆。在空间上，戏剧的情境、环境的意境在重塑的时空当中参与构建剧场的幻境。空间氛围的营造首先得益于灯光与音乐的"造境"功能："电光带来的效果，类比于将所有事物呈现的光亮。它也是让所有事物消失的力量，将事物投入那些形式的纯粹的非物质游戏。它就是物质的精神形式，或精神的物质形式。"❷ 建筑、灯光、投影将物质敦煌进行了美化与提炼，还原了一个想象中如梦似幻的敦煌——虚实结合、古今交织、人境交互。在戏剧情境中，色彩、灯光、观演方式带给艺术空间的改造同时参与改写观众的感知方式，它们提示观众注意戏剧程序，营造戏剧的情感氛围。

空间展示通常与一个舞台联系在一起，而这一舞台同时也是历史的发生地。❸《又见敦煌》以湖蓝剧场为依托，它既是一个动态的戏剧情境，又携带

---

❶ [德] 阿莱德·阿斯曼. 回忆空间：文化记忆的形式和变迁 [M]. 潘璐，译. 北京：北京大学出版社，2016：476.

❷ [法] 雅克·朗西埃. 美感论 [M]. 赵子龙，译. 北京：商务印书馆，2016：122.

❸ [德] 阿莱德·阿斯曼. 记忆中的历史：从个人经历到公共演示 [M]. 袁斯乔，译. 南京：南京大学出版社，2017：121.

着大量属于敦煌的视觉符号来表征敦煌形象，二者共同构成一个创意空间，符号一方面是物质的，另一方面又是精神的外观，因此，创意空间中的对敦煌形象的表征呈现为：物质敦煌、文化敦煌、创意敦煌的三重叠合。这个创意空间中也包含戏剧情境与情感体验。物质敦煌被重新放置，经由演员的身体，洞窟中的形象被重新语境化。物质敦煌以展演的形式承载着物和历史实质的化身，文化敦煌携带着文字、媒介对物质敦煌的不断书写，形成对敦煌的初步印象。物的叙事与文化的叙事均有自己的空隙，缺少情感与体验。而在创意空间中，对敦煌的感知方式是情境体验式的，个人的认识与情感在环境中经由体验被激活，让观众从日常中超脱出来，从观看到参与，敦煌在多重表征下，被感知、被表达。物质敦煌与文化敦煌始终在场，共同促进了关于敦煌的理解。湖蓝剧场位于敦煌市郊，周围大漠环绕以蓝色玻璃搭建，取意为"大漠里的一滴水"，剧场从外观来看就意在打造一个观看的幻境，敦煌本身具有的"远方"意象加深了剧场的写意性。从外观来看，创意空间首先强调流动性，人在展示空间中，必然能够体验随着戏剧情境中时间流逝而建立的审美情感，从而形成完整的感官体验，其中，空间的氛围触动感官的体验引发知觉的联动，审美空间的营造试图脱离其本身的物质性走向情感性，将观众置身于幻景。

在时间上，"一瞬间"与千年历史相呼应。在戏剧的结尾，年轻的学者与诗人王维对话："一千年，有多长？"诗人答道："不过一瞬间。春一去，冬一来，一千年就过去了。"戏剧情境中史诗般的敦煌以日常感受中的一瞬间将时间凝练。在创意空间中，古与今的对话，观众与戏剧之间的对话将千年历史表征为一瞬的时间。观众携带着既有的文化记忆参与了与戏剧的对话，文化记忆是一种文本的、仪式的和意象的系统。杨·阿斯曼认为，借助文化记忆，历史的纵深得以展开，通过文化形式（文化、仪式、纪念碑），以及外在媒介，文化记忆得以延续，并且指向遥远的过去。通过对话的形式，文化记忆转化为情感记忆，观众沉浸在这个时空的幻境之中，形成一个属于个体的独特瞬间，正是这样的瞬间构造出独立而有意义的现实感觉，审美体验与现实情感相连。

在《又见敦煌》这个戏剧情境中，诸多代表着历史时空的物品在时间意义上把过去的时间带入当下的时间体验。以身体为载体展示的壁画、服装等元素，既是文化符号，也是这个创意空间中的物件，作为回忆存储设备而发挥一种不可替代的影响和力量。"附着在这些物件上的具体的个人记忆价值是博物馆参观者们无法在事后体会到的。作为弥补参观者无法切身经历历史的缺憾,博物馆理论家们认为,这些展品表现出一种令参观者们在'感官上身临其境的特质',它们刺激着参观者们的想象,并在其心理上架起一座主体和客体、当下和过去的桥梁。"❶ 在体验戏剧的过程中,现在的时间与历史的时间叠合,属于历史中的符号在此处被表征,作为一种过去的时间将人们带入一个剧场时间中,营造出"我当时在场"的幻象。"重新唤回的时间似乎仅仅指出了一个先验的家园和一种永恒的存在。但事实上,它指出了另一个尘世:叙述者过去的世界通过回忆而变得可以感知,并且通过艺术而可以与他人交流。"❷ 演出截断时间的横面,借助演员的表演和生动回忆的声音,当下与过去真实地联系在一起。文化记忆的传承,将人对物的认知转变为一种情感的体验,通过情境体验把既有的知识转变为一种感知的记忆。观众身体的在场,抹平了与历史之间的距离。

对话将过去的时间带入当下的时间,此刻与历史交融在一起。在王道士送别飞天这一戏剧情境中,代表现在身份的研究员与王道士对话,也构成了现代与历史之间的对话,观众获得了内聚焦视角,观众的身份被模糊。"对话是一种能使关注流动的力量,其次才是传达语义的载体。理想的是,谈话中去除一切具体内容,而只是表现同感关系,某种爱慕关系,使人们发生联系。塔尔德认为,在对话中,因为有了声音、躯体、认识流、感觉等这些肉体的存在,个体间相互渗透的程度比任何其他社会关系都深刻。"❸ 在古与今的对话、观众与戏剧之间的对话中,言语成为一种情感载体,使情感状态通过自然的韵律进行交流。在参与中,观众对人物的思想和精神实质的认识也转化为自己的"日常感受"。这里指向立普特所说的戏剧中的"移情说",他认为审美快感的特征在于对象受到主体的"生命灌注"而产生"自我欣赏",欣赏者的感情移

---

❶ [德] 阿莱德·阿斯曼. 记忆中的历史:从个人经历到公共演示 [M]. 袁斯乔, 译. 南京:南京大学出版社, 2017: 136.

❷ [德] 罗伯特·汉斯·姚斯. 审美经验与文学解释学 [M]. 顾建光, 译. 上海:上海译文出版社, 2006: 201.

❸ [法] 奥利维耶·阿苏利. 审美资本主义:品味的工业化 [M]. 黄琰, 译. 上海:华东师范大学出版社, 2013: 87.

注到欣赏对象里去分享其生命,无知觉的对象被生命化、人格化了。欣赏者与欣赏对象之间的对立也就消失了。观众与戏剧之间的交流关系由此建立。通过与历史的对话,言语作为载体形成交流记忆,历史被重新感知。在这个空间中,属于这段历史的记忆与情感具有了稳定性,将主观的感性转化为客观的形式,与现实的记忆勾连,形成交流记忆。杨·阿斯曼认为,交流记忆以个人记忆为基础,通过日常生活中交流而自然形成。❶ 在情境体验中,观众的交流记忆超越当下的时间维度记忆延伸至那些不在场的历史事件中,赋予那些逝去的事件以现代的意义。受众的主体得以构建,观者成为戏剧中的一部分在戏剧情境中参与戏剧的表演。

二、创意敦煌:丝路精神的审美表达

文化涉及的是"共享的意义",在《又见敦煌》的创意空间中,丝路精神通过一系列典型的视觉符号与观众共享敦煌文化意义。视觉符号在其中起到了中介作用,使文化的意义"在不同的语言和文化内稳定下来"。❷ 敦煌文化的符号意涵不仅指向戏剧情境中的时间维度,还指向一个由视觉符号构建的文化交流空间——古老的敦煌携带着观者的文化记忆参与营造创意空间中的情感氛围。在表征创意敦煌时,演出选择敦煌当地的农民以"文化内部持有者"的眼光对自己的角色进行演绎,不断地强化属于敦煌的地方感。石窟中的壁画以演员的身体为媒介重新放置在创意空间中,用身体展现敦煌壁画的细节,物质敦煌从内部触及外部世界,当下与历史在戏剧情境中获得统一。"活态"地呈现具有典型象征性的壁画,作为丝路文化的视觉交流图式,参与创意空间对敦煌文化的审美化表达。

黄沙是贯穿全剧的视觉符号,与西部地理特征相呼应。在戏剧情境中,流沙不仅形成空间屏障,也是敦煌千年历史的隐喻。从戏剧进行时角色的自白

---

❶ [德] 杨·阿斯曼. 文化记忆:早期高级文化中的文字、回忆和政治身份 [M]. 金寿福,译. 北京:北京大学出版社,2015:11.
❷ [英] 斯图亚特·霍尔. 表征:文化表象与意指实践 [M]. 徐亮,译. 北京:商务印书馆,2003:22.

"拨开尘沙就能看见"到戏剧结尾历朝历代的辉煌"深埋于沙下"。黄沙飘散这一戏剧符号背后的审美意涵也一再提醒观众:每个人都是历史中的一粒微尘,面对历史我们应当持有敬畏之心。

T形舞台指向一个未来的时间向度,也是丝绸精神表意符号的凝练——传承。历史人物索靖将军、张议潮、米薇、常书鸿、王道士与《又见敦煌》的主创人员沿着T台向观众走来。扮演者成为历史人物的象征,当他们的名字响起时,众人回答的"在",将属于遥远过去的时间带入至当下。每位历史人物自报家门:"我,唐太宗,来自1200年前的唐朝……"每一次大声的询唤都是对属于过去身份的自我指认,在浩瀚的宇宙中对每一个普通人定位,建立角色的身份认同。观众在登台者的生命经历中重新体验那些片段。一个时空对另一个时空的询唤,这是审美的新意所在,此时,观众不再是观看者而是历史的见证人。就戏剧内容而言,把姓氏的完整性置于身体的完整性之上的封建道德转变成为一种爱国主义的道德意识,这种道德意识要求人们为集体而献出生命,这种牺牲所换取的将是个人在国家的集体记忆中的不死和永生。就舞台效果而言,每一位曾在丝绸之路中留下自己印记的人的回答,意味着丝路精神的延续,他们的声音因为背后的两千多年的历史意蕴而迸发力量。因T形舞台这一极具现代性的审美符号,丝路的传承精神的当代性借此获得了隐形表征。

黄沙和T形舞台本身并不具有任何清晰的意义。它们是运载意义的媒介,它们发挥着符号的功能,象征着丝路精神的持守与传承,就符号实践而言,它隶属于一个民族的文化观念或一种关于民族归属感的话语。视觉之外,是剧情与剧情的力道,发生在敦煌的一个个片段,弥补了宏大叙事下对人性情感扁平化勾勒的不足,迷宫式的剧场、虚幻的布景,美的时刻在艺术作品中得以展现。创意空间中,敦煌文化的共享意义在视觉图式的表征下被故事化地呈现,《又见敦煌》故事化地表述,凝练着丝路精神,以一种更加明晰的方式参与到丝路精神审美化意义的循环之中。丝绸之路千年的历史以个体情感为依托,以小人物的命运与观众产生共情。节度使张议潮收复河西之后派遣十队信使冒死前往长安送口信,敦煌的守护神常书鸿用一生守护敦煌文化……这些故事在呈现方式上打破了延续性、线性和错综复杂的线性叙事即一个事件与另一个事件强有力地联系在一起的戏剧建制,情节的破碎和戏剧事件的开放,实现了戏剧情境对旁观者的编制,先锋派戏剧成为一场共同参与的语言游戏。用人类共同的情感勾连着观众的情感,情感在体验中被经受,敦煌不再是属于远方的意象,经由这种共同的情感,观众与戏剧之间的相互理解的心理场域得以形成。一个时代的情感结构作为一种整体的经验被认识被交流,在观众的审美体验中获得了当代性。

作为敦煌文化重要的表达形式,宗教意蕴是创意敦煌的另一重情感面向。敦煌文化与宗教相互依存,宗教化的表达弥合了"敦煌文化遭到破坏"这个创伤性记忆。在王道士送别飞天这段创伤性记忆的展演中,飞天的身体语言特征——典型的"S"形舞姿,缓缓沿着一字排开的队形移动,象征敦煌文化遭到破坏、被偷盗至西方的过程。导演没有以一个审视的姿态去批判,而是呈现了战乱时一个小人物的无奈,菩萨原谅了王道士,这里也意在说明菩萨一直在中国的山川河流上,在人们的生活中,永远无法被偷走。创意空间中,宗教元素主要体现以佛教为主的普世精神,宗教的审美化表达淡化了宗教氛围,成为构建丝路精神的组成部分。这个片段中,直接意指为送别飞天,含蓄意指为宗教意蕴中的"慈悲"以及丝路精神永存。宗教意蕴以飞天形象被表征,"表征是在我们头脑中通过各种语言对各种概念的意义的生产,它就是诸概念与语言之间的联系,这种联系使我们既能指称真实的物、人、事的世界,又确实能想象虚构的物、人、事的世界。"❶ 在宗教元素的参与下,观众重新审视宗教意义状态下人们对精神的追求。

三、审美认同:个体与创意空间的情感关联

敦煌的原生文化为再生文化《又见敦煌》提供了审美资源,再生文化在戏剧情境中不断地构建个体与敦煌之间的情感关联。戏剧情境与人的精神世界深度融合,观众获得更加深刻的精神体验以及对丝路文化审美意象的体验。沉浸式的体验触发了更多的可感性的力量。"从前的戏剧实现思想,所借的是日

---

❶ [英]斯图亚特·霍尔. 表征:文化表象与意指实践[M]. 徐亮,译. 北京:商务印书馆,2003:39.

常语言的力量，靠它来沟通、描述、对比、释意。这样的戏剧，把作者的意图转译为对白，来解释各种行动，传达各种情感。而新的戏剧，不满足于只传达一种现实，描述一种行动。新戏剧本身就是行动，它用感觉的语言，把现实直接呈现给感觉。"❶ 沉浸式体验，强调身体的主体性，身体——主体的概念最早被梅洛庞蒂提出，表明身体与主体是同一个实在，沉浸就意味着主体对身体知觉的完全依赖性。体验者沉浸于虚拟现实时，知觉与幻觉是合一的，构成"知觉—幻觉"感知模式。多感官的知觉体验使得观者将个人记忆、想象、情感等带入戏剧情境中，共同构成一个表意空间。沉浸式体验引导着观众从物境到情境再到意境的转变，先锋式戏剧所追求的开放式戏剧空间，在听觉、视觉、触觉的多重触发下，观众的真实性感受与文化情感获得在场表达。

在观演形式上，《又见敦煌》受到西方先锋戏剧的影响，突破传统的观演方式，观演区域观众区的界限模糊，视戏剧为仪式，演出在各个方位包围观众，大幅度拉近观众和演员的距离以达到强烈的体验。戏剧仪式创造了一套共享表演区与观众区界限模糊的象征系统，成为文化交流的基础，"象征符号既有认知的功能，也有刺激欲望的功能。它们能引出情感、表达和调动欲望。"❷ 在创意空间中，丝路精神经由表达性（expressive）交流实现审美符号背后的情感意蕴与个人情感的关联。例如，在呈现信使前往长安送口信的这一段时，不断地用"我是××，我死在××"这样的句式强调"忠义的敦煌"。观众不是坐在固定的座位上，而是"走入"这个戏剧情境构建的剧场幻境中，观众不再处于"凝视"的位置。行走观看的方式，参与性就在于观众相对于演员是流动的，而不是固定在某个位置上的旁观者，打破了在凝视中所建立的观众与作品之间的权力关系，观众的情感转向为对敦煌历史的敬畏与对自我的审视。个体的情感记忆经由体验得以激活，在个体的切实体验中获得属于自己的敦煌感知，实现杜威意义上艺术经验与日常经验的连续性。

---

❶ ［法］雅克·朗西埃. 美感论［M］. 赵子龙，译. 北京：商务印书馆，2016：135.
❷ ［英］维克多·特纳. 象征之林：恩登布人仪式散论［M］. 赵玉燕，译. 北京：商务印书馆，2006：53.

"一次体验胜过百次诉说",❶ 这表明对展示信息最快的接收方式就是人亲身体验展品带来的"自我诉说"。观众不只是依靠视觉和文字接收信息,而是调动各种感官,与展品互动,获得信息。朗西埃将"美学"一词总结为"体验","而'美学'一词,就是指一种体验模式,两个世纪以来,我们正是在这种模式下,对制作技法和供给对象各不相同的许多事物产生认知,将其一并看作艺术。"❷ 在创意空间中,对创意敦煌的把握有相当大的一部分存在于这种重新体验之中,舞台的概念得到延伸,拓展了观演关系。观众与演员互动,实现了一种全新的观演方式和游戏方式。体验使每个人以个性化的方式参与与之相关的事件,在感知中加深了体验的价值。

物质敦煌通过情景体验这种全新的戏剧形式,形成人们对敦煌的情感蕴含,个体的感性系统被改写,完成从"物的敦煌"到"我的敦煌"的转变。体验指向与艺术和审美相关的、更深层的、更具活力的生命领悟和存在状态,是艺术中那令人沉醉痴迷、心神震撼的东西,是与对美的观赏和享受、对自由的观察相伴随着的特殊的瞬间性人生经历,是深层的、活生生的、令人沉醉痴迷而难以言说的瞬间性审美直觉。❸ 体验激活了既有的文化记忆,关联着个体情感与创意敦煌。体验之所以能够成为经济的策动力而被人们广泛关注是由于人的需要,它突出了作为主体的人的中心地位,在观看的同时获得自我认知。体验作为对人类行为感知的归纳,指使个人印象或者对个人产生深刻影响的互动事件或过程,从哲学意义上讲,体验是主体把握世界的一种互动认识方式,它是一种主体高度自觉的内心体验(或生命体验),主体通过把握自身而把握外部世界。体验来自某种经历、遭遇对内心和思想的触动,体验所带来的感官、情感和文化价值,将和产品的功能一起,构成整体的审美价值。在《又见敦煌》的戏剧情境中,个体的认知与情感在环境中经由体验被激活,这也是个体把握世界的一种动态的认识活动方式,通过感觉,以记忆为媒介,形

---

❶ [美] B. 约瑟夫·派恩,詹姆斯·H. 吉尔摩. 体验经济 [M]. 毕崇毅,译. 北京:机械工业出版社,2012.
❷ [法] 雅克·朗西埃. 美感论:艺术审美体制的世纪场景 [M]. 赵子龙,译. 北京:商务印书馆,2016:2.
❸ 庄穆. 体验的认识功能初探 [J]. 福建学刊,1994 (6):51-52, 63.

成对某物的情感性的理解。对于在情境中的个体来说,一种体验越是充满感觉就越是值得记忆和回忆的。

艺术的使命就是让人们去感受一个世界,"艺术的使命就是在所有主体性和客体性的领域中,去重新解放感性、想象和理性。在艺术中,情感净化本身借助于审美的形式的力量,去叩击命运的大门,去发挥自身的威力,给苦难者以安慰。"❶ 体验的艺术功能在于对个体感性的解放,马尔库塞认为,艺术可以直抵感性的深处,塑造新的感受力。阿苏利以乐观的态度强调个体在消费社会中的审美体验。20 世纪 70 年代以来,感官的审美成为新的消费主流,即时性的体验呼应了马克思所说的"人的感官的解放","艺术家为'公众的感受性添加了新的多样性的感觉',艺术家用集体感受性代替了(原始的、天然的、易变的、不可传播的)个人感受性"。❷ 个体的体验在创意空间中被编织在一起,就像复调乐曲中的延长符,艺术家缔造了一个共同体,这个共同体的原则是建立在感性体验的分享上的。因此,艺术为这个感官的社会共同体的建立、巩固和完善作出了贡献。审美感受性试图渗透进审美主体的心脏,并尽可能少地使用明显的劝说手法。感官因具有强大的影响力,其扎根也是明显的、下意识的。艺术可以让个人游移不定、难以捉摸的感官"陷入社会共同体之中",朗西埃认为,审美并非仅仅承载着欲望和信仰,而是在个人身上烙下集体感官的共同印记。

《又见敦煌》参与构建敦煌文化的视觉表征系统,在体验中塑造关于敦煌形象文化记忆与情感记忆。体验抹平了审美经验与现实之间的距离,审美经验不仅仅是视觉(感受)的领悟和领悟(回忆)的视觉,观看者的感情受到所描绘的情境的影响,把自己认同于那些角色。情境体验重塑了审美主体对敦煌文化的感知方式。将遥远的敦煌带到近处,审美主体在敦煌符号视觉图式的文化交流中,实现审美认同(aesthetic-identity),即审美主体在创意空间中对自我文化身份的确认和把握,此时,敦煌文化与处于审美语境中的个体相关。

---

❶ [美] 赫伯特·马尔库塞. 审美之维 [M]. 李小兵,译. 桂林:广西师范大学出版社,2001:197.

❷ [法] 奥利维耶·阿苏利. 审美资本主义:品味的工业化 [M]. 黄琰,译. 上海:华东师范大学出版社,2013:8.

四、结　语

　　《又见敦煌》为丝绸之路审美文化表征提供了一个可以借鉴的范式。敦煌艺术包孕着建筑、雕塑、壁画、书法、文学、舞蹈等多种不同的艺术类型，敦煌文化也是多元的，不同民族的文化在此交汇，相互影响彼此渗透。敦煌再生艺术不仅是对原生石窟艺术的视觉表征，也应当是对丝路精神的写意性表达。艺术是文化肖像的构成部分，在《又见敦煌》中，丝路的审美文化通过戏剧仪式化的呈现与故事性的书写，在一系列视觉符号的交流图式中，以丝路精神为纽带沟通来自各地的观众，实现丝路精神的情感交流与审美认同。在戏剧形式上，以"情境"为手段、以"体验"为目的，还原一个由感觉建构的敦煌、可以被感知的敦煌，通过体验激活观众身体中关于敦煌的情感记忆。在丝绸之路的文化空间中，打造一张属于敦煌的城市文化名片，表征西部的文化创意景观。

浅论西域作物的传入对唐朝文化生活的影响[*]
——以《全唐诗》中的"葡萄"意象为例

■ 徐 滔

摘要：葡萄经由丝绸之路传入中原后，引发了中原地区物质文化的巨大变化。本文试图通过分析《全唐诗》中的葡萄意象，去透视葡萄传入内地后给唐人文化生活带来的变化，分析其背后的审美经验与审美心理。全文主要从葡萄作为象征符号、吟咏对象以及文化介质三个方面进行论证，认为葡萄意象既不是纯粹的代表西域的象征符号，又不是单纯的歌咏对象，它将异域文化与中原文化熔铸一体，满足了唐人对异域的想象心理。

关键词：唐诗；葡萄；象征符号；吟咏对象；文化介质

现今，葡萄已是大家十分熟悉的水果了。由于它是经由陆上丝绸之路传入中原地带的，因此引起了国内相关学者的注意，对其研究也颇多。但总体来看，2000年之前，这些研究或侧重史实上的考据，如张宗子《葡萄何时引进我国》（1984）、[1] 张玉忠《葡萄、葡萄酒传入新疆的考证》（1984），[2] 胡澎《葡萄引种内地时间考》（1986）[3] 等；或是论证某一时期葡萄在中原地带的情况，如米培初《汉唐葡萄图案及其源流》（1985），[4] 陈习刚《唐代葡萄和葡

---

[*] 作者简介：徐滔，兰州大学文学院硕士研究生，研究方向为文学理论与美学。
基金项目：国家社科基金重大项目"丝路审美文化中外互通问题研究"（项目编号：17ZDA272）。

[1] 张宗子. 葡萄何时引进我国 [J]. 农业考古，1984（1）：247-250.
[2] 张玉忠. 葡萄、葡萄酒传入新疆的考证 [J]. 新疆社会科学，1984（24）.
[3] 胡澎. 葡萄引种内地时间考 [J]. 新疆社会科学，1986（5）：101-104.
[4] 米培初. 汉唐葡萄图案及其源流 [J]. 图案，1985（4）.

萄酒考述》（2000），❶ 尚衍斌、桂栖鹏《元代西域葡萄和葡萄酒的生产及其输入内地述论》（1996），❷ 仲高《丝绸之路上的葡萄种植业》（1999）❸ 等。而从中西交流的角度对葡萄物质文化进行探讨研究的论文较少，涉及的多是在论述其他事物对中西交流的影响时对葡萄稍有提及，如阁宗殿《唐代丝绸的历史地位》（1988）❹ 等，只有李永平的《东罗马银盘·葡萄文化·丝绸之路》（1994）❺ 对其论述较多。

2000年之后，国内全面探讨中西交流中的葡萄文化的论文开始增多，如夏雷鸣《西域葡萄药用与东西文化交流》（2004），❻ 苏振兴《论古代中西交流中的葡萄文化》（2005），❼ 杨友谊《明以前中西交流中的葡萄研究》（2006），❽ 陈习刚《隋唐时期的葡萄文化》（2007）、❾《中国葡萄文化史绪论》（2014）❿ 等，此外，海滨在《唐诗与西域文化》（2007）⓫ 一文中对其也有专门的论述。但纵观这些文章，多以宏观的视角出发，或是给中国古代葡萄文化进行分期、总结其性质特征，或是注重数据的统计与史料的列举，对其背后的深层原因探讨较少。并且对文学作品中的材料重视不足，多视其为佐证，缺乏详细的分析，只有海滨在《唐诗中的葡萄（酒）文化景观》一节中论述了唐诗中的葡萄（酒）意象，不过对其自身包含的丰富意蕴没有过多展开。

本文试图在前人研究的基础上，对《全唐诗》中的葡萄意象展开分析研究，侧重探讨其自身包含的异域文化与中原文化的杂糅性，从而以葡萄意象为突破口去透视唐人的审美经验与审美心理，折射出经由丝绸之路而带来的中西

---

❶ 陈习刚. 唐代葡萄和葡萄酒考述 [D]. 武汉：湖北大学历史学院，2000.
❷ 尚衍斌，桂栖鹏. 元代西域葡萄和葡萄酒的生产及其输入内地述论 [J]. 农业考古，1996 (3)：213-221.
❸ 仲高. 丝绸之路上的葡萄种植业 [J]. 新疆大学学报（哲学社会科学版），1999 (2)：58-63.
❹ 阁宗殿. 唐代丝绸的历史地位 [J]. 丝绸史研究，1988 (3).
❺ 李永平. 东罗马银盘·葡萄文化·丝绸之路 [J]. 丝绸之路，1994 (5).
❻ 夏雷鸣. 西域葡萄药用与东西文化交流 [J]. 敦煌学辑刊，2004 (2).
❼ 苏振兴. 论古代中西交流中的葡萄文化 [J]. 燕山大学学报（哲学社会科学版），2005 (2)：25-31.
❽ 杨友谊. 明以前中西交流中的葡萄研究 [D]. 广州：暨南大学历史学院，2006.
❾ 陈习刚. 隋唐时期的葡萄文化 [J]. 中华文化论坛，2007 (1)：50-55.
❿ 陈习刚. 中国葡萄文化史绪论 [J]. 农业考古，2014 (3)：312-319.
⓫ 海滨. 唐诗与西域文化 [D]. 上海：华东师范大学人文学院，2007.

文化交流的丰富内涵。

一、作为象征符号的葡萄

《全唐诗》中，含有"葡萄"（包括蒲陶、蒲萄、蒲桃）两字的诗篇共有51首，其中直接与西域或胡地相关的诗歌就有17首之多。分析这17首诗歌，我们能很直观地发现一个潜在的命题，即葡萄是某种象征符号。

首先，葡萄最明显的象征意义就是代表着中原王朝所不熟悉的遥远西域。这种象征意义的产生与葡萄的产地密切相关。《史记》中记载了这么一条史实："大宛在匈奴西南，在汉正西，去汉可万里。其俗土著，耕田，田稻麦，有蒲陶酒……"然后在接下来几页后又写道："安息在大月氏西可数千里。其俗土著，耕田，田稻麦，蒲陶酒……"据史料记载"大月氏在大宛西可二三千里"，而"安息在大月氏西可数千里"，❶那么粗算下来安息就在大宛以西三四千里之地，距离如此遥远的两地风俗习惯如此相近，这或许说明当时整个大月氏周边地区风俗都颇相似，因而种植葡萄、酿造葡萄酒就不只是大宛、安息两地的特色农业而是西域地区普遍之事。此外，《后汉书》记载"粟弋国属康居。出名马、牛、羊、蒲萄众果，其土水美，故蒲萄酒特有名焉……"❷《晋书》记载"康居国在大宛西北可二千里，与粟弋、伊列邻接……地和暖，饶桐柳蒲陶……"❸《隋书》记载"康国……多蒲陶酒，富家或致千石，连年不败……"❹ 这些史料表明在广阔的西域地区种植葡萄确实是普遍的农事。再加上古时西域小国林立，对于身居内地的汉唐政权而言，需要找到一个合适的名物去统称这片广袤的区域，于是在这样的状况下葡萄当仁不让地承担了这一任务。法国著名学者童丕在《中国北方的粟特遗存——山西的葡萄种植业》一文中也得出了相似的结论，他在论述唐代和明朝两次废除太原酒的进贡的史实后，写道："两个皇室反对在山西生产葡萄酒的决定证实了中国文人学士意识

---

❶ （汉）司马迁. 史记 [M]. 北京：中华书局，2014：3808-3824.
❷ （南朝·宋）范晔. 后汉书 [M]. 北京：中华书局，2000：855.
❸ （唐）房玄龄. 晋书 [M]. 北京：中华书局，1974：2543.
❹ （唐）魏征. 隋书 [M]. 北京：中华书局，1973：1849.

中的某种关联,即葡萄栽培与'西方蛮族'之间的关系。"❶ 当然这种禁令的颁发是有限的,在唐代大多数时候,饮用葡萄酒是并不违法,只不过葡萄或葡萄酒在唐人眼中确实与异域相关。并且当葡萄或葡萄酒指代西域时,它并不是作为单独意象出现的,往往伴随有意象群。如王翰《凉州词二首》中的"蒲萄美酒夜光杯,欲饮琵琶马上催",李白《对酒》中的"蒲萄酒,金叵罗,吴姬十五细马驮",杜甫《寓目》中的"一县蒲萄熟,秋山苜蓿多",李端《胡腾儿》中的"胡腾身是凉州儿,肌肤如玉鼻如锥。桐布轻衫前后卷,葡萄长带一边垂"。❷ 某种程度上这个意象群可以说是一个召唤结构,而葡萄酒、夜光杯、琵琶、金叵罗、葡萄、苜蓿、胡腾儿、天马等则构成了这个结构中的主要元素,"这些元素,不同于清风、明月这样的汉语固有的元素,往往是徘徊或被排斥在汉语文化的主流体系之外的,当他们出现时,尤其当他们频繁或集中出现时,总是会召唤读者沉寂的思绪,激活读者对远方对异域的想象联想"。❸

此外,葡萄还带有一种炫耀色彩的象征义,指称着汉唐王朝对西域地区的征服。葡萄的这种象征意义并不是首次出现在唐朝的诗歌中,其渊源甚至可以追溯到汉代张骞出使西域一事。《史记·大宛列传第六十三》中就曾记载了如下史料:"宛左右以蒲陶为酒,富人藏酒至万余石,久者数十岁不败。俗嗜酒,马嗜苜蓿。汉使取其实来,于是天子始种苜蓿、蒲陶肥饶之地……"❹ 但是若论这种象征意义在文学作品中的大量运用,则不能不提到唐诗。

而唐诗中这种象征意义的大量使用很大程度上依赖于唐初辉煌的政治军事活动。贞观四年,唐朝派兵征服了东突厥;贞观十四年,击败了高昌国,设置安西都护府;贞观二十年,西突厥可汗阿史那贺鲁归附唐朝,于其地设立庭州;贞观二十二年,征服焉耆和龟兹,于阗和疏勒归附。至此,唐朝取得了丝绸之路的控制经营权并且形成大一统的政治局面。这种强盛的国家军事实力以及无与伦比的政治气魄无疑会培养和助长唐人的自信,反映在文学作品中则是

---

❶ 荣新江. 粟特人在中国 [M]. 北京:中华书局,2005:215.
❷ 文中引用的唐诗全部来源于《全唐诗》,中华书局1960年版,下文不再注释。
❸ 海滨. 唐诗与西域文化 [D]. 上海:华东师范大学人文学院,2007:265.
❹ (汉) 司马迁. 史记 [M]. 北京:中华书局,2014:3808-3824.

以一种昂扬的姿态书写唐朝与周边民族的关系。陈子昂在《送著作左郎崔融等从梁王东征》中直接将周边民族称为"百蛮蚁伏""林胡遗孽",而将唐朝的军事行动称为"驱蚁蚋之师,忽雷霆之伐",其结果则无外乎"匈奴舍蒲萄之宫,越裳重翡翠之贡";王维在运用"苜蓿随天马,葡萄逐汉臣"的典故后,笔锋突然一转,直接高喊出"当令外国惧,不敢觅和亲",其民族自信可见一斑;李白在《送族弟绾从军安西》中也表现了对唐朝军事实力的绝对信任,"匈奴系颈数应尽,明年应入蒲萄宫"。并且这种军事活动除了彰显国力外,最直接的好处就是获得了大量的异域物品,这其中就包括葡萄和葡萄酒的酿造技术。据《唐会要》记载:"蒲萄酒西域有之,前代或有贡献,人皆不识。及破高昌,收马乳蒲萄实于苑中种之,并得其酒法",❶这无疑会促使唐人在写诗过程中大量运用葡萄以及葡萄酒的意象。

  初唐到盛唐期间,很多时候"葡萄"并不是以一种简单的水果意象出现在诗歌中,其出现通常与其他事物相连。如与地域相联系,"葡萄宫"指代的就是西域入侵民族的大本营,据说西域还曾建立过一座"葡萄城";此外,除了西域有葡萄宫外,唐代的长安也有一座"葡萄馆",唐代诗人有时就用葡萄馆指代长安,如李颀的"长安春物旧相宜,小苑蒲萄花满枝",崔颢的"棠梨宫中燕初至,葡萄馆里花正开",李白的"卢橘为秦树,蒲萄出汉宫",沈佺期的"杨柳千条花欲绽,蒲萄百丈蔓初萦",皎然的"天开芙蓉阙,日上蒲桃宫",同一事物能够指代不同的两地这本身就表明了某种隐含的联系,原因何在,无非是这些诗人潜意识里化用了《史记·大宛列传》的典故,无非是"在汉唐相沿袭的文史传统和诗人的理念中,葡萄已超越了一般的地理、风物的意义,而包含着一定的政治象征意味"。❷或与酒水相联系,"葡萄酒"显然并非仅仅指一种饮料,"胡人岁献葡萄酒"表明的是一种臣服的态度,"帐下饮蒲萄"表明的是一种杀敌的决心。甚至"葡萄"自身往往也附着有其他意味,"葡萄逐汉臣"里的葡萄不仅是自然水果,更是唐朝军队战胜西域地区获取的战利品的象征。

---

  ❶ (北宋)王溥. 唐会要 [M]. 北京:中华书局,1955:1796-1797.
  ❷ 海滨. 唐诗与西域文化 [D]. 上海:华东师范大学人文学院,2007:251.

不过，也不是所有语涉葡萄的诗篇都是一味地歌颂唐朝军队势如破竹的实力，美化唐朝恢宏的政治气度。如在《从军行》一诗中李颀就流露出对边境战争强烈的抵触情绪，他不仅同情汉家军士，"年年战骨埋荒外，空见蒲萄入汉家"，而且对西域饱受战乱之苦的人民报以同情，"胡雁哀鸣夜夜飞，胡儿眼泪双双落"；王翰在《凉州词》中也有同样的感受，只不过其书写的聚焦点在出征战士身上，尽管"葡萄美酒夜光杯"，但是"古来征战几人回"；岑参在刻画边地严峻的生活环境后，"桂林蒲萄新吐蔓，武城刺蜜未可餐"，也对远行的好友报之同情，"自怜弃置天西头，因君为问相思否"；刘言史在《王中丞宅夜观舞胡腾》一诗中流露出的感情更是广博，他换位思考对流落中原卖艺的"胡儿"表示同情，"手中抛下蒲萄盏，西顾忽思乡路远"。

但是，这些不同于歌颂军队、美化战争的诗歌始终处于边缘地带，在唐诗的主流趋势下处于失语状态。也许按照唐诗自身的发展趋势，像李颀《从军行》这样的诗歌还会大量出现，但安史之乱的爆发中断了这一进程。尽管平定了安史之乱但唐朝也由盛转衰，在此之际，西域其他民族经过休养生息实力则有了很大的提升，吐蕃、党项、回纥等族更是勃起，此消彼长，唐朝对西域各族的震慑力和它对丝绸之路的控制经营权逐渐降低，自唐代宗广德元年起安西四镇和河陇地区长期没入吐蕃。昔日丝绸之路的辉煌被迫中断，留给中晚唐诗人们的只有无尽的悲酸感慨。因此，在诗歌创作中，诗人们对盛唐便有了一种无限向往之情，而曾经作为唐朝征服西域的象征符号的"葡萄"便有了新的含义。现在它不仅代表着征服，还象征着曾经的辉煌，中晚唐诗人用自己的创作为其编织了一层面纱。诚如薛爱华所言，这些外来物品的生命通过文字等材料得到了更新与延续，形成一种理想化了的形象，构成一种"柏拉图式"的实体，即便当这些物品的物质形体消失之后它们仍旧存在。葡萄在中晚唐诗歌中就有一种身份代表着这样的实体。若论盛唐气象如何，有一种场景必不可少，即呼朋唤友纵情畅饮葡萄酒的唐人，于中晚唐诗人而言，这种肆意纵酒的画面构成了一种内心深处的集体文化记忆，成为一种物质载体，于其上承载着盛唐的荣耀。在《西凉伎》一诗中元稹写道："吾闻昔日西凉州，人烟扑地桑柘稠。蒲萄酒熟恣行乐，红艳青旗朱粉楼"；鲍防在《杂感》中回忆盛唐景象时也曾写过这样的诗句，"汉家海内承平久，万国戎王皆稽首。天马常衔苜蓿花，胡人岁献葡萄酒"；白居易在称赞北都留守裴令公时，举的例子就是"羌管吹杨柳，燕姬酌蒲萄"，看来他也是借用盛唐胡姬卖葡萄酒的景象来称赞北都政绩；甚至就是晚唐方外人士贯休在回忆盛唐边塞景象时首选的意象依旧是葡萄酒，"蒲萄酒白雕腊红，苜蓿根甜沙鼠出"。

二、作为歌咏对象的葡萄

当然，在众多描写葡萄或葡萄酒的唐诗中，并非所有的书写都带有一种象征意义，有时它们仅仅是作为常用的意象出现，如"竹叶连糟翠，蒲萄带曲红"，"昨夜蒲萄初上架，今朝杨柳半垂堤"，有时它们又是唐人笔下歌咏的对象，其藤、其实、其酒都引起了广泛的关注。

唐诗中出现大量歌咏葡萄的诗篇既有其历史原因，也离不开其现实基础。自从西汉张骞出使西域带回葡萄种子以来，葡萄就开始出现在文人的笔下，"帐必蓝田之宝，席必蒲桃之文"，❶ 这一文学书写传统继承到了唐朝。但唐诗中对葡萄的大量书写，其原因更多地在于唐代葡萄种植区域的推广、种植面积的扩大，使得葡萄不再是深宫禁闱的奢侈品而逐渐普及开来走向民间。

据《史记·大宛列传第六十三》记载："汉使取其实来，于是天子始种苜蓿、蒲陶肥饶地……外国使来众，则离宫别观旁尽种蒲萄、苜蓿极望……"❷ 可见在中原地带最早种植葡萄的地方是皇家别苑，其目的或许也不在于其食用价值，更多的是作为一种奇珍异果展示汉朝气势的恢宏。这样的结果显然不利于葡萄在中原地带的广泛种植。当然，随着时间的推移，葡萄的政治含义逐渐淡化，而食用价值渐渐为人所熟知，但囿于中原种植面积的狭小以及与西域贸易的断断续续，葡萄仍然稀有，难以进入寻常人家，甚至就连皇家大族也都以葡萄为贵。《三国志·魏书·明帝纪》中曾记载了一则史料，大致是说扶风人孟佗通过贿赂中常侍张让的家臣从而结交到张让，进而平步青云的事。而在这一过程中葡萄酒扮演了重要的角色，据称"他又以蒲桃酒一斛遗让，即拜凉

---

❶ （梁）江淹.江文通集［M］.北京：中华书局，1984：18.
❷ （汉）司马迁.史记［M］.北京：中华书局，2014：3808-3824

州刺史"。❶ 凉州可谓重镇，而孟佗以一斛葡萄酒就换得凉州刺史一职，或许有夸张之嫌，但依旧可见在汉灵帝时期葡萄酒的弥足珍贵。

不仅汉代如此，魏晋南北朝时情况同样没有多大改观。杨衒之《洛阳伽蓝记·白马寺》载："浮图前，柰林、蒲萄，异于余处，枝叶繁衍，子实甚大……蒲萄实伟于枣，味并殊美，冠于中京。帝至熟时，常诣取之，或复赐宫人。宫人得之，转饷亲戚，以为奇味。得者不敢辄食，乃历数家。"❷宫人得到葡萄后不敢马上食用，这里一部分是由于皇帝赏赐之故，"转饷亲戚"可能还带有一丝炫耀的意味，另一方面也说明了葡萄的珍贵，若是寻常之物，皇帝又怎能拿得出手。并且这里还透露出其他的文化信息，即北魏时期，葡萄的种植已经出现在洛阳城，这说明葡萄的种植范围有了进一步的扩大。而《北齐书·李元忠传》更是佐证了当时葡萄为贵的史实。据记载："曾贡世宗蒲桃一盘。世宗报以百练缣……"❸ 既然是向皇上进贡，物品自然非同寻常，由此可见葡萄在当时仍然是稀有之物，并且从皇帝的回礼中也能大致推断出当时葡萄的价值，尽管在这一物品交换中并不存在等价的观念，"报以百练缣"包括对李元忠的嘉奖，"仪同位亚台铉，识怀贞素，出藩入侍，备经要重。而犹家无担石，室若悬罄，岂轻财重义，奉时爱己故也。久相嘉尚，蹉咏无极，恒思标赏，有意无由。忽辱蒲桃，良深佩带。聊用绢百匹，以酬清德也"，❹但作为一国之君必然不会占臣子的便宜。

其实，即便在唐朝初期，葡萄依旧不算平常之物。据《旧唐书·陈叔达传》载："尝赐食于御前，得蒲萄，执而不食。高祖问其故，对曰：'臣母患口干，求之不能致，欲归以遗母。'高祖喟然流涕曰：'卿有母遗乎！'因赐物百段。"❺ 陈叔达既然享有赐食御前的待遇，其身份地位显然不低，然而即便是这样的重臣，想为患病的母亲觅一串葡萄仍不得，可见唐初葡萄的稀少珍贵。

这种以葡萄为稀的状况直到唐朝逐渐控制西域后才有所改观。唐太宗贞观

---

❶ 赵幼文. 三国志校笺［M］. 成都：巴蜀书社，2001：119.
❷（北魏）杨衒之. 洛阳伽蓝记［M］. 北京：中华书局，2013：131.
❸❹（唐）李百药. 北齐书［M］. 北京：中华书局，1983：315.
❺（后晋）刘昫. 旧唐书［M］. 北京：中华书局，1975：2363.

十四年破高昌，获马乳葡萄，并且其"被成功地移植到了长安的皇家园林之中，到了 7 世纪末期，在长安禁苑的两座葡萄园中，大概还可以辨认出这些葡萄的后代。到了适当的时候，它们就传播到了深宫禁苑以外的地方"。❶ 此外唐太宗还获得其造酒法，"自损益造酒"，这对葡萄酒的推广起到了莫大的作用。当然，除了征服西域获得的战利品以及西域诸国进贡和贸易的葡萄和葡萄酒外，唐朝葡萄的普及与自身的广泛种植有密切关系。尽管《全唐诗》作为文学作品其书写内容的真实性有待考证，但作为史料旁证，从中依稀可以勾勒唐朝时葡萄种植的地理图景。如"忆我初来时，蒲萄开景风"，李白诗《将游衡岳，过汉阳双松亭，留别族弟浮屠谈皓》间接表明种植葡萄在当时湖北地区已不算什么新鲜事了。稍后，武元衡在《送寇侍御司马之明州》一诗中有这样两句"莲唱葡萄熟，人烟橘柚香"，明州即现今宁波一带，这说明唐时浙江地区也已经出现葡萄种植的现象。"柿红蒲萄紫，肴果相扶擎"，韩愈诗《燕河南府秀才得生字》表明葡萄种植也出现在河南府地区。而刘禹锡《和令狐相公谢太原李侍中寄蒲桃》和《葡萄歌》中的"自言我晋人，种此如种玉"，以及姚和的《谢汾州田大夫寄茸毡葡萄》都表明唐朝山西地区已有葡萄种植。薛爱华在《撒马尔罕的金桃——唐代舶来品研究》一书中也论证到"唐朝时中国的另一个葡萄产地就是太原地区，所谓的'燕姬酌蒲萄'，就是指太原出产的葡萄酒"。❷ 另外，姚和另一首和葡萄有关的残诗《蒲萄架》表明洞庭湖地区也有葡萄，"萄藤洞庭头，引叶漾盈摇"。

正是由于葡萄在唐朝时得到广泛的种植，才能逐渐揭去其神秘的异域面纱，"葡萄以及葡萄汁失去了其原有的某些外国的风味"，❸ 尽管它依旧有一种象征的身份，但越来越多的人关注到了其自身的特质。李峤在《藤》诗中专门从葡萄发芽写起刻画了葡萄生长的整个过程，形成一幅动态的画面，起先只是幼芽"吐叶依松磴，舒苗长石台"，经过一段时间的成长后才有了郁郁葱葱的茂盛景象"色映蒲萄架，花分竹叶杯"。韩愈对葡萄也是喜爱有加，因而面对"新茎未遍半犹枯，高架支离倒复扶"衰败的葡萄园，他感到分外惋惜，

---

❶❷❸ ［美］薛爱华. 撒马尔罕的金桃——唐代舶来品研究［M］. 吴玉贵，译. 北京：社会科学文献出版社，2016：361.

进而指责起那位不负责的园主人,"若欲满盘堆马乳,莫辞添竹引龙须",既然种植了葡萄就一定要不辞辛劳地好好栽培,否则哪来的收获。相比较那位失职的园主人,刘禹锡则深谙葡萄培植之道,"为之立长檠,布濩当轩绿"搭起支架让葡萄藤有可以攀爬的地方,"米液溉其根,理疏看渗漉"采用淘米水灌溉葡萄根的古法,在刘禹锡这般细心尽责的呵护下,葡萄长势喜人,"分岐浩繁缛,修蔓蟠诘曲。扬翘向庭柯,意思如有属","繁葩组缀结,悬实珠玑虁"。当然刘禹锡不仅懂得如何种植葡萄,而且对于如何品味葡萄也有自己的一套。品味葡萄,首先观其外形,其上佳者则如"马乳带轻霜,龙鳞曜初旭",饱满圆润,色泽诱人;其次品其滋味,好的葡萄尝起来应该是"染指铅粉腻,满喉甘露香",唇齿留香;最后还要将葡萄酿成酒,尽管刘禹锡并没有透露他酿酒的秘方,但从他自信的语气"酝成十日酒,味敌五云浆"想见也必定不一般,更何况其自夸曰"为君持一斗,往取凉州牧"。不过对于懂得生活的唐人而言,善于欣赏品味葡萄的人并非只有刘禹锡一个。"西园晚霁浮嫩凉,开尊漫摘葡萄尝",唐彦谦不仅会吃葡萄,而且要选择在"珠帐夜不收,月明堕清影"的高洁晚上慢慢品尝。

当然若是仅仅满足于口腹之欲,唐人也就不足称道了,他们的高明之处还在于能将葡萄的某些特质融入诗中,将原本属于西域的名物同中原传统的美学要素融为一体,从而形成一种复杂的审美体验,拓宽唐人的经验范围。此前描述春天的意象多是来自南方一带,但是因为葡萄在春季萌芽,叶片青绿,所以在表达春意盎然时就有了新的意象,"杨柳千条花欲绽,蒲萄百丈蔓初紫","昨夜蒲萄初上架,今朝杨柳半垂堤","蒲萄架上朝光满,杨柳园中暝鸟飞"。又因为葡萄成熟季节在九十月份,于是它又可以代表秋季的收获,"翠瓜碧李沈玉甃,赤梨葡萄寒露成","柿红蒲萄紫,肴果相扶擎"。此外,由于初秋季节已有霜降,于是"马乳带残霜"的意象便有了一份高洁的意味。甚至衰败的葡萄藤蔓也象征着一种萧条,"新茎未遍半犹枯,高架支离倒复扶",一种萧瑟,"清秋青且翠,冬到冻都凋"。

葡萄不仅以自身特质入诗,它还构成了一种新的喻体用以指称其他事物。在《襄阳歌》中李白就曾以葡萄酒的色泽比喻江水的颜色,"遥看汉水鸭头绿,恰似葡萄初酦醅";柳宗元在《寄韦珩》中以葡萄藤蔓的蜿蜒比喻毒蛇的形体,"阴森野葛交蔽日,悬蛇结虺如蒲萄";白居易在《房家夜宴喜雪,戏赠主人》中用葡萄果实的密集堆叠形容蜡烛燃烧后留下的残体,"酒钩送醆推莲子,烛泪粘盘垒蒲萄";而名妓赵鸾鸾更是大胆,直接用葡萄来指代女性的隐秘部位,"浴罢檀郎扪弄处,灵华凉沁紫葡萄"。因此可以说,葡萄的引入在丰富唐朝居民味蕾的同时,也为唐诗添加了新的内容,这种新事物的加入不仅扩大了唐诗的广度,也加深了其精神的深度,从而带来审美体验的多样化。

三、作为文化介质的葡萄

在唐诗中还有一类与葡萄有关的诗篇能够直接表现中原地区与西域民族经由丝绸之路而产生的文化交流。这类诗歌主要和葡萄纹饰有关。正如里格尔对西方植物纹样的研究所昭示的那样,"装饰纹样绝不仅仅是对自然界花卉植物的简单描摹,它不仅具有审美意义,也同时反映着艺术发展的规律,体现着人们的精神取向,从中可以探寻不同民族、不同文化之间的联系与交流",❶ 或许通过对唐诗中葡萄纹饰的研究,我们能窥到唐人审美经验的变化。

当然葡萄纹饰的出现并非起源于唐朝。虽然对于葡萄和葡萄纹传入中原地带的先后顺序难以断定,但可以肯定的是葡萄纹传入的时间最晚应该不晚于汉代。据《西京杂记》记载:"汉霍光妻遗淳于衍蒲桃锦二十四匹,散花绫二十五匹";"尉佗献高祖鲛鱼、荔枝,高祖报以蒲桃锦四匹。"❷ 尽管《西京杂记》只是一部记载传闻轶事的笔记小说,但既然有传闻出现则必然有相关的事实为证,全然虚构杜撰的可能性不大,排除了事情的真假,其还佐证了西汉时带葡萄纹饰的锦缎在中原地带就曾出现过的史实,只不过对于其产地这里并没有提及,不知是从西域传入的物品还是西汉时中原地带就已经掌握了这门技艺。不过成书于晋代的《邺中记》则证实了晋代中原地带可以织出带葡萄纹的织物:"织锦署在中尚方,锦有……蒲桃文锦……"❸ 此外南朝江淹也写过

---

❶ [奥]阿洛瓦·里格尔.风格问题:装饰艺术史的基础[M].刘景联,李薇蔓,译.长沙:湖南科学技术出版社,1999:29.

❷ (汉)王根林.西京杂记(外五种)[M].上海:上海古籍出版社,2012:12.

❸ (晋)陆翙.邺中记[M].北京:中华书局,1985:8.

"帐必蓝田之宝，席必蒲桃之文"❶的诗句，由此可见自西汉以来，带有葡萄纹饰的锦缎就没有断绝过。

唐朝后，这种以葡萄纹装饰衣物的风气仍然盛行，"罗荐已擘鸳鸯被，绮衣复有蒲萄带"就是明证，并且唐朝继承了自汉以来以葡萄纹饰为贵的传统。白居易在《和梦游春诗一百韵》中描绘出一幅盛大华美的景象，这其中就书写了"带襭紫蒲萄，袴花红石竹"一句。在《白角簟》一诗中，曹松更是充分运用自己的诗才将带有葡萄纹织锦的价值夸张为"蒲桃锦是潇湘底，曾得王孙价倍酬"。除了渲染葡萄纹的华贵外，唐人还赠予其另一层含义，即象征着婚姻关系的长长久久，这一寓意可能与葡萄藤蔓蜿蜒纠缠的体型有关。施肩吾在《杂古词五首》一诗中，就刻画了一位为了郎君甘愿牺牲的女性形象，"郎为七上香，妾作笼下灰。归时即暖热，去罢生尘埃"，而为了保持爱情的长久，更是"夜裁鸳鸯绮，朝织蒲桃绫"。在《八咏应制二手》一诗中上官仪也将"鸳鸯"与"葡萄"并举以暗含婚姻，"罗荐已擘鸳鸯被，绮衣复有蒲萄带"。阎德隐则别出心裁，在《薛王花烛行》中写道"合欢锦带蒲萄花，连理香裙石榴色"，合欢锦与连理裙对举表明夫妻关系，而葡萄花与石榴色对举则赋予葡萄新的意味。众所周知，以石榴象征婚姻关系时多含有多子多孙之意，由此或可推断葡萄花也有同样的象征意，毕竟葡萄本身就以果实累累的外观出现。

在唐人的生活中，"一串串的葡萄一直被当作外来装饰的基本图样而在彩色锦缎上使用"，❷但它不仅限于衣物的编织，在唐朝还有一种事物与葡萄纹饰密切相关，即瑞兽葡萄纹铜镜。在这种镜子的背面装饰着带有葡萄纹饰的图案，薛爱华认为其具有一种"古希腊艺术风格"。❸除此以外，金银器、砖刻、石窟和墓室壁画上也都带有葡萄纹，如出土于国内的石榴花结鹤踏纹银熏球、蔓草龙凤纹银碗、鹤踏葡萄纹云头形银盒；甘肃敦煌佛爷庙墓群一座唐墓中发现的葡萄纹花砖；敦煌莫高窟初唐第 209 窟的藻井上饰有葡萄石播纹，第 334 窟中彩塑观音裙子上绘有葡萄纹饰。因此可知，葡萄纹饰在唐人生活的方方面

---

❶ （梁）江淹．江文通集［M］．北京：中华书局，1984：18.
❷❸ ［美］薛爱华．撒马尔罕的金桃——唐代舶来品研究［M］．吴玉贵，译．北京：社会科学文献出版社，2016：359.

面都有体现。

　　至于唐人为何如此重视葡萄纹的装饰作用，其原因值得深思。从浅层次看，或许是因为"在西域如此巨大的地理空间跨度和汉唐如此漫长的历史时间跨度中，诸多民族从兴盛走向衰亡，诸多政权在战争中颠覆，诸多风物化为灰烬或者被永远尘封，只有东来的丝绸、西来的葡萄地位始终不变"。❶ 这样说也有几分道理，但从西域传来的物品除了葡萄，还有石榴、核桃、郁金香等，单从物品流通的角度出发难以解释为何葡萄独受钟爱。或许只有从葡萄所携带的异域文化这一深层角度出发才能更好揭示这一原因。葡萄从一开始传入中原地区，就不是单纯以异域水果的姿态出现，汉武帝赋予其征服炫耀的色彩，而在西域，其出现也往往伴随着宗教活动。众所周知，古希腊人就将葡萄酒用于祭祀神祇的活动，其酒神即为狄奥尼索斯。佛教在传入中国的时候也与葡萄有关。杨衒之在《洛阳伽蓝记·白马寺》中记载："浮图前，柰林、蒲萄，异于馀处，枝叶繁衍，子实甚大"，❷ 白马寺是当时佛教重地，于此种植葡萄，可见两者之间联系之密切。尽管杨衒之没有点明白马寺葡萄"异于余处"的原因，但"浮图前"三字充满神秘意味，足以说明一切。而《酉阳杂俎》中的一则记载更是具有佛道两教融合的色彩。"贝丘之南，有蒲萄谷，谷中蒲萄，可就其所食之，或有取归者，即失道，世言王母蒲萄也。天宝中，沙门昙霄，因游诸岳，至此谷，得蒲萄食之。又见枯蔓堪为杖，大如指，五尺余，持还本寺植之，遂活。长高数仞，荫地幅员十丈，仰观若帷盖焉。其房实磊落，紫莹如坠，时人号为草龙珠帐焉。"❸ 王母是道教人物，王母葡萄或是借用《汉武内传》"武帝时，西王母下，帝为设蒲萄酒"❹ 一事，而沙门和尚则无疑与佛教相关。虽然《酉阳杂俎》并非正史，所记多为逸闻，但段成式的记载侧面反映出当时人对葡萄的认识。在此，葡萄成为沟通异域文化与中原文化的介质，其自身就有了两种不同文化相互影响融合的复杂性。

　　诚如陈寅恪所言："李唐一族之所以崛起，盖取塞外野蛮精悍之血，注入

---

❶ 海滨. 唐诗与西域文化 [D]. 上海：华东师范大学人文学院，2007：250.
❷ （北魏）杨衒之. 洛阳伽蓝记 [M]. 北京：中华书局，2013：131.
❸ （唐）段成式. 酉阳杂俎 [M]. 北京：中华书局，2017：712.
❹ 王根林. 汉武帝内传 [M]. 上海：上海古籍出版社，2012：72.

中原文化颓废之躯。旧染既除，新机重启，扩大恢张，遂能别创空前之世局。"❶ 对于唐代社会物质生活和精神文化而言，以葡萄为代表的西域文化的传入很大程度上开阔了人们的视野，这不仅在于打破了因长期囿于中原地带给唐人思想加之的束缚，带来了艺术、宗教和科技等方面新奇的事物，还在于沟通了两个异质的空间，尽管中原与西域的空间划分不存在绝对的地理边界线，但之前的接触主要发生在地缘地带，这种接触伴随着的是掠夺与反掠夺，形式多是暴力战争，因此助长的是不同民族之间的仇恨。但随着丝绸之路的开通与繁荣，以葡萄为载体的物质媒介得以进入中原腹地，并且逐渐成为中原地带习以为常的名物。这种转变带来了不同民族之间文化的认同。尽管起初葡萄是作为汉唐军队凯旋的战利品传入内地，具有被动性质，但随着丝路贸易的往来，其越来越具有了主动性。而这种频繁沟通的好处还在于填补了两种异质文化之间的空白，尽管审美需要有距离感，无限制的距离带来的却是怪诞的想象与不合实际的扭曲变形，因而葡萄的作用正在于使两种异质文化之间的距离不至于被撕扯太大，从而保持对唐人的刺激，使唐代文化能够流动起来不至于陷入盲目自大的停滞状态。"从审美心理分析，向往异质之美乃是人的本性，异质审美因素产生的刺激较强，吸引力较大"，❷ 葡萄作为携带西域文化之物正好满足了唐人对异域想象的心理。但是要说唐人迫切地希望了解异域，或许也不太现实，"盛唐诗的审美感受不是囿于诗本身或诗面层次，它总是用对象景象来牵引主体情思，而又以主体情思来开扩对象世界的空域"。❸ 因此，这就形成关于葡萄意象的复杂性，它既不是纯粹的代表西域的象征符号，又不是单纯的歌咏对象，它既可以出现在边塞诗中，又可以出现在田园诗中，如果非要给其定质，那只能说它熔铸两种文化于一体。

---

❶ 陈寅恪. 李唐氏族之推测 [J]. 历史语言研究所集刊·第叁本·第壹分，1931.
❷ 刘畅. 盛唐之音形成的审美契机 [J]. 南开学报，1997（1）：72.
❸ 吴功正. 盛唐美学精神 [J]. 东南大学学报（社会科学版），1999（1）：103.

丝路狮文化的呈献、表征与特征*

■ 缐会胜

摘要：丝绸之路是政治之路、经济之路、物品交流之路，更是新样态文化——丝路审美文化创制、融通、熔铸、商讨之路，并且这种文化始终处于生成过程中，在不断地被创制（making）与化成（becoming）。在其中，狮文化是伴随着政治话语下的"总体呈献体系"在丝路沿线各民族相互间的文化"呈献—回献"中建构的，狮子的形象在不同的文化以及不同的艺术形态中有不同的文化表征，呈现出文化间的交流与融通；同时，在丝绸之路这一元空间或元场域中形成的狮文化呈现出不同的属性特征：系统多元性、融通生成性。

关键词：丝绸之路；狮子；呈献—回献；艺术表征；系统多元性；融通生成性

丝绸之路既是物品的空间转换之路，同时也是物品改变、传播或重新熔铸生成文化意义与价值的"活"路。物品的文化生命的空间转移最终须还原为文化主体——人的一种迁徙、相互交流以及空间位移，这一系列发生在丝绸之路这一"元空间"或"活态空间"中的人类实践活动背后隐藏着政治与军事的因素，政治在本质上体现为一种权力话语，政治活动或军事活动使得丝绸之路这一"第三空间"的存在成为可能，丝路审美文化借助各种物品等存在物或现象存在于这一"第三空间"之中。丝路审美文化并非一个先天客观存在的客体或文本，而是在人类的实践活动之中不断地"创制（making）与化成

---

* 作者简介：缐会胜，兰州大学文学院硕士研究生，研究方向为文艺理论。
基金项目：国家社科基金重大项目"丝路审美文化中外互通问题研究"（项目编号：17ZDA272）。

（becoming）"，❶ 始终处于一种"活"的状态中，呈现出一种多元化的文化景观。本文拟将以"狮子"这一丝路上的西来之物为例，探讨使得丝路审美文化的"创制与生成"成为可能的权力运作，"狮子"作为物——礼物在交换过程中潜隐附带的不同文化之交融与熔铸，以及狮子在中国不同艺术形式中的艺术表征，同时还包括丝路审美文化所显示出来的审美属性特征。

一、文化融通的使者——作为礼物的"狮子"

狮子在先秦的文献中虽然早已存在，但是其仅以一种想象之物的形态存在，被称为"狻猊"，"名兽使足□走千里，狻猊□野马走千里"。❷ 狮子真正被中国人认识是在张骞凿空西域后，汉武帝在军事层面对西域的征服，使得帝国权力的触角伸到丝绸之路这一"元场域"的四处，在潜隐权力的胁迫下纷纷派遣使臣或者子弟来东方朝贡觐见，通常以礼物作为对权力的臣服的标志物。狮子与犀牛、大象、葡萄、石榴等物，作为一种特殊的物——礼物，由域外各国呈献；自丝绸之路这一第三空间之内，各种外在的稀有物品被当作礼物进贡。关于狮子的文献记载，都是在礼物的进贡与呈献这一体系中体现的，敦煌悬泉置出土的汉代简牍记载，西域诸国向汉朝进贡呈献狮子：

> 其一只以食折垣王一人师使者
> 只以食钧耆使者迎师子
> □以食使者弋君 （Ⅱ90DXT0214S：55）❸

现存留的汉简中能发现少量的关于狮子作为礼物进贡呈献的信息，使者与物活动于丝路这一"元场域"中。在张骞凿空西域后，也有一些呈献进贡的记载，《汉书·西域传赞》描述了西汉帝国所获的域外之物：

---

❶ [英] 约翰·史都瑞. 文化与日常消费 [M]. 张君玫，译. 台北：巨流图书有限公司，2005：Ⅳ.
❷ （晋）郭璞. 穆天子传 [M]. 吉林：吉林大学出版社，1992：294.
❸ 张德芳. 悬泉汉简中若干西域资料考论 [A] // 荣新江，李孝聪. 中外关系史：新史料与新问题. 北京：科学出版社，2004：130.

明珠、文甲、同犀、翠羽之珍，盈于后宫；蒲稍、龙文、鱼目、汗血之马充于黄门；巨象、师子、猛犬、大雀之群，食于外囿。殊方异物，四面而至。❶

四面而至的殊方异物在自然层面来说，仅仅是一些植物、动物或矿物等，但一旦这些物品进入人类社会，就被赋予某种潜在的文化意义，成为文化的建构物或物品成为一种文化符号；狮子的进贡呈献是一种礼物的呈献，更是一种文化的呈献与进贡。关于狮子的进贡在《后汉书》中也有许多记载：

（章和元年，87年）是岁，西域长史班超击莎车大破之，月氏国遣使献符拔、师子。❷
明年（章和二年，88年）初，月氏尝助汉军击车师有功是岁贡奉珍宝、符拔、师子。❸
章和二年（88年）……冬十月乙亥，安息国遣使献师子、符拔。❹
（永元，101年）十三年……冬十一月，安息国遣使献师子及条支大爵。❺
（阳嘉，133年）二年，六月辛未，疏勒国献师子、封牛。❻

中国与西域诸国在丝路元空间内的贡狮活动持续时间极长。从班固《后汉书》中的记载伊始，一直到清康熙年间，西班牙使臣本都进贡非洲狮为止，据宋岚统计，洎《后汉书》之《明史》，历代正史中记载外国进贡狮子共21次，其中东汉4次、南北朝4次、唐4次、宋2次、元5次、明6次，❼其实准确来说东汉有5次，共有22次贡狮的文献记载，狮子在丝路这一元空间内的活动几乎均是通过进贡的方式展演的。

---

❶ （汉）班固. 汉书 [M]. 北京：中华书局，1962：3928.
❷❸ （南朝·宋）范晔. 后汉书 [M]. 北京：中华书局，1965：158.
❹ （南朝·宋）范晔. 后汉书 [M]. 北京：中华书局，1965：168.
❺ （南朝·宋）范晔. 后汉书 [M]. 北京：中华书局，1965：189.
❻ （南朝·宋）范晔. 后汉书 [M]. 北京：中华书局，1965：263.
❼ 宋岚. 中国狮子图像的渊源研究 [D]. 南京：南京大学，2011.

在丝绸之路这一元场域内的人与物的互动中，域外诸国狮子的进贡不是一次性、单向度的过程，如撒马尔罕的金桃、汉唐的丝绸以及大宛的天马等表现出的，而是双向度的相互影响与交流，进贡必然伴随着赐贡，进贡在某种程度上来说是一种赠予，而赠予时给出的是自我的某种成分，与人就是与己；礼物的呈献必然伴随着回献的期许，那些"所谓的自愿的呈献，表面上是自由的和无偿的，但实际上是强制的和利益交关的。即是在伴随交易（transaction）而来的赠礼中，只有虚假、形式主义或社会欺骗，并且追根究底存在着义务与经济利益，但它们所套上的形式也几乎总是礼品或慷慨馈赠的礼物"，❶这样在丝绸之路上中国与域外诸国形成一种进贡——赐贡或"呈献—回献"（contre-prestation）的非市场性"总体呈献体系"（systeme des prestations totales），总体呈献是指人与人之间物等的流动，人与物的流动深层次上意味着人与人之间文化观念及其文化精神的相互接触与交换，同时物作为文化符号，不断地与其他物进行有效互动，使得不同的文化相互接触与融通。进贡—赐贡是一种交往形式，带动文化、技术、人员等的双向传播、交流以及往来，形成于丝绸之路这一元场域内的丝路审美文化，丰富了异空间不同主体的物质精神生活。

狮子作为一种礼物所体现出来的进贡—赐贡的总体呈献体系，在政治权力影响下使得中原文化与其他不同文化之间的"阐连与化成"成为可能。"赠礼首先是一种政治行动，不折不扣的政治行动，是要通过这一行动从战争、敌对过渡到联盟、和平"，❷敌对状态中总体呈献体系不具有存在的合法性；张骞凿空西域后，西域诸国向中国不断地进贡狮子，同样中国具有一种回礼的义务，无论是赠礼还是回礼，都涉及物品或金钱的相互交换；这是一种政治行为，而丝路这一"元空间"内政治无非就是礼物的相互交换以及对礼物的拒绝的综合，物品的进贡、赐贡以及却贡共同构成丝路上的国与国之间的政治行为，物品对统治者而言仅仅是一种外交手段展现物，而潜隐的来说，物品是文化或文明的携带者，物品是一种"器"的存在，而文化属于"道"的范畴，"道"不

---

❶❷ [法]马塞尔·莫斯.礼物——古式社会中交换的形式与理由 [M].汲喆，译.陈瑞华，校.北京：商务印书馆，2017：6.

能不依赖于附着物而单独存在，狮子等各种物一旦进入人类生活，进入文化的表征体系，在身份的表现上既是"器"亦是"道"。

狮子作为礼物，不仅是异空间自然物的相互交换，即进贡与赐贡，而且是一种不同文化的呈献与回献；就狮子这一物品的展演方式来说，丝路审美文化的融通、阐连与化成是以礼物的形式达成。丝路是双向度的进出往来，意味着在丝绸之路这一"第三空间"内，在中国与域外各国以及域外各国之间，"都存在着一种既关涉物也关涉人的精神方面的持续交流"，[1]使得不同文化、不同种族以及不同国家和地域相互交融，促进了丝路空间内的各种物质与文化的相互交流。大月氏、波斯、印度的狮子以及狮子纹饰等不断地传入，自此就不再仅仅属于原产地，而是人类共同的文化财富，中国将外来的狮子在自身文化体系内进行中国化的改造，将狮子镶嵌于中国的丝绸及陶瓷等中国文化的象征物之中，进行一种创造性的融汇，然后中国将狮纹丝绸或瓷器作为一种回献或赐贡的礼物，这些不同于波斯、印度、大月氏的狮子形象伴随着中国文化沿丝绸之路传到西域诸国，这种双向多线的传播、交流与创造是不同文化相互商讨的过程，共同熔铸并创制了丝路审美文化，各个群体文化借助物品不断地彼此交叠，熔铸于一炉，不断创制出新的文化形态。丝路审美文化是不同文化跨空间的一种交融与通变，同时也是复调式的"交叠世界"，需要我们在不同文化的交汇处——丝绸之路这一元空间内观照丝路审美文化，丝路审美文化本质上是一种复调式的多元文化。

二、狮子在丝路文化中的艺术表征

在礼物"呈献与回献"的总体呈献体系中，狮子的进贡既属于一个政治性的"事件"与历史"事件"，同时也是一个中国与域外诸国之间文化交流的"事件"；另外，从丝路审美文化视角来看，进贡这一现象与狮子这一物品需要经过"事件化"处理，才能够准确地阐发这些现象与物品，因为现象与物

---

[1] ［法］马塞尔·莫斯. 礼物——古式社会中交换的形式与理由［M］. 汲喆，译. 陈瑞华，校. 北京：商务印书馆，2017：21.

品是非动态的存在。"'事件'的意义不是通过自身而获得的，而是通过与其他事件的联系而显现出来"，❶ 狮子进贡"事件"是存在于丝绸之路元空间内的元过程之中，始终处于意义生成中，即"事件"是处于化成之中的、未得到固化定性的"事实"（fact）。丝路审美文化自身就是"事件"，丝路审美文化的现象与物品不是先天存在的客体或文本，而是始终处在一个生成与创制的过程中，并在与其他事件的相互关系中不断融通与产生新意义，丝路审美文化通过旅行而跨界生产，在跨地域、跨文明、跨时间中生成新意义与新价值，始终处在生成的过程中。作为"事件化"的物品的狮子在丝绸之路的往来中，一方面接受狮子在原产地或原产国的文化艺术表征，适当融合改造；另一方面与本国文化的相互交流中融通生产新的文化艺术表征。

外来物品在进入文化艺术领域前，都会经过一个命名的过程，命名意味着艺术表征的开始，并且命名始终处于生成过程中，狮子的命名中体现出不同的艺术表征。狮子通常有三种称呼：狻猊、师子、狮子。"狻猊"为印度语"suangi"音译，而"师子"译 simha（梵语）、siha（巴利语）、sisak（吐火罗 A语）以及内蕴在其中的印度观念体系，❷ 而狮子则是动物层面与神兽层面的对应翻译，这些命名处于逐渐生成的过程中，这三个词在清朝之时才逐渐通用，多样化的命名体现出的是中国文化的包容性，"当主要强调其神兽性质时用狻猊（在大家广知的'龙生九子'中，用狻猊而不用狮子，现在宫殿屋脊翘角上的兽形，还是被称为狻猊）；主要强调其佛教内涵时，用师子（凡引用佛经，用'师子'而不用'狮子'）；主要强调其动物形状时，用狮子（描写衙门府第前的狮子时，都以'狮子'表达）"，❸ 这三个命名蕴含的是在狮子进贡的"事件"中意义的生成性、过程性、连通性、历史性与文化性格的独特性。丝路审美文化的艺术表征不仅体现在命名中，而且体现在不同的艺术中。

汉至隋期间关于狮子的文学形象的表现不多，到唐代时狮子开始成为文人雅士吟咏颂赞的艺术对象，其中既有对狮子这一外来物的审美想象与审美惊

---

❶ 张进. 文学理论通论 [M]. 北京：人民出版社，2014：252.
❷ [美] 谢弗. 唐代的外来文明 [M]. 吴玉贵，译. 北京：中国社会科学出版社，1995：191.
❸ 张法. 狮子形象：文化互动与汉译三名——狮子与中华文化性格研究之一 [J]. 美育学刊，2018（5）：1-11.

奇，也有对其威严与温驯、富贵与力量的赞叹。虞世南《狮子赋》"瞋目电曜，发声雷响；拉虎吞貔，裂犀分象；破猬兕于齿腭，屈巴蛇于指掌"，❶ 表现的是对狮子力量美的一种神奇想象，表现了这种物给虞世南的审美的新鲜感，这种力量美的称颂显示出中国与域外的审美共同性，"从狮子这种强有力的形象中，我们甚至可以看到前伊斯兰时代阿拉伯的狮神'业欧赛'（Yaghuth）的模糊的反映——虽然这种联系充其量不过是一种非常疏远的和间接的关系"；❷ 崔致远《乡乐杂咏五首·狻猊》："远涉流沙万里来，毛衣破尽着尘埃。摇头摆尾驯仁德，雄气宁同百兽才。"❸ 阎随侯《镇座石狮子赋》："威慑百城，褰帷见之而增惧；坐镇千里，伏猛无劳于武张。有足不攫，若知其豢扰；有齿不噬，更表于循良。"❹ 崔致远与阎随候诗文中所刻画的狮子仁威兼具，既有威严，又很温驯，体现出一种中国式的艺术观念，同时威严凶猛又透露出中国狮子的艺术表征与地中海以及草原狮子之间的同一性。此外，狮子还表现为一种富贵的独特中国意味，秦韬玉《豪家》："石甃通渠引御波，绿槐阴里五侯家。地衣镇角香狮子，帘额侵钩绣辟邪。"❺ 用"香狮子"来压住毯子的四角，显示出富贵气息；阎朝隐诗《鹦鹉猫儿篇》："高视七头金骆驼，平怀五尺铜师子。"❻ 钟鸣鼎食之家用狮形制品装饰华屋，"香狮子"与"铜狮子"中蕴含着中国独特的审美经验与审美蕴藉，展现狮子形象在中国的特殊艺术表征。

狮子除了在文学中审美性的艺术表征外，还体现在绘画、雕塑等艺术中。在敦煌莫高窟壁画中有许多描绘狮子形象的绘画，如第9窟南壁上的《外道劳度叉斗圣图》，是一幅经变画，其中有表现狮子与牛相斗的场景，狮子已经具有了明显的中国风格，是印度佛教艺术在丝路这一元空间内相互交流、创制与化成的产物；在第85窟中有狮子莲花纹藻井，中国传统固有的木质建筑结构、

---

❶ （清）董诰，等. 全唐文 [M]. 北京：中华书局，1983：1-2.

❷ [美] 谢弗. 唐代的外来文明 [M]. 吴玉贵，译. 北京：中国社会科学出版社，1995：193-194.

❸ 陈尚君. 全唐诗补编 [M]. 北京：中华书局，1992：1245.

❹ （清）董诰，等. 全唐文 [M]. 上海：上海古籍出版社，1990：1807.

❺ （清）曹寅，等. 全唐诗 [M]. 北京：中华书局，1960：7660.

❻ 周勋初. 全唐五代诗 [M]. 北京：中华书局，2014：1658.

云纹与来自域外的狮子纹和莲花纹相互融合在一起，形成一种全新的绘画形态，而来自域外的狮子使得新形态、新表征得以成为可能的重要元素。阎立本曾经画过《职贡狮子图》，据南宋周密记载："大狮二，小狮数枚。虎首而熊身，色黄而褐，神彩灿然，与世所画狮子不同。胡王倨坐甚武，旁有女妓数人，各执胡琴之类。有执事十余人，皆沉着痛快。"❶阎立本以前的狮子，大多想象的成分大于实际，自唐开始，随着进献数量增多，狮子广为人知，走向写实性刻画，在阎立本的这幅图中，狮子不仅成为绘画的题材，还将胡王、胡姬、胡琴等一系列域外文化的呈现物纳入绘画，表现中外文化交融程度之高。狮子雕塑大多用在建筑物之中作为信仰层面的实用物与装饰品，前者体现为放在墓门口镇邪驱魔或放在大门两侧作为守门狮，此时狮子还有一种神性，被视为祥瑞，象征权势、权力，如梁安成康王萧秀墓中的石狮子（见图1），为域外常见的行狮造型，也是中国在唐朝以前常见的狮子形象，仰天长吼，威武而豪迈，胸前有中国传统的卷云纹装饰，鬃毛也呈现出卷云状，另外身体两侧各有一短短的羽翼，是西方格里芬狮子造型传入中国的表现，还残留有原产地艺术的风貌；后者卢沟桥栏杆柱头装饰的狮子（见图2），都以行狮造型为主，形态各异，温驯而不失威严之气，带有一种印度狮子的气象；到明清时期，狮子在保持庄严性的同时，呈现出小巧喜剧性倾向，狮子的造型由"行狮"为主转变为以"蹲狮"为主，成为完全中国化的艺术表征。

狮子形象不仅在文学、绘画以及雕塑中呈现出普遍性或特殊性的艺术表征，狮子形象与纹饰还影响了中国的丝绸等纺织艺术与陶瓷艺术。在丝绸等纺织艺术中，由域外传进的狮子纹饰或有关狮子的故事主要作为装饰图案，在新疆阿斯塔纳出土一块丝绸织成的帛画（见图3），绘有唐代胡人骑马猎狮的故事画，帛画中含有胡人，狮子、马、鹰、兔子、猎狗等动物元素以及一些植物纹饰，图中狮子张牙舞爪、气势逼人，仍然带有一种域外狮子的野性，具有典型的波斯、西亚风格，另外狮子与鹰两个元素的同时存在在某种程度上反映着地中海沿线兽面兽身（一般为鹰面狮身）的格里芬形象，并且狩猎场面显示出图中的故事带有明

---

❶ 周密云．烟过眼录［A］//景印文渊阁四库全书：第871册（子部・杂家类）．台北：台湾商务印书馆，1986：50.

图1 梁安成康王萧秀墓石狮

贾璞. 造型与象征［D］. 上海：上海社会科学院，2011.

图2 卢沟桥狮子

吉磊. 石桥灵兽——卢沟桥石狮艺术研究［D］. 南京：南京师范大学，2011.

显的草原狮文化风格；西方狮子形象在纺织艺术中的表征不仅体现在丝织品之中，在新疆、甘肃等毛织品的毯子中也有许多艺术表征，出土于新疆营盘古镇的狮纹栽绒地毯（见图4），据考古鉴定属于汉晋时的艺术品，我国汉晋时期狮子多有羽翼鹿角，地毯中的狮子带有写实风格，是一头俯卧的雄狮，周围装饰以马蹄纹，周身毛发用各种颜色来凸显，具有很强的立体感，带有明显的外来风格。陶瓷中狮子的艺术表征更为多样化，有烧制的狮形瓷器、也有狮子艺术形象作为陶瓷艺术的装饰；西晋青瓷胡人骑狮水注（见图5），表现的是胡人驯狮，戴高帽的长须胡人左手执狮耳，骑坐在蹲卧的狮身上，狮子张口怒目，充满一股反抗的气息，与雕塑中的有羽翼的狮子相比，这件狮子形器艺术性与实用性兼容，中国的青瓷技术与域外的艺术形象完美融合，展现出独特的审美理念；除狮子形器物之外，元代景德镇烧制的青花双狮戏球图八棱玉户春瓶（见图6）是中国青花瓷艺术与完全中国化的狮子形象的结合，瓶身以双狮戏球为主题纹饰，周围杂以火焰纹与各种植物纹饰，双狮嬉戏争斗，狮身拴着绸缎璎珞，既象征着吉祥如意，又象征着生命的绵延与子孙繁衍。

经由"狮子进贡"这一"事件"，通过狮子将各种相关"事件"结构在一个始终处于生成过程的"事件"网络中，将由域外引入的狮子形象糅合到不同的艺术表征与表征体系内，创制生成既不同于中国传统艺术，又有别于域外艺术表征的丝路审美文化，熔铸了中国的审美经验与他者的审美经验，丝路审美文化的艺术表征通过旅行而跨界生产，因现象与物品的流通而不断生成。

图 3　新疆阿斯塔纳狮纹帛画

［法］布尔努瓦．丝绸之路［M］．耿昇，译．济南：山东画报出版社，2001．

图 4　新疆营盘古镇狮纹栽绒地毯　汉晋

周金玲，李文瑛，尼加提，等．新疆尉犁县营盘墓地15号墓发掘简报［J］．文物，1999（1）：1-2，4-16，97，102．

图 5　青瓷胡人骑狮水注　西晋

任浩．清代盛期陶瓷狮子形象探微［D］．北京：首都师范大学，2014．

图 6　青花双狮戏球图八棱玉壶春瓶　元

任浩．清代盛期陶瓷狮子形象探微［D］．北京：首都师范大学，2014．

三、狮文化的属性特征

丝路审美文化是与"狮子进贡"这一政治、经济、文化"事件"相关涉的一系列"事件",这些"事件"始终处于生成的过程中,并不是固态定型化的客体或文本,而是复数的、层累的、交错的、活态的巨大"事件"网络,经向内各种"事件"不断"延异",纬向中向外不断辐射,建构起一个个历史性、异质性的"触点",共同存在于丝绸之路这一"活态空间"中,即丝路审美文化是因丝路而"创制"(making)、随丝路而"生成"(becoming)、顺丝路而"阐连"(articulation)的世界性文化,亚洲、欧洲、非洲等不同空间,古代、近代、现代、当代等不同时间的"小复数文化"均能与丝路审美文化这一"大的复数文化"发生一系列的联系。总的来说,丝路审美文化是一个动态系统,而不是一个静态系统。丝路审美文化是一个巨大的"事件"网络,其呈现出不同的审美特征:多元系统性(polysystem)、融通生成性(intercultural consilience)。

(一)多元系统性

丝路审美文化是一种"大的复数文化"(cultures),就如河流一样共同融汇于丝绸之路这一片湖泊之中,因而呈现出"多元系统"(polysystem)的特征。"多元系统论"(polysystem theory)是由以色列学者伊塔马·埃文-佐哈儿(Itamar Even-Zohar)在研究"翻译文学"(translated literature)时提出的翻译文学理论学说,在某种程度上来说,丝路审美文化也具有翻译文学的性质,可以称为是一种"翻译文化"(translated & translating culture),之所以用"translated"与"translating",是因为"translated"仅仅表示翻译过的,而"translating"则表示正在翻译中的,丝路审美文化是一种活态文化,既包括翻译过的文化(translated culture),也包含正在翻译中的文化(translating culture)以及二者之间的协商关系所用显现出来的文化新质,丝路审美文化尽管在范畴表现上与"翻译文学"有少许差别,但二者在"多元系统性"上能取得一致性。

佐哈儿的"多元系统论"认为,"各种社会符号现象,应视为系统而非由各不相干的元素组成的混合体。这些系统并非单一的系统,而是由若干个不同的系统组成的系统；这些系统各有不同的行为，却又相互依存，并作为一个有组织的整体而运作。任何多元系统，都是一个较大的多元系统，即整体文化的组成部分；同时，它又可能与其他文化中的对应系统共同组成一个'大多元系统'。也就是说，任何一个多元系统里边的现象，都不可能孤立地看待，而必须与整体文化甚至于世界文化这个人类社会中最大的多元系统中的现象联系起来研究。"❶ "多元系统性"体现在丝路审美文化之中，即丝路审美文化是一个大的世界性的多元系统，里边包含许许多多的子系统，每一个子系统之内或许还存有许多更小的系统，大系统是由小系统层层建构起来的，每一个小系统的文化都与此系统之外的"他者"文化之间存在交流、互动、融合，"多元系统内的子系统都必然'跨文化地'与其他文化因素关联"，❷ 丝路审美文化体现的是中国文化与域外文化的关联，说得更精确一点，丝路审美文化是不同民族以及文明在丝绸之路这一元空间或元场域中体现这种关联，这种关联是文明之间的"协商"产物，总体来说，丝路审美文化是一种复数的文化（cultures），"在这个更为精确的定义下，才能讨论复数的文化，而不只是单一的文化（culture），以及差异（difference）、协商（negotiation）与斗争（struggle）的可能性"。❸

狮子原初产于非洲东、南部，后来经历了两次空间的位移，一次是自然的种群迁徙，另一次是作为文化携带者进行人类精神与观念中的"转移"。转移与迁徙的结果使得狮子形象在不同的地区形成不同的狮子文化系统，狮子既属于丝路审美文化这个多元系统中的子系统，同时又是每个子系统之中的文化要素。按照狮子文化在世界不同文明版图中的分布，在丝路审美文化这个多元系统之下粗略可以分为七个小的系统：埃及系统、两河流域系统、希腊系统、印度系统、波斯系统、中亚系统、中国系统等，其中埃及系统、两河流域系统、希腊系统以及印度系统具有相对独立的起源与成型，其他的之后在丝路元场域中融构生成，除了这些比较大的现在能够列举的系统外，还存在许许多多的关于狮子形象的小系统，分布于亚、欧、非三个人类古文明发祥板块之中。

---

❶ [以色列] 伊塔马·埃文-佐哈尔. 多元系统论 [J]. 张南峰，译. 中国翻译，2002（4）：1-27.
❷ 张进. 中国20世纪翻译文论史纲 [M]. 兰州：兰州大学出版社，2007：1.
❸ [英] 约翰·史都瑞. 文化与日常消费 [M]. 张君玫，译. 台北：巨流图书有限公司，2005：XV.

狮子形象最早出现并成型于埃及文化系统，最著名的即为法老胡夫墓的狮身人面的斯芬克斯（Sphinx）（见图7），象征着"仁慈"与"高贵"，通常被描述为是异质杂合的神兽，斯芬克斯的形体作为法老陵墓的主体，体现出狮子这一形象在埃及文化体系中的神圣地位；在埃及的神圣体系中，斯芬克斯这一神话中的存在主要有三种表征：人头狮身兽、鹰首狮身兽以及羊头狮身的阿曼的圣物（Criosphinx）。在斯芬克斯这种以狮子为主要建构元素的异质杂合造型中，包括人（头或身）、狮子（头或身）、鹰（头或翼）、羊头这四种基本符号元素，无论这些基本元素如何组合与互换，组合背后所蕴含的文化意义都具有高度的统一性。

而在两河流域系统中，有许多更小的历史性系统存在，它们之间存在明显的相互关联性，在现存的苏美尔石质浮雕中，有由狮身、人头、鹰翼等元素建构的杂合造型，但羽翼的造型与斯芬克斯的羽翼有很大不同，前者外翻，后者内敛，除此之外，苏美尔文化系统中还有集"战争、性爱、丰收"于一身的伊南娜女神形象，即踩在狮子身上或人在狮旁；亚述系统接受苏美尔狮形杂合造型后，形成独特的拉玛苏（Lamassum）形象（见图8），在狮子、人以及羽翼三元素的基础上又增入了全新的元素——牛；而巴比伦文化系统中狮子的形构基本沿用了苏美尔以及亚述的拉玛苏传统，去掉了狮子的元素，在古巴比伦宫殿的遗址中，拉玛苏（见图9）由牛与人二元同构，在两河流域系统中可以发现怪物的主要建构元素：牛、人、狮、翼，不管这些元素如何阐连，都象征着权力与力量，对整个宫殿起着一种守卫保护作用。

在古希腊这一文化系统中，杂合怪物——格里芬（Griffin）不仅有了新的艺术表征，还产生了新的理念意义——象征着邪恶，代表神的惩罚。其是由鹰头、狮身以及羽翼三种元素组构而成的怪兽，没有人的元素存在，但是在与其他系统交流融通的过程中也加入了人的元素，熔铸生成属于新系统的产物，如第聂伯河墓内的格里芬就带有明显的中亚草原风格。

印度系统相较于前几个系统而言，具有明显的自身特性，显示出自身文化中狮子艺术表征的独特性，依从国家政治、宗教这两个标准可以发现狮子在印度系统中的不同艺术表征：政治——狮原型或翼狮，宗教——人主狮辅或狮人合一。在阿育王巨柱（见图10）柱头雕有四头狮子，极其写实，象征着国王

图 7 胡夫金字塔狮身人面像

陈与. 埃及金字塔和雕刻狮身人面像[J]. 重庆与世界, 2012 (10): 64-69.

图 8 亚述拉玛苏

魏征庆. 古代两河流域与西亚神话[M]. 太原: 北岳文艺出版社, 1999.

图 9 古巴比伦拉玛苏

[美] 戴尔·布朗. 美索不达米亚: 强有力的国王[M]. 李旭影, 吴冰, 张黎新, 译. 南宁: 广西人民出版社, 2002.

的权力与权威, 另外在桑奇塔门的上边雕有翼狮, 象征着国家的力量与雄伟的气势; 宗教层面, 印度教中的毗湿奴 (见图 11) 的艺术表征就是狮首人身, 在佛教中释迦牟尼之祖父被称作"师子颊王", 佛祖座席称作"狮子座", 佛祖讲法称作"狮子吼"，体现出狮子在宗教中的神圣性，印度系统中狮子表征元素有三：人、狮、翼，简单朴素的构中潜隐着印度式的文化涵韵。

图 10　阿育王巨柱柱头狮

扬之水．桑奇三塔：西天佛国的世俗情味［M］．北京：生活·读书·新知三联书店，2012.

图 11　毗湿奴

扬之水．桑奇三塔：西天佛国的世俗情味［M］．北京：生活·读书·新知三联书店，2012.

狮子文化最初产生在非洲、中东、南亚以及欧洲东南部，波斯系统的狮形文化是在与其他独立起源的系统之相互交流融合中熔铸生成的，波斯的神兽表征总是成双成对出现的，这是波斯有别于其他系统的显著特性。波斯崇拜双马神（见图12），"马"这一形象在文化表征内具有重要的意义，"马"融合巴比伦系统的"牛"，融合古希腊系统的"鹰"，融合各系统的"狮子"，呈现出双马、双牛、双鹰、双狮的形象，波斯系统的融通生产性验证了佐哈儿所说的"一个项目（元素或功能）可能从一个系统的边缘转移到同一个多元系统中的相邻系统的边缘，然后可能走进后者的中心"。[1] 牛、鹰、狮这些元素从外系统转入波斯系统，体现出这些元素与马元素在内部中的融通性。

---

[1] ［以色列］伊塔马·埃文-佐哈尔．多元系统论［J］．张南峰，译．中国翻译，2002（4）：21-27.

图 12　波斯双马神

张法. 狮子形象：文化互动与汉译三名——狮子与中华文化性格研究之一 [J]. 美育学刊, 2018, 9 (5)：1-11.

正如"马"在波斯系统占主流一样，在中亚系统内，"鹿"具有同样的神圣性，同波斯系统一样，受外来系统中的文化元素的影响，本有的鹿的文化艺术表征融入了格里芬鹰的元素以及斯芬克斯等的狮元素，形成鹿鹰合一或狮鹿合一（见图 13）的新表征，无论是旧有的单一鹿形还是后来建构的杂合造型，其根本上表达的都是草原人对鹿这种神性存在的崇拜，鹿是一种信仰性的存在。

图 13　鹿鹰怪兽

沈爱凤. 从青金石之路到丝绸之路——西亚、中亚与亚欧草原古代艺术溯源 [M]. 济南：山东美术出版社，2009.

中国系统中的狮子表征是在汉唐帝国的政治话语的统摄下通过进贡这一"事件"熔铸生成（becoming）的。中国系统中的狮子主要分为两大类：信仰——瑞兽（杂有鹿角或羽翼），政治——狮原型。前者主要从中亚系统、波斯以及两河流域系统中转移而来，而后者明显的是导源于印度宗教系统中的狮表征。但是，"我们常常面对这些转移的结果，却未能察觉发生了转移，或者忽略了转移的来源"，❶中国学者常常否认这种系统间的相互关联，而认为中国文化是自足的，强调封闭系统论，将"翼狮"与"角狮"归于道家"羽化而登仙"的信仰，这是对丝路审美文化多元性系统的否认。

上述列举的七种狮文化系统，都是丝路审美文化这一多元系统中的子系统。除了个别特殊文化元素——羊、马、牛、鹿外，狮、人、鹰、翼这些基本元素都是各系统共有的。"正如一个社群里运作的某个现象集成体可被视为一个系统以及一个较大的多元系统的组成部分，而这个较大的多元系统又是一个更大的多元系统即该社群的'整体文化'的一个组成部分一样，社群也可被视为一个'大多元系统'（mega-polysystem）的组成部分。"❷佐哈儿所阐发的"大多元系统"即为丝路审美文化。

（二）融通生成性

丝路审美文化这一多元系统内各子系统之间以及系统内部各元素之间的联系和流动性；隐含了丝路审美文化是在丝绸之路这一元空间或元场域内融通生成的，是交互式、循环往复协商、熔铸、阐连的结果，现在依然处于生成过程中，这表明不同文化或文明间的碰撞与交融是丝路审美文化的新常态，体现了丝路审美文化具有"融通生成性"（intercultural consilience）的属性特征。

在丝路审美文化中，狮子作为一个携带文化审美意义的物，在跨元素、跨文化旅行的过程中，在与其他文化协商的过程中，不断与其他文化中的文化元素相互组构，不断生成文化新样态，借助不同的媒介，狮子形象迅速覆盖新的文化场域，杂合熔铸成新的理念，狮子这一物品在对他者文化产生作用的同时，随着自身的旅行，不断形成新的社会生命，丰富物自身身份的多样性。总

---

❶❷ ［以色列］伊塔马·埃文-佐哈尔. 多元系统论［J］. 张南峰，译. 中国翻译，2002（4）：21-27.

体来说，丝路审美文化的"融通生成性"（intercultural consilience）主要表现在三个方面：媒介——融媒生产，质料——异质熔铸，理念——创制化成，三者相互流动融通，并非各自为界。

融通是一种生产力，建构生成新样态的艺术表征，南宋苏汉臣的《百子嬉春图》（见图 14）就是一个丝路审美文化"融通生成性"的完美见证。《百子嬉春图》包括多个元素：狮子舞、中国书画与古琴、观音、佛、风筝、中国小孩等，这些元素被和谐地安排在同一个画面中，显示出的是丝路审美文化的熔铸生成的特点，表达一种中国式的美好期愿观念；在画的后边有乾隆御制鉴赏名画题诗《苏汉臣百子嬉春》："春苑风和蔼戏场，狰狞头角总圭璋。问他粉本从何得，应在鲁论第五章。"此图中最引人注目的就是"狮子舞"这一场景，从媒介的视角来看，《百子嬉春图》中的"狮子形象"是一种"全媒介形式"的文化产品，丝路审美文化的诸分支：物质的、行为的、图像的、文学的、创意的都有体现。就物质层面而言，狮子形象存在于现在依然留存的物质媒介中，因为这幅画本身就是一种历史物质性的存在；在行为层面来讨论的话，狮子形象现在依然能在生活中大量发现，是一种活态文化——狮子舞；图像层面，画家将不同的场景糅合在同一画面中，狮子形象是借助绘画这种媒介使得狮子为人们熟知的；从文学视角来说，狮子形象依凭乾隆所题写的诗歌而给人一种感性的体验，原初通过进贡的总体贡献体系而进入中国的狮子，后来通过图画、舞蹈或文字等不同媒介的"翻译"与"转载"，产生不同的附加意义，这体现的是丝路审美文化"融媒"（omnimedia）生产的特征，"融媒"（omnimedia）生产在不断地改变人们的感受系统，不断塑造人类的视觉、听觉、触觉以及身体感与创意观念，在熔铸丝路审美文化客体的同时化成一个感性共同体或审美共同体。

在《百子嬉春图》中，丝路审美文化的"融通生成性"更多地体现在"狮子舞"这一活态文化中。狮子舞并非中国固有的文化，而是在后来的实践活动发明的传统，正如《百子嬉春图》是一个"事件"，"狮子舞"也是与一系列"事件"相关的生成中的"事件"，是不同"事件"相互融通、层累的"交叉事件"。中国文献中有"昔葛天氏之乐，三人操牛尾，投足以歌八阕"❶

---

❶ 陈奇猷. 吕氏春秋校释［M］. 上海：学林出版社，1984：284.

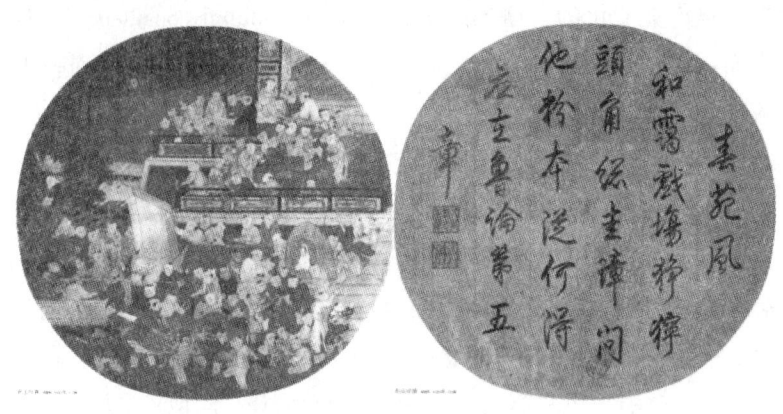

图14 南宋 苏汉臣《百子嬉春图》纨扇（正反两面）

党秦鲁. 浅析宋代婴戏图［D］. 青岛：青岛科技大学，2017.

以及"帝曰：夔，命汝典乐，教胄子：直而温，宽而栗，刚而无虐，简而无傲。诗言志，歌永言，声依永，律和声。八音克谐，无相夺伦，神人以和。夔曰：於！予击石拊石，百兽率舞"。❶ 由"三人操牛尾"和"予击石拊石，百兽率舞"中可知，中国很早就有"拟兽舞"，人们为了庆祝丰收或其他原因，常扮作各种动物形象，这些动物通常是人类驯养的动物或是自然中象征着力量、威严的动物形象，在《史记·大宛列传》中司马迁记载："于是大觳抵，出奇戏，诸怪物多聚观者。"❷ 张骞凿空西域，汉武帝接见域外各国使臣，除了赐贡外，还演出扮兽舞——角抵与奇戏。张衡在《西京赋》中写道："总会仙倡，戏豹舞罴，白虎鼓瑟，苍龙吹篪。"❸《文选》薛琮注"仙倡，伪作假形；谓如神仙也，黑豹熊虎皆假头也"。这些材料都说明中国自古就有扮兽作舞的习俗，只是经常模仿虎豹熊等野兽，而没有出现狮子形象，因为中国本没有狮子这种动物。狮子舞通常意味着既有舞狮的、亦有引狮的，而引狮的原型来自"训狮"，"训狮"是西域的一种似中国杂技般的表演方式，随着丝绸之路中狮子的不断传入，把其纳入扮兽舞之内，后来人们依据狮子原型，制作成假狮子，再加以装饰或美化，融合西域的训狮元素，熔铸生成具有中国特色的

---

❶ 尚书·尧典［M］. 广州：广州出版社，2001：12-13.
❷ （汉）司马迁. 史记［M］. 卢苇，张赞煦，点校. 杭州：浙江古籍出版社，2002：952.
❸ 费振刚，胡双宝，宗明华辑校. 全汉赋［M］. 北京：北京大学出版社，1993：419.

舞狮子文化，最早提到舞狮子是在《汉书·礼乐志》中"常随象人四人"。❶在《洛阳伽蓝记》中可以明确地看到佛事活动中舞狮子的场面记载：

> （长秋寺）作六牙白象负释迦在虚空中。庄严佛事，悉用金玉。工作之异，难可具陈。四月四日，此像常出，辟邪师子导引其前。吞刀吐火，腾骧一面；彩幢上索，诡谲不常。奇伎异服，冠于都市。像停之处，观者如堵，迭相践跃，常有死人。❷

由上述阐述可知，狮子舞是中国本土创制（making）的"扮兽舞"、西域的"训狮"原型（prototype），以及域外各国进贡的狮本相不断熔铸、融通，进而化成（becoming）的新样态审美文化，是在丝绸之路元空间内各民族文化相互借鉴、人文化成的产物，在狮子舞生成的过程中，外来的狮文化与训狮原型充当着催化剂、酵母和孵化器的作用。苏汉臣的《百子嬉春图》无论是从"融媒"（omnimedia）的视角来看，还是质料与理念创制熔铸的层面来讲，都体现了丝路审美文化"融通生成性"（intercultural consilience）的审美属性特征。

四、结　　语

丝绸之路是一条"物质运河"，促进了中国与域外各族之间双向度的物质交流，如中国的丝绸、瓷器、茶，域外的狮子、天马、石榴、葡萄等不断地在丝路运河内来往互动；同时丝绸之路更是一条"文化运河"，丝路沿线不同民族、国家的文化不断地相互融通、创制与生成，是人类"精神实在"的交往，正如美国历史学家汤因比在《人类与大地母亲——一部叙事体世界历史》中所说的"人类是与生物圈身心相关的居民……但是，人类还具有思想，这样，它便在神秘的体验中同'精神实在'发生着交往，并且与非此世界具有的

---

❶ （汉）班固. 汉书［M］. 北京：中华书局，1975：1073-1074.
❷ （北魏）杨衒之. 洛阳伽蓝记［M］. 周祖谟，校译. 北京：中华书局，1963：52-53.

'精神实在'是统一的"。❶ 丝路审美文化中的狮文化是在中国话语权力主导下的"呈献—回献"的总体呈献体系中熔铸生成的,从"器"的层面来讲,是一种物质的进贡与赐贡,从"道"的视角来看,更是一种文化的呈献与回献,在这一过程中狮子形象进入中国的各种文化艺术——文学、雕塑、绘画、陶瓷以及纺织品——之中,并呈现出不同的艺术表征,狮子形象呈现出中国化的特点,象征权力、富贵、生命的繁衍、辟邪驱恶等;在丝绸之路这一"第三空间"内创制生成的狮文化也显现出多元系统性与融通生成性的审美属性特征,表现出人类"民心相通""艺术相通"以及"审美融通",人类同处于一个"感性共同体"或"审美共同体"之中。

---

❶ [美]阿诺德·汤因比. 人类与大地母亲——一部叙事体世界历史 [M]. 徐波,等译. 上海:上海人民出版社,2001: 529.

丝绸之路民间文化传播及路径初探*
——以灰姑娘型故事传播为例

■ 王辰竹

摘要：丝绸之路上生生不息的民间文学传播是丝路文化交流活力的表现。灰姑娘型故事，作为世界性民间文学，异文繁多，在核心母题上却有着千丝万缕的联系。可以说，灰姑娘型故事作为民间文化，丝路的贸易及传播对其的传播与更迭在丝路上一直存在。本文试图以灰姑娘型民间故事传播——《酉阳杂俎》的叶限和《格林童话》中的灰姑娘为例，分析其作为民间文化在丝路上的传播及路径初探，探究丝绸之路艺术交流审美的共通性与差异性。

关键词：丝绸之路；"叶限"；灰姑娘型故事；文化传播

一、"灰姑娘"叶限的"旅行"

唐代段成式《酉阳杂俎·支诺皋》中所记载的"叶限"的故事，是目前基本被国际学术界公认的灰姑娘型故事的最早文本记载，也可以说是唐朝流行的灰姑娘型故事的传承形态，为连接故事古老形态与发展形势的重要一环。其主要情节如下：失去父母后备受继母虐待的女孩叶限在艰苦渔作时"得一鳞，二寸余，赫鳍金目"，[1] 善良的叶限保护着它，每天省下食物喂养。很快，这条鱼只能被放入后园的池里喂养。鱼通人性，只有在叶限喂食的时候才会露出

---

* 作者简介：王辰竹，兰州大学文学院硕士研究生，研究方向为文学理论。
　基金项目：国家社科基金重大项目"丝路审美文化中外互通问题研究"（项目编号：17ZDA272）。
[1] （唐）段成式. 酉阳杂俎 [M]. 北京：中华书局，2017：795. 以下凡出自该书引文，仅在正文标注页码。

水面。但这一秘密很快被继母发现,她设计杀了鱼并藏匿鱼骨。叶限在野外为此伤心哭泣时,受到异人指点,知道了鱼骨所在地和其有求必应的奇异功能。顺利找到鱼骨后,"金玑玉食,随欲而具"(第795页)。在当地"峒节"上,叶限参与其中,贵服华裳,色若天人。不慎被继母和妹妹看见,叶限匆忙逃回家中,却在路途上丢失了一只金鞋。这只鞋辗转被陀汗国国王得到,几经曲折地找到了鞋的主人,叶限。"载鱼骨与叶限俱还国,其母及女即为飞石击死"(第796页),而叶限则被国王尊为"上妇"。

在现在的研究中,《叶限》这一故事被学者认为与1000年后的欧洲《格林童话》中的"灰姑娘"(Aschenbrode)的故事密切相关:二者不仅情节和结构相似,少女之名"叶限"与欧洲文字"灰"显然有着音译的联系(英文为Ashe,德文为Asche)。❶此外,根据中外学人的研究成果,两个故事所有的母题类型——后母虐待;难题考验;神力相助;特殊方式验证;与王子成婚❷——几乎全然一致。可以说,"叶限"的故事,是古代中外文化交流的确证,更是丝路传播上的瑰宝。

丝绸之路上的文化交流是人员的交流、物质的交流与信息的交流。灰姑娘型故事作为民间文学,千年来必然也在这联通欧亚大陆的纽带上传承发展。而在与西域交往密切的盛唐王朝,丝路作为文化交流的纽带,在传播灰姑娘型故事上更是功不可没。民间文学通过商旅、战争间的口耳相传,逐渐在欧亚大陆上散播开来。"灰姑娘"在不同民族的口耳相传里不断变换着身份和名字,裹挟着或多或少的母题,展开属于它自己的"旅行",到达世界每一个角落,成为属于全人类的"灰姑娘"。

二、灰姑娘型故事传播路径

作为一个世界性民间故事,《叶限》和《灰姑娘》的存在确乎是文化交流的佐证,但因灰姑娘型故事流传范围广,异文多,其生长环境、传播路径值得

---

❶ 芮传明. 丝绸之路研究入门 [M]. 上海:复旦大学出版社,2009:22.
❷ 赵婷."灰姑娘"型故事的跨文化传播研究——以中国、德国和法国为例 [J]. 新疆大学学报(哲学人文社会科学版),2009,37(5):122.

探索。

　　灰姑娘型故事的起源在学术界有着许多讨论与考察。其中，"中国起源说"得到许多学者的广泛支持。兰鸿恩、农学冠等中国学者同样主张灰姑娘故事的渊源在中国广西一带，至少《叶限》的故事是岭南文化背景下的产物；❶李道和先生进一步申论，唐代叶限故事不仅与古代岭南地域文化密切相关，而且与古代中原主流文化，特别是多种孝子故事有关；❷丁乃通在《中国和印度支那的灰姑娘型故事》中比较了中国和印度支那的多个异文，认为叶限故事可能是发生在越人生活区域。故笔者认为，从《叶限》故事流传区域和异文流传区域而言，"灰姑娘型"故事的发源地应在与如今中国南方相接壤的东南亚，即古时的百越之地。

　　在民间文学研究中，历史地理学派通过占有大量的异文，试图在历史演变中追寻故事的原型及其传播路径。在历史地理学派研究中，我们可以从中寻觅到灰姑娘型故事的发展踪迹。A.B 露丝正是运用这一学派的理论，对灰姑娘故事的欧亚两大传统流行区域的分布状况通过地图标识出来，从母题的地域分布确定灰姑娘的故事圈。❸她在论文《欧亚的传统区域》中指出，某些母题，如王子在宫殿前找到扔下失去的鞋这一母题，只有在亚洲才存在；且从最早记录的故事的母题构成来看，"鱼类献宝"故事的源头在东方，首先是中国；而且，东方的灰姑娘故事的联系非常紧密，几乎形成一个整体，在亚洲大致可分为两大传统区域：远东和近东或印支和马来半岛。这些事实基本上从理论上否定了灰姑娘型故事是从现代由欧洲传入亚洲的可能性。同时，露丝对欧亚两大洲多篇灰姑娘型故事异文进行分析后，将主要母题所流传的区域标识在地图上。从地图上的标识来看，灰姑娘型故事很可能是通过中国的南方和印支半岛北部、西南亚巴尔干半岛传入欧洲。❹

　　在悠长的历史时期，北方陆上丝绸之路贸易发达、交流频繁，是民间文学

---

❶ 蓝鸿恩. 德国的《灰姑娘》与广西壮族的《达架》[N]. 广西日报, 1980-06-19; 农学冠. 论骆越文化孕育的灰姑娘故事 [J]. 广西民族研究, 1998 (4): 38-44.

❷ 李道和. 舜象故事与叶限故事关系考辨 [J]. 民族文学研究, 2005 (2): 36-43.

❸❹ 刘晓春. 灰姑娘故事的中国原型及其世界性意义 [J]. 中国文化研究. 1997 (1): 100-106, 148.

传播的重要桥梁。然时至今日，灰姑娘型故事异文零星，传播路线断层；反倒在中国南方地区，此类型故事分布密集，留存下来的异文繁多，于是，在今时的研究中我们可寻见，"灰姑娘"是从中国南方出发，进行看似绕路的"跨文化"的旅行，最终到达欧洲。但不可否认的是，北方的陆上丝绸之路虽然时断时续，却一直是商旅往来和人员交流的重要通道。在段成式的记载中，《叶限》这一故事是在"秦汉前"于南人所居之地流传，这也体现了民间文学的一大特征——口耳相传。

1. 战争频繁的北方丝路

和平的商旅贸易、稳定的社会环境是民间文学长期生存繁衍的土壤，却也是西域王国在历史长河中所欠缺的。《北史》认为，6世纪后半叶，西域共有100多个小国，它们形成四大国家集团，其中包括热爱四处征战的游牧部族。丝绸之路上，游牧民族的活动绝非在孤立的环境和相同的生产范围内进行。故遇水草而居，迁徙不定，开疆扩土从而维护政权，是游牧民族的生存之道。他们与其他生产圈的关系，是左右其政权之生死存亡的巨大力量。游牧部族的迁徙和不稳定致使可靠历史存留本就有限，更勿论口耳相传的民间文学。

在丝绸之路上，胡族长期动乱不断，北方丝绸之路的经商贸易因战乱时断时续。在中部和西部的"干燥亚洲"——相对于中原王国的西域——有广袤的沙漠、草原和到处散播的绿洲，人民生活方式为游牧、农耕和商贸。绿洲小政权的政治力量很难强大却生命力顽强，和北方大草原的游牧文化不断进行着接触、冲突、交流、融合，西域的战乱千百年来从未停止。6世纪末期，隋王朝继五代之后首先控制了中国南方，实现全国统一。此时汉文史料虽对中国对外活动亦有记载，但"事亡失，书所存录者二十国焉。魏时所来者，在隋亦有不至"。缺失可靠的文献资料，处在丝绸之路重要地区的西域，其基本情况一直处于迷雾当中。而在李唐王朝掌权时期，北方陆上丝绸之路依旧战乱不断：在西域必经的道路上，阿拉伯人征服了叙利亚（636年），中亚积极进行贸易的时代宣告终结；而在遥远的西方，波斯与拜占庭的斗争也如火如荼，大大小小的战乱反复不绝。在极长的一段时间内，各种征服者的金戈铁马已经踏遍了所有小国、城邦公国和绿洲王国，中国北方由于胡族的侵扰而同西域一度断绝了关系。国家与民族的纷争和消亡，不可避免地造成文化断代。曾经辉煌灿烂的文明不断被侵袭销蚀，口耳相传的民间文学更是在频繁的战乱中亡矢。

北方丝绸之路上民族的更迭与王朝的消逝，导致文字的失传与失用，也是民间文学在陆上丝绸之路传播路径迷雾丛生的主要原因。军事征服使得丝绸之路上的文化和商旅贸易受到极大的冲击。曾经在丝绸之路上活跃着的长于经商贸易的粟特人，他们一度在丝路上垄断着丝绸贸易。但纷繁的战乱使他们终究遗失在了历史长河之中。我们至今仍能够找到粟特语文献——这个曾经活跃在西域的商业语言——已然需要极大力度来破解；曾经盘踞于北宋之上的西夏王朝，其文化、文字受中原文化影响深厚，西夏文字形方正，直接采用汉字笔画，是一种表意文字。尽管在西夏覆灭后，西夏文仍被部分用于刊印佛经，随着时间流逝，终究为人不识。我们至今在博物馆中依旧能寻觅到西夏文的踪迹，直至近代才为中外学者解读，却再也难以被人们广泛认识、运用。在丝绸之路上，随着战乱消逝的国家和文字数不胜数，这无疑阻碍、阻断了某一时期的文化交流和民间文学的传播繁衍。但我们并不能因为北方陆上丝绸之路的文献零星便彻底否决其在文化传播上的作用。诚然战乱频繁，但战争同商旅贸易一样，都是文化传播的途径。在北方丝路上留下的实物证据，亦是文化传播和交流的佐证。

2. 相对平和的南方丝路

与北方丝绸之路和中原王朝常年不断的游牧—农耕冲突融合之路不同，在极长的历史时期，南方狩耕民族所走向的是被中原王朝逐渐同化之路悠长的历史。

百越民族生存的地理环境由于与农耕的中原地区相近，其文化与中原文化有着许多相同之处。首先，百越诸部过着"饭稻羹鱼"的生活，基本能实现自给自足，故不具对外侵略性。《汉书·地理志》载："江南地广，或火耕水耨。民食鱼稻，以渔猎山伐为业，果顽蠃蛤，食物常足。故呰窳偷生，而亡积聚，饮食还给，不忧冻饿。"❶ 正是因为东南诸越部落"无冻饿之人"，因而他们不像草原游牧民族那样，需要不断向外扩张寻觅水草以求生存。其次，《史

---

❶ （汉）班固. 汉书 [M]. 北京：中华书局，1962：1666.

记》列传有言，百越人"无千金之家"，❶ 说明诸越部落也缺乏实际支撑其发展的经济基础，这也是其在极长的历史中需要长期依附中原王朝的重要原因之一。且百越的地理环境决定了其以耕作种植为主，渔猎畜牧为辅的社会、经济生产方式。这一生产方式与中原汉地有相同之处，中原王朝的先进生产方式能有效地影响百越地区，使得他们易被中原王朝所同化。在这样一系列的条件下，百越民族与西南地区的其他民族杂居相处，贸易往来、文化交流频繁。南方丝绸之路相较于北部和平稳定的环境，给予了灰姑娘型民间文学生存发展的空间。

民间文学的主要传播方式为口耳相传。段成式亦言，叶限的故事发生于秦汉前，即在文字收录前，灰姑娘型故事在民间是在逐渐成形的过程中。但正是文字的记载，让灰姑娘型故事保存至今，有了如今展现在世人面前的最初形态。《酉阳杂俎》本为具有博杂性质的志怪奇谈收录本，段成式在文末言明，此故事"成式旧家人李士元所说。士元本邕州洞中人，多记得南中怪事。（邕州，今广西南宁）"（第796页）自秦汉以来，百越地区的物质文化为汉文化长期辐射区域，受汉文化影响深远。百越不是严格意义上的一个民族统一体，但在共同的地理环境影响下，百越诸部在文化上除了发展程度的差异，其文化内涵基本是一致的。

也正是在长期相似的生活、社会、文化背景的基础上，灰姑娘型故事在中国的西南地区和东南亚一带广泛流传，在泰国、越南等地也留存着大量的异文。正是在这样相对平和稳定的环境下，灰姑娘型故事得到了稳定长期的保存和发展。

三、灰姑娘型故事的世界性意义

美国著名的民俗学家斯蒂·汤姆森在《世界民间故事分类学》中曾提及："也许全部民间故事中最著名的要算《灰姑娘》了。"❷ 有关灰姑娘型故事的研

---

❶ （汉）司马迁. 史记 [M]. 北京：中华书局，1959：3270.
❷ [美] 斯蒂·汤姆森. 世界民间故事分类学 [M]. 郑海，等译. 上海：上海文艺出版社，1981：151.

究已逾百年。作为民间故事，灰姑娘型故事在任何地方、任何时候都能照顾到社会的基本需求和个人需求，这也使得它在传播中的母题和原型有着不断的变化。在不同民族的故事中，灰姑娘不断变换着样貌，却在给予人类相似的情感体验中得到传承。

法国文学批评家丹纳认为，"要了解一件艺术品，一个艺术家，一群艺术家，必须正确地设想他们所属的时代的精神和风俗概况。这是艺术品最后的解释，也是决定一切的基本原因"。❶ 作为民间文学，灰姑娘型故事的形成、传播和发展无疑受时代和风俗的影响极深。这在母题的传承与整合上，以及灰姑娘故事现代的再发展中有着极其显著的体现。

1. 母题的传承与整合

在民间文学中，地区性的民俗遗留是古老习俗的遗存，而这又会反映在具体的民间文学母题上。作为世界性的民间故事，灰姑娘型故事的母题和内容在传播过程中一直在随着各个文化区的社会生活环境而有着不同的变化。

在东方灰姑娘型故事圈中，各个异文所持母题大同小异——神鱼相助、峒节奇缘和以鞋验婚。其中，"神鱼相助"体现了百越文化中鱼在生产生活中的重要性，对鱼形成的信仰和崇拜自然而然地表征在民俗文化中；而"峒节奇缘"，则是典型灰姑娘型故事里参加盛大的社会交集活动的体现，也是南方少数民族进行男女求偶的盛大节日的体现；而"以鞋验婚"这一习俗是长江中下游汉族民众中所流行的婚俗——在汉族地区的婚俗中，鞋与"谐"同音，是为寓意百年好合。南方的汉族和少数民族地区及其文化的展延地带的"以鞋定情"的习俗则是"以鞋验婚"母题的文化生态基础。正是在这样较为稳定和谐的社会环境下，灰姑娘的故事在南方流传甚广且最终基本成型。

文化差异形成的心理差异均会以具体的母题展现出来。在近千年后的《格林童话》中，主人公灰姑娘与叶限的不幸遭遇大致相同，但在所具体对母题的应用上，母题的具体差异便随着故事所处的社会生活环境和文化环境的变化体现出来。同样是借助神力实现愿望，叶限所借助的是"鱼骨"，而灰姑娘的辅助者是"榛树和白鸽"，这其中体现了中西文化中不同的动植物崇拜；同

---

❶ [法] 丹纳. 艺术哲学 [M]. 傅雷, 译. 北京: 人民文学出版社, 1963: 11.

样借助了盛大的舞会这一媒介，灰姑娘获得了与真爱相见、相识的机会，但《叶限》里的"峒节"是属于全体人民的庆祝和择配节日，人人得以前去；而王子的宫廷舞会只有上层贵族才能参加，灰姑娘只有穿上了华服才得以前去，这在无形中隔离了平民与贵族，体现了当时西欧封建社会的等级观念；同样，"试鞋"辨真身的关键环节，虽然共同体现了中西作家和艺术家对足的聚焦，但其文化蕴含是全然不同的：在流传于中国南方及百越地区的《叶限》故事中，"以鞋定情"的习俗给予了金鞋成为叶限和国王之间的纽带的文化基础。叶限的金鞋丢失而辗转到国王手里，才将二人的命运紧紧连接在一起；而在《灰姑娘》故事中，水晶鞋直接成为灰姑娘与王子的定情信物。

故事母题的文化内涵的不同，预示着灰姑娘的故事并不是各个母题简单地罗列与堆砌，在传播与地区性重构的过程中，构成完满故事之间的母题有其自身逻辑联系。实际上，灰姑娘故事是"后母型故事"和"命运转折故事"的结合。在《叶限》和《灰姑娘》故事的整合中，精彩的"试鞋寻人"情节均被保留下来，这与中西方对女子的足的欣赏与赞美是有着紧密关系的。首先，在中国传统文化中，一直对女子的足有着特别的欣赏和赞美，且在中国南方的少数民族文化中，普遍存在"以鞋验婚"的习俗，故叶限丢失金鞋从而被陀汗国国王所识，成了偶然中必然的情节；而在西欧，对女子的脚的喜爱也是有迹可循的。如薄伽丘在《十日谈》中描绘过他所认为的美女形象，提及了"纤小的双足"。故在这种喜好的推动下，灰姑娘遗失金鞋，后被王子获得，最终寻得佳人的情节与当时的文化相契合。

有生命力的原型具有无限生成性，它通过转换规则生出多个具有共通性的异文，体现其在母题的整合和继承中的文学传统的力量。叶限与灰姑娘的"鞋"与小脚在中西文化中都是重要的意象，且饱含着不同的文化意蕴，在灰姑娘型故事的整合中举足轻重。

2. 灰姑娘故事的时空性差异

民间文学向来以大量异文来传达主题，故研究民间文学时，面临的最大问题就是在不停变换细节的基本故事中来发现非凡的稳定性。口耳相传的传播环境中，故事中的母题如果没有被一次次讲述，就会最终消亡。在故事传播的过程中，那些被删除、省略、改变的往往是超出某个群体共享价值观与标准的东西，这也体现了民间文化在地区性融合的特征。

《叶限》故事中的"神鱼相助"折射出百越民族的物质文化特征。身为稻作民族的百越民族是食水生动物的民族，故鱼类动物在百越生活中具有不可替代的功能，对鱼的崇拜，"神鱼"的出现也就不足为奇。而在《灰姑娘》的故事中，所展现出来的多为故事成型时的欧洲社会民风及其思想文化。在此版本故事中，"神鱼"无影无踪，取而代之的帮助灰姑娘的神力来源于多方面：父亲的默许，生母的保佑及自己的辛勤劳作。父亲许诺带回树枝在母亲坟前被灰姑娘用泪水浇灌成大树，这一情节经民俗学家考证被认为与当时西欧的一种风俗一致，即母亲的嫁妆日后都会留给女儿。父亲的树枝寓意着对女儿继承生母财产的默许，而树枝在灰姑娘一日三次的眼泪灌溉下长大成树则意味着，通过辛勤劳动，这笔财产会比原来扩大很多倍。而树上有求必应的小鸟则暗示着这笔财产的丰厚回报。

《叶限》成书于9世纪，为封建时代中期，当时的人们因对许多现象的无解而抱有许多自然崇拜，无计可施时便只能向天神求助；而《格林童话集》的出版时间为1812年，19世纪初，德国已然进入资本主义社会，浪漫主义正是在资本主义的上升期产生并盛行。让王子找寻到灰姑娘的唯一线索是水晶鞋，故在收录故事的过程中，格林兄弟将这一线索性的物品发扬光大。浪漫主义色彩浓重，体现了对美好生活的希冀与向往，以及惩恶扬善的美好愿望。

叶限与灰姑娘，一个嫁给了国王，一个与王子成婚，这似乎是两个看起来非常美好的结局。叶限被陀汗国国王封为"上妇"，虽然有其智慧和貌美的因素在内，但我们无法忽视陀汗国国王的好奇心和鱼骨求宝的神奇作用。而在《灰姑娘》的故事中，王子与灰姑娘有过三面之缘，且王子在举办舞会的三天，一直等待的就是灰姑娘，后又不辞辛苦去找寻她。在这一点上，我们可以看出中西方在婚姻观上的差异。在中国封建社会中，一直崇尚的就是"父母之命，媒妁之言"，叶限虽然成了"上妇"，但国王与叶限的结合的关键点是建立在国王对金鞋主人的好奇心上，叶限在故事中较为被动。若国王停止追寻，那么叶限与国王的缘分也就无从谈起；而在浪漫主义冉冉上升的西方，崇尚自由恋爱和追求浪漫的风气逐渐盛行。故在《格林童话集》的收录中，王子与灰姑娘的三面之缘，相约舞会，及随后王子锲而不舍地苦苦追寻，都向读者展现了王子与灰姑娘的双向互动与情感交流。王子不顾灰姑娘的身份地位，其钟情与追求也可以看出在浪漫主义逐渐盛行的西欧社会对大胆追求幸福的提倡。

四、结　　语

丝绸之路是古代中国以丝绸、瓷器、茶叶等为交流互动的亚洲、非洲、欧洲商业贸易通道，最终演变成东西方之间进行政治、经济和文化多方面交流的大通道。在近千年的丝绸之路上，民间故事作为一种特殊的"物"，在有着以多样化方式在不同地区及民族的文化中传播和流动。需要明确的是，民间故事的传递是共同价值观的传递。在丝绸之路上，审美文化难免跨国族、跨文化，民间文学在流传中也会因当时当地的历史、文化背景的不同，故事情节发生地区性的改变。但在母题的内涵上，灰姑娘的故事具有世界性意义，从本质上来说代表了人类追求美好生活的愿望。固然，丝路必然是文化交流的重要通道，但作为民间文学的灰姑娘的故事的传播因着各类变迁，在陆上丝绸之路的迷雾重重，却依旧值得继续我们探索。处于各文化区的故事的类同与变异中留存下来的母题，研究其在民间故事中的意义，无疑价值连城。